GWAWR GOCH
AR Y
GORWEL

D0332874

2W

GWAWR GOCH AR Y GORWEL

GWEN PARROTT

Gomer

I Jade fach,
wyres gyntaf, annwyl.

Cyhoeddwyd yn 2019 gan
Wasg Gomer, Llandysul, Ceredigion SA44 4JL

ISBN 978 1 78562 317 2

Hawlfraint Gwen Parrott 2019

Mae Gwen Parrott wedi datgan ei hawl dan Ddeddf Hawlfreintiau,
Dyluniadau a Phatentau 1988 i gael ei chydnabod fel awdur y llyfr hwn.

Cedwir pob hawl. Ni chaniateir atgynhyrchu unrhyw ran o'r cyhoeddiad hwn, na'i
gadw mewn cyfundrefn adferadwy, na'i drosglwyddo mewn unrhyw ddull na thrwy
unrhyw gyfrwng electronig, tâp magnetig, mecanyddol, ffotocopïo, recordio, nac
fel arall, heb ganiatâd ymlaen llaw gan y cyhoeddwyr.

Dymuna'r cyhoeddwyr gydnabod cymorth
Cyngor Llyfrau Cymru.

Argraffwyd a rhwymwyd yng Nghymru gan
Wasg Gomer, Llandysul, Ceredigion

Hoffwn ddiolch o galon i Wasg Gomer am eu cefnogaeth amhrisiadwy ac i Catrin Wyn Lewis am fod mor amyneddgar wrth roi trefn ar yr annibendod.

Pennod 1

Roedd hi'n rhy ddiflas i wneud dim. Taflodd Dela gipolwg sur dros yr ardd fach gefn y tu ôl i Dŷ'r Ysgol. Roedd meddwl am dynnu'r chwyn o'r pafin o amgylch ei chadair gynfas neu docio pennau marw'r blodau yn y border yn ddigon i'w llethu. Pwysodd nôl, gan gadw un bys yn y llyfr y bu'n ymdrechu i'w ddarllen. Doedd hi ddim yn cysgu'r nos fel y dylai ers iddi ddod nôl i Nant yr Eithin ac yn gwaethygu'r sefyllfa trwy bendwmpian yn y pnawn. Gwyddai taw rhwystredigaeth gyda'i chorff gwanllyd, yn enwedig ei choes glwyfus, oedd yn gyfrifol am ei diflastod. Ar ôl ei hantur ddiwethaf yng Nghwm y Glo treuliodd amser yn yr ysbyty, yn ysu am ddod adref i dawelwch ei chartref ei hun. Ond ers cyrraedd, rhyw dair wythnos ynghynt, disgynnodd cwmwl du drosti. Yn anfodlon, sylweddolodd ei bod yn gweld eisiau'r prysurdeb trefol.

Rhwbiodd ei chlun â'i llaw rydd. Roedd y clwyf ei hun dros y wythïen ffemoraidd wedi gwella'n dda gan adael dim ond craith goch, denau, ond roedd y difrod i'r nerf yn dal i achosi pinnau bach a chramp. O leiaf nid oedd ei choes yn mynd yn farw'n sydyn ragor.

Teimlodd haul cynnes diwedd Medi drwy'r sgarff am ei phen gan ei thynnu i lawr damaid mwy tua'i thalcen. A dyna ichi beth arall oedd yn ddigon i ddiflasu rhywun – y darn moel, creithiog ar ei chorun lle roedd y gwallt heb dyfu'n ôl yn llwyr eto. A hithau wedi bod mor falch o'r pyrm a gafodd yn Abertawe, roedd yn dân ar ei chroen i feddwl na fedrai feiddio cael un arall am fisoedd maith. Prin yr edrychodd mewn drych am wythnosau, ond rai dyddiau ynghynt penderfynodd na wnâi hynny'r tro, a dechreuodd roi mymryn o bowdwr a lipstic i gydfynd â'r sgarff. Roedd yn syndod cymaint gwell y teimlai – am ryw hanner awr, ta beth.

O bellter clywodd sŵn bwced yn clatsian. Roedd Jean, gofalwraig yr ysgol, wedi dechrau ar ei gwaith glanhau beunyddiol. Ni ddaeth Dela allan i'r ardd nes iddi weld bod y bws a gludai'r plant i'w cartrefi wedi mynd. Roedd yn ymdrech iddi beidio â chadw llygad cyson i weld fod y plant yn iawn. Weithiau byddai'n eu gweld yn chwarae ar yr iard uchaf o un o stafelloedd y llofft, ond gorfodai ei hun i adael y stafell a gwneud rhywbeth arall bob tro. O'i chipolygon euog, cafodd yr argraff nad oedden nhw'n chwarae fel yr arferent, a doedden nhw byth yn yr iard o flaen yr ysgol. Hwyrach eu bod wedi'u gorchymyn i beidio â gwneud sŵn ger y tŷ. Pan alwai Huw Richards y Gweinidog, neu Eurig Clawdd Coch, neu unrhyw un o'i lu o ymwelwyr caredig, gyda'i sbynjis, eu hwyau a'u llaeth, ni fyddent byth yn crybwyll yr ysgol. Roedd hynny'n rhyfedd, oherwydd cafodd glywed clecs di-ben-draw am bopeth arall dan haul, ond bob tro pan soniai am yr ysgol, newidiodd y pwnc. Efallai nad oeddent am ei hatgoffa o'i gwendid. Gwelai'r brifathrawes dros dro, Dorcas Morus, yn mynd a dod yn ei char bach du, er nad oedd erioed wedi cnocio'r drws a'i chyflwyno'i hun. Menyw dal, denau oedd hi, wedi'i gwisgo bob amser mewn lliwiau gwyrddlyd, fel pe bai mwsogl yn tyfu drosti. Gwelodd ddwy ferch ifanc hefyd, athrawesau'r babanod, a fu yno am ryw wythnos, un ar ôl y llall. Efallai bod y swyddfa addysg yn Hwlffordd yn ei chael hi'n anodd dod o hyd i athrawon a allai deithio i'r fath bentref anghysbell, gyda phetrol yn dal wedi'i ddogni a bysys yn brin.

'Miss Arthur! Miss!'

Daeth y llais o'r ochr arall i'r mur uchel a amgylchynai'r ardd. Clywodd Dela ddŵr yn cael ei arllwys ar lawr ac yna ymddangosodd pen Jean yn sydyn dros y wal. Simsanodd cyn sadio'i hun ar ei dwy benelin. Ymdrechodd Dela i godi.

8

'Mae'n rhaid i chi ddod i roi stop ar hyn, Miss! Sdim amser 'da fi i mofyn Mr Richards y Gweinidog.'

Herciodd Dela ati ond chwifiodd Jean ei braich i gyfeiriad y tŷ.

'Plis,' meddai'n ymbiliol. 'Mor glou ag y gallwch chi.'

Pan ddaeth Dela allan o'r drws blaen, roedd Jean ar flaenau'i thraed yn pipo drwy'r ffenestri uchel i mewn i neuadd yr ysgol. Trodd ati. Roedd ei hwyneb yn llwyd a'i cheg yn llinell galed. Aeth cryndod drwyddi a gafaelodd ym mraich Dela.

'Mae hyn yn rong!' meddai'n gryg. 'Mae shwd ddrwg 'da fi.'

'Pam?' gofynnodd Dela. Fel rheol, roedd Jean yn ferch hynod o gadarn er gwaethaf llond tŷ o blant, a gŵr a dreuliai fwy o amser yn y dafarn nag yn gweithio ar y tyddyn. Beth oedd wedi ennyn yr adwaith hwn ynddi?

'Am beidio â 'neud dim pan glywes i'r plant yn cwyno. Dylen i fod wedi'u credu nhw a gweud wrth Mr Richards ... ond jiawl ... senach chi'n meddwl ...'

Erbyn hyn roeddent wedi cyrraedd drws cefn yr ysgol a arweiniai'n syth i mewn i'r neuadd. Yn sydyn, gadawodd Jean hi a rhuthrodd draw at fur yr ardd, lle gorweddai'r bwced a'r mop. Cipiodd y mop cyn ei wthio i ddwylo Dela.

'Falle bydd angen hwn arnoch chi,' meddai.

'I beth?' gofynnodd Dela, wedi'i dychryn.

'Cewch chi weld nawr,' atebodd Jean, gan lyncu. Edrychodd yn lletchwith ar Dela. 'Bydden i wedi'i iwso fe, ond s'da fi ddim yr hawl, ch'weld.'

Gwrandawodd Dela ennyd wrth y drws. Deuai lleisiau isel plant yn llefain o'r tu mewn, ond ni allai glywed llais oedolyn. Pam oedden nhw'n dal i fod yma a'r bws wedi hen fynd? Trodd y bwlyn yn araf. Safai rhes o blant yn pwyso dros gefnau cadeiriau, rhai ohonynt newydd ddechrau yn nosbarth y babanod. Roedd eu trowsusau, eu sgertiau a'u dillad isaf o amgylch eu fferau, ac o'r rhesi coch ar benolau a choesau'r rhai lleiaf roedd yn amlwg eu bod nhw eisoes wedi'u curo.

Am beth oedd y rhai hŷn yn aros, tybed? Trodd y bachgen ar ben y rhes, gan weld Dela. Gerwyn, mab Aneurin Plisman oedd e, un digon drygionus ond yn llai hawdd ei ddychryn na'r plant bach. Gwnaeth ystum â'i ben i gyfeiriad y stafell ddosbarth fwyaf. Dyna lle roedd Dorcas Morus, felly.

Camodd Dela i mewn i'r neuadd gan arwyddo i Jean arwain y plant allan. Roeddent i gyd yn syllu arni nawr a rhoddodd ei bys ar ei gwefusau. Tynnodd y plant mwy eu dillad i fyny'n frysiog a helpodd Jean y rhai lleiaf i wneud yr un peth. Safodd Dela rhyngddynt a drws y stafell ddosbarth a gwyliodd hwy'n gadael. Gallai deimlo'i gwaed yn berwi a'i chalon yn curo yn ei chlustiau. Gerwyn oedd yr olaf, a'r peth diwethaf a welodd ohono oedd ei fawd yn cael ei wthio i fyny mewn buddugoliaeth, cyn iddo gau'r drws yn ddistaw ar ei ôl.

'Odych chi wedi pennu llefen, 'te, y corgwn bach? Mae mwy i ddod.'

Daeth y llais o ben pellaf y stafell ddosbarth a symudodd Dela i sefyll yn yr adwy. Draw wrth y cwpwrdd lle cedwid y mapiau mawr, roedd Dorcas Morus yn tynnu'r pren hongian allan o un ohonynt. Hwyrach nad ystyriai fod y gansen denau a orweddai ar ei desg yn ddigon grymus i guro'r plant hŷn. Gwelodd Dela hi'n ei bwyso yn ei llaw. Nid cansen oedd y pren hwn ond pastwn. Y wên ar ei hwyneb oedd y peth mwyaf brawychus ynghylch hyn. Roedd yr anadl yn sownd yng ngwddf Dela. Gwenodd Dorcas wrth feddwl beth ddigwyddai nesaf; gwên o fath na allai Dela gofio ei gweld o'r blaen. Yma, ymhlith holl geriach cyfarwydd y stafell, y siartiau tablau lluosi, y bwrdd du ar ei îsl, y sawr sialc ac inc, a'r haul yn tywynnu drwy'r ffenestri uchel, roedd y wên yn fwy anfad nag ar y noson dywyllaf ar waun ddiffaith.

'Sneb yn llefen 'ma ar hyn o bryd, Miss Morus,' meddai'n dawel. 'Fe fydd cryn dipyn o wylo a rhincian dannedd yn y dyfodol, ond nid y plant fydd yn gwneud hynny.'

Yn y rhan honno o'i hymennydd a wyliai bopeth fel pe bai o

bell, synnodd glywed y dinc fygythiol yn ei llais. Disgynnodd y pren o ddwylo'r fenyw a diflannodd y wên. Ysgubodd ei llygaid dros y sgarff am ben Dela, y mop yn ei llaw, a'r sliperau am ei thraed.

'Ble mae Jean?' hisiodd, ac yna gydag ymdrech i ailafael mewn normalrwydd, 'Ody 'ddi'n sâl? Dyle hi fod wedi dweud …'

'Mae Jean yn iawn,' torrodd Dela ar ei thraws. 'Sdim angen i chi boeni amdani. Fi sy ma nawr.'

Os oedd hi eisiau meddwl taw gofalwraig newydd oedd Dela, roedd croeso iddi wneud.

'Halodd yr Offis chi? Chefais i ddim neges. Pwy y'ch chi?'

'Hoffwn i ddweud taw eich gelyn pennaf chi ydw i, ond efallai fod hynny fymryn yn rhy ddramatig. Beth o'ch chi'n bwriadu ei wneud â'r pastwn 'na? Dyw'r gansen a ddefnyddioch chi ar y babanod ddim wedi torri, ody 'ddi?'

Estynnodd ei llaw amdani a chyda chryfder na wyddai oedd ganddi, torrodd hi'n ddwy yn ei dwylo. Ffugiodd edrych yn syn a siomedig ar y darnau, cyn eu taflu i ffwrdd yn ddirmygus. Dechreuodd Dorcas Morus barablu a phrotestio cyn i syniad ei tharo. Newidiodd goslef ei llais yn hunangyfiawn.

'Oes un ohonyn nhw'n blentyn i chi? Os ydyn nhw, dylech chi wbod …'

'Maen nhw i gyd yn blant i fi!' taranodd Dela'n sydyn, yn falch o weld ei gwrthwynebydd yn cydio yn ymyl desg. 'Pob un, o'r lleiaf i'r mwyaf. A 'dyn nhw ddim yn mynd i gael eu curo. Ddim tra bod anadl yn fy nghorff i. Nid dwnjwn canoloesol yw hwn. Faint oedd oedran y rhai lleiaf? Pedair a hanner? Ac o ble daeth y gansen? Ddim o'r ysgol hon. Odych chi'n cario offer arteithio gyda chi i bob ysgol yn ei thro? Bydde'n ddiddorol cael gwybod.'

Sylweddolodd ei bod wedi ailafael yn dynn yn y mop, ond yr eiliad honno ni fyddai wedi hidio pe bai ei chynddeiriogrwydd wedi ei chario ar draws y stafell a chledro Dorcas Morus nes i'w dannedd dodi saethu o'i cheg.

'Disgyblaeth!' sgrechiodd y llall, gan edrych yn wyllt am y pren, ond roedd hwnnw, drwy drugaredd, wedi rholio i'r cysgodion dan y desgiau. 'Mae angen cadw disgyblaeth! Dy'ch chi ddim yn deall.'

'Dwi'n deall yn iawn,' chwyrnodd Dela, gan ei gorfodi ei hun i sefyll yn ei hunfan. 'Dwi'n gallu adnabod creulondeb, a rhywun sy'n cael pleser wrth achosi poen! Pa fath o anghenfil y'ch chi, gwedwch?'

Pe medrai edrychiad ladd, byddai Dela'n gelain ar y llawr. Gwyliodd ddwylo Dorcas yn plycio brethyn eu sgert, gan wybod taw dychmygu eu gosod o amgylch gwddf Dela oedd hi. Ond roedd Dorcas yn hen law ar gêm celu ei gwir natur.

'Bydda i'n cwyno'n ffurfiol ynghylch hyn!' meddai. 'Chewch chi ddim cadw'ch swydd ar ôl cyhuddo prifathrawes ar gam a'i bygwth. Mae hynny'n gwbl annerbyniol.' Sythodd ei hun, gan fagu hyder. 'Synnen i ddim na chewch chi'ch gwahardd rhag gweithio yn holl ysgolion y sir.'

'Ymdrech dda,' meddai Dela'n sych. 'Ond dwi'n amau a fydd e'n gweithio'r tro hwn. Gormod o dystion.'

'Tystion?' poerodd Dorcas, 'Pwy, y plant? A chi? Pwy fydd yn cymryd eich gair chi yn erbyn fy un i?'

Synhwyrodd Dela symudiad y tu ôl iddi, a gwelodd wyneb Dorcas yn gwelwi.

'Bydden i'n fodlon tystio,' meddai llais dwfn. 'O beth dwi wedi'i weld o'r anafiadau ar y rhai bach.'

Trodd Dela ei phen gan agor ei llygaid yn fawr. Nid oedd mor olau yn y stafell ragor, oherwydd y tu ôl iddi, yn llenwi'r adwy'n llwyr, safai George Williams Bach. Ymddangosai'n fwy hyd yn oed nag ydoedd ryw ddeufis ynghynt, pan welodd Dela ef ddiwethaf yng Nghwm y Glo. Bu'n gymorth amhrisiadwy bryd hynny ac yn ffrind da i Tudful a Nest, rhieni ei diweddar ddyweddi, Eifion. Ond beth oedd e'n ei wneud yma? Ceisiodd guddio ei syndod a gwenodd arno.

'Cynllwyn yw hyn i gyd!' Roedd ofn ar Dorcas Morus nawr,

a dechreuodd gasglu ei phethau at ei gilydd. 'Beth s'da chi i wneud â hyn?'

'Cyfreithiwr ydw i,' meddai George yn bwyllog. Nid oedd angen iddo ymhelaethu, nac, yn wir, ddweud gair o gelwydd.

'Galla i gael gafael ar gyfreithiwr hefyd – un da!'

'Bydd angen un gwych arnoch chi,' meddai George yn ddisyfl.

A'i breichiau'n llawn bagiau baciodd Dorcas i gyfeiriad y drws a arweiniai allan i'r portsh ac yna'r iard flaen. Gwyliasant hi'n mynd. Gallent ei chlywed yn mwmial, 'Cynllwyn!' dan ei hanadl, gan saethu edrychiadau milain tuag atynt. Pan glywsant y drws allanol yn cau, rhoddodd Dela ochenaid fach o ryddhad. Teimlai iddi fod drwy'r felin. Camodd George heibio iddi a phipo drwy'r ffenest.

'Pwy ddiawl oedd honna?' gofynnodd dros ei ysgwydd.

'Y brifathrawes dros dro. Dorcas Morus.'

'Hi oedd yn gyfrifol am y marciau enbyd 'na ar y plant bach, ife? Dangosodd eich gofalwraig nhw i fi. Menyw ddefnyddiol iawn â bwced, o'r enw Jean.'

Amneidiodd Dela a cheisiodd dawelu'r cryndod yn ei choesau.

'Ro'n i'n barod i ladd Dorcas Morus,' meddai. 'Lwcus i chi gyrraedd mewn pryd.'

'Dwi'n hwyr, a dweud y gwir. Halodd sbel i fi ddod o hyd i'r pentre. 'Dyn nhw ddim wedi rhoi'r arwyddion lan ffor' hyn 'to ar ôl y rhyfel.'

'Ni fydd y rhai olaf, fel ym mhopeth arall. O leiaf mae trydan ar ei ffordd.'

'Sdim trydan 'da chi? Bois bach.' Taflodd gipolwg arall drwy'r ffenest. 'Bant â hi, yn ei char bach du,' ychwanegodd. 'A fydd hi'n meiddio dod nôl, tybed?'

'Siŵr o wneud. Mae hi dan gytundeb, sbo mis Hydref o leiaf, tra mod i'n gwella. Gobeithio'i bod hi wedi cael digon o ofn i beidio â rhoi cynnig arall ar rywbeth o'r fath. Fy mhroblem i fydd cadw draw o 'ma. Bydda i ar bigau'r drain nawr nes iddi fynd am byth.'

Gwthiodd George ei ddwylo i'w bocedi gan wenu.

'Falle fedra i ddatrys y broblem honno i chi,' meddai, gan wenu. 'Oes gobaith am ddishgled o de?'

Pwysodd George ei benelin ar fwrdd y gegin i ailgydio yn ei ddadl. Syllodd Dela i'w chwpan. Gwyddai'n iawn ei fod yn defnyddio ei holl huodledd fel cyfreithiwr i'w pherswadio, gan gynnwys ei galw wrth ei henw cyntaf. Roedd ei awgrym yn ddeniadol iawn, ond sut allai ei dderbyn?

'Y peth yw, Dela, fydd hi ddim yn gallu ymddwyn fel hyn eto, hyd yn oed os nad y'ch chi yma. Bydd Jean â'i bwced yn ei gwylio fel barcud o hyn allan, ac aiff y si ar led fel tân gwyllt. Bydd rhieni'r plant yn gandryll. Synnen i fyth na fydd dirprwyaeth ohonyn nhw'n aros amdani bore fory, heb sôn am lu o gwynion i'r swyddfa addysg. A bydd yn well os nad y'ch chi yma i'ch tynnu i mewn i'r ffrae.'

'Dy'ch chi ddim yn eu nabod nhw,' atebodd Dela, gan ysgwyd ei phen. 'Fydd na ddim dirprwyaeth, a phobol y swyddfa addysg fydd y rhai olaf i glywed. Cwyno wrth weinidog y capel byddan nhw.' Amneidiodd George fel pe bai'n deall y cyfan.

'Wela i. Dyn mwyn, tawel, duwiol, ife? Ry'ch chi'n ofni na fydd e'n effeithiol.'

'I'r gwrthwyneb. Bydd e'n rhy effeithiol. Dw i'n ofni y bydd e'n ei chicio allan ar ei thîn, ac wedyn bydd 'na neb ar ôl i redeg yr ysgol.'

Gwenodd George. 'Beth am y crwtyn siarp rhyfeddol 'na fuodd 'da chi yng Nghwm y Glo? Galle fe redeg yr ysgol yn sefyll ar 'i ben, o beth glywes i.'

'Gareth? Galle sownd, gyda Norman, un o 'nghynddisgyblion eraill yn cario'r glo iddo, ond mae Gareth erbyn hyn yn gweithio mewn garej a Norman yn rhedeg fferm ei fodryb.' Gwenodd yn ei thro. 'Ta beth, dwi ddim yn credu y bydde'r swyddfa addysg yn cymeradwyo'r fath drefniant!'

Cododd George un ael ac yna edrychodd ar ei watsh. Lledaenodd ei ddwylo.

'Dim ond am ychydig ddyddiau y byddwch chi i ffwrdd,' meddai, 'Gwnaiff fyd o les i chi i fod ar lan y môr yn gwneud ambell i orchwyl gweinyddol ar fy rhan i. Sbosib na allan nhw ymdopi tra byddwch chi yn Abergorwel.'

Ychydig ddyddiau, meddyliodd Dela. Pan ddechreuodd ei pherswadio, dim ond am ddiwrnod o'i hamser y gofynnodd. Er y gwyddai ei bod yn cael ei harwain yn fedrus fel rhyw dyst anfodlon mewn llys barn, roedd meddwl am beidio â gorfod gweld Dorcas Morus eto yfory yn apelio'n fawr. Ac oni fyddai mynd i rywle hollol wahanol yn fodd i'w hatal rhag hel meddyliau a diflasu fwyfwy? Os oedd hi'n rhwystredig a phrudd cyn y digwyddiad y prynhawn hwnnw, sut fyddai hi wedi wythnosau o wylio Dorcas Morus a phryderu am y plant? Roedd arni ddyled i George Bach, ta beth, ac roedd hwn yn gyfle i dalu'r ddyled honno.

'Pryd fyddech chi eisiau mynd?' gofynnodd.

'Nawr,' meddai George, gan ymdrechu i beidio â swnio'n falch. 'Bydd angen i chi edrych yn ffurfiol.'

Cododd Dela a streliodd eu cwpanau yn sinc y gegin gefn. Tarawyd hi gan syniad.

'George,' galwodd, 'Odych chi'n siŵr nad ffordd slei yw hyn i'm gwahodd i am benwythnos budr?'

Clywodd ef yn chwerthin wrth iddi sychu ei dwylo. Pan ddaeth nôl i'r gegin, roedd e eisoes ar ei draed.

'Fydden i byth yn gwrthod y fath gynnig,' meddai George gyda gwên, 'Ond yn anffodus, mae hwn yn orchwyl difrifol. Mae gyda chi ddeg munud i bacio cês.'

Pennod 2

'Ble mae'r plant nawr?' gofynnodd Dela. Roedd Jean yn pwyso dros iet y tyddyn ar draws y ffordd wrth iddynt ddod allan o Dŷ'r Ysgol. Yn amlwg bu'n aros iddynt ymddangos.

'Yn cael eu hebrwng i'w cartrefi. Hales i gwpwl o'r cryts yn gwmni iddyn nhw. We'n nhw'n well ar ôl tamed o faldod a bara menyn.'

'Ers pryd mae pethau wedi bod fel hyn?'

'Ers iddi ddod 'ma. Ond dim ond un ar y tro. Wedd hyn yn rhywbeth newydd. Weithe ma'r jiawlied bach yn haeddu'r gansen, ond wir!'

Teimlodd Dela'n euog eto ei bod ar fin gadael.

'Pam na ddaeth neb ata'i cyn hyn?'

Pwffiodd Jean yn ddiamynedd.

'Achos eich bod chi'n sâl a byddech chi'n trio mynd nôl i'r gwaith cyn pryd.'

'Oes 'na sôn ymhlith y rhieni?' mentrodd George.

Roedd e'n gwylio'r sgwrs wrth roi cês Dela yng nghist ei gar mawreddog, a oedd wedi'i barcio ar y ffordd. Edrychodd Jean arno gydag edmygedd.

'Wes, glei! A pham y'ch chi'n meddwl bod y ddwy roces ifanc 'na wedi gadel mor glou? Rhoioch chi grasfa i'r hen hwch?'

Gwenodd George arni. 'Dim ond un eiriol,' atebodd. 'Aiff pethau'n dawel nawr – oherwydd mae'n gwybod iddi gael ei gweld. Falle gallech chi bico draw i'r ysgol o bryd i'w gilydd yn ystod y dydd. Rhowch glipad iddi â'ch bwced os welwch chi unrhyw beth.'

Chwarddodd Jean a rholiodd Dela ei llygaid arno, cyn troi nôl ati.

'Bydde'n fwy o werth tasech chi'n mynd i Dŷ'r Ysgol a ffonio'r Gweinidog. Dwi wedi cael fy ngalw bant am sbel fach.' Gostyngodd ei llais. 'Ein cyfreithiwr teuluol ni yw Mr Williams fan hyn.' Gobeithiai taw dyna'r stori a gâi ei hailadrodd drwy'r gymdogaeth.

'Gwd!' meddai Jean. 'Fe ofalith e amdanoch chi.'

Gwyddai Dela bod George wedi gwneud argraff dda arni, a thybiodd bod ei gwisg smart wedi atgyfnerthu hynny, ynghyd â'i het, ei menig a'i bag llaw lledr.

'Sdim hast i chi ruthro nôl, chwaith. A pheidwch â 'neud gormod, neu byddwch chi'n sâl 'to.'

Nid oedd gan Dela ddim bwriad i wneud gormod. Yng nghar moethus George cafodd ei hun yn pendwmpian, ac ni ddihunodd yn iawn nes eu bod ar gyrion tref glan môr Abergorwel. Gwelodd George hi'n syllu drwy'r ffenest flaen.

'Fuoch chi ar eich gwyliau yma, erioed?' gofynnodd iddi.

'Naddo. Mae gen i gof o drip Ysgol Sul, flynyddoedd yn ôl, ond roedd hi'n pistyllio'r glaw. Treuliwyd y prynhawn yn y sinema.'

'Dyna nghof inne am dripiau Ysgol Sul, ond mae'n braf heddiw.'

Gyrasant ar hyd y promenâd hir. Er bod Medi'n dirwyn i ben roedd yr haf poeth wedi ymestyn y tymor, ac roedd y traeth dan ei sang. Ar y dde codai'r gwestai mawr a wynebai'r môr, ond gyrrodd George heibio iddynt ac i lawr stryd i ganol y dref. Tynnodd drwyn y car i'r pafin a diffodd yr injan. Edrychodd unwaith eto ar ei watsh a thynnu wep.

'Gyda thamaid o lwc, ry'n ni yma mewn pryd,' meddai wrth ei hun.

Mewn pryd i beth, meddyliodd Dela. Deallodd taw gorchwylion gweinyddol oedd yn aros amdani. Hwyrach y byddai wedi dysgu mwy yn y car pe bai heb fod mor gysglyd. Roedd yn bryd iddi gael gwybod rhywbeth nawr.

'Pam, beth a phwy?' gofynnodd.

'O ie, sori,' pesychodd George. 'Ry'n ni'n mynd i weld hen fodryb i fi, Harriet Watts-Jenkins. Modryb i'n nhad, mewn gwirionedd.' Meddyliodd am eiliad. 'Yr unig beth sydd angen i chi ei gofio yn y chwarter awr nesaf yw taw perthynas i fi ydych chi. Cyfnither o bell. A falle byddai'n ddefnyddiol i chi fod yn ypset iawn. Mae'n dibynnu ar yr amgylchiadau. Falle fydd 'na ddim croeso i ni.'

Syllodd Dela'n syn arno ond roedd e wedi dringo o'r car. Agorodd ei drws iddi ymuno ag ef.

Ni sylwodd Dela ryw lawer ar y stryd, ond o'u blaen gwelodd ffenest a dim ynddi ond llestr efydd llawn blodau gwynion. Agorodd George iet fetel i lwybr a arweiniai i fynedfa ochr. Gafaelodd Dela'n gyflym yn ei fraich wrth iddo ganu'r gloch, ac edrychodd George i lawr arni.

'Dwi'n paratoi i fod yn ypset,' meddai Dela, gan dynnu hances o'i phoced a'i dal at ei thrwyn.

Roedd George ar fin gwenu pan agorwyd y drws gan fenyw fer mewn ffrog dywyll. Roedd ganddi steil gwallt rhyfedd, gyda phlethau llwyd fel cyrn hwrdd dros ei chlustiau, a sbectol ar tsiaen am ei gwddf.

'Miss Martin?' gofynnodd George, gan estyn ei law. 'George Williams ydw i. Buon ni'n trafod dros y teleffon, ynghylch fy modryb, Mrs Watts-Jenkins? Dyma fy nghyfnither. Ry'n ni'n gobeithio nad ydyn ni'n rhy hwyr i'w gweld hi heddiw.'

Ceisiodd Dela edrych yn welw a dagreuol, wrth i'r ddynes eu harwain i mewn i'r cyntedd, gan barablu.

'Nad'ych, wrth gwrs. Dim trafferth o gwbl. Roedd gen i syniad y byddech chi'n dod. Mae popeth wedi'i drefnu.'

Roedd y lle'n flodau i gyd, ac yng ngwres y prynhawn roedd eu persawr yn drwm yn yr aer. Gobeithiai Dela nad oedd modryb George yn dioddef o glwy'r gwair, oherwydd roedd ei thrwyn hi'n cosi, ac roedd hi'n falch o'r hances. Dilynodd y ddau Miss Martin i lawr coridor hir, cwbl ddistaw. Disgwyliai

Dela weld o leiaf un o'r trigolion eraill o gwmpas y lle, ond hwyrach eu bod yn rhy fusgrell i adael eu stafelloedd. Daethant at ddrws arall, ond yn lle ei agor camodd y ddynes fach yn ôl.

'Fe'ch gadawa i chi nawr,' meddai gan ryw hanner moesymgrymu. 'Byddwch chi eisiau preifatrwydd. Bydda i yn y cyntedd.'

Brysiodd nôl i lawr y rhodfa, a sylwodd Dela na symudodd George nes iddi ddiflannu drwy'r drws ar y pen. Gydag un llaw ar y bwlyn trodd ati.

'Barod?' gofynnodd.

Amneidiodd Dela. Sut gyflwr oedd ar ei fodryb, tybed? Tynnodd anadl ddofn a chamu o'i flaen i mewn i'r stafell, gyda geiriau o gyfarchiad ar ei gwefusau. Safodd a syllu am eiliad hir wrth iddo gau'r drws y tu ôl iddynt.

Gorweddai modryb George ar clor yng nghanol y stafell, wedi'i gorchuddio hyd ei gwddf dan gwrlid sidan. Safai ffiol ar stand yn y gornel a lilis gwynion ynddo yn gollwng eu paill rhydlyd dros y llawr. Roedd eu persawr yn gyfloglyd.

'Mae hi wedi marw!' meddai Dela'n stwn.

'Wel, ody,' atebodd George, a safai â'i gefn yn erbyn y drws. 'Wedes i ddim?'

'Naddo! O'n i'n meddwl taw cartref nyrsio oedd hwn, nid trefnwr angladdau.'

'Rhoddodd yr arwydd ar flaen yr adeilad ddim cliw i chi?'

Nid oedd Dela eisiau cyfaddef nad oedd hi wedi sylwi arno. Bois bach, pa mor fusgrell oedd hithau'r dyddiau hyn?

'A beth dwi i fod i 'neud nawr?' gofynnodd yn ddig.

Cnôdd George y tu mewn i'w foch.

'Archwilio'r corff. Os gwelwch yn dda.'

Edrychodd Dela arno'n gegrwth.

'Ry'ch chi'n hen law arni. Dewch 'mlaen.'

Oedodd Dela gan edrych arno'n amheus. 'Beth os daw'r fenyw â'r cyrn hwrdd nôl?

Gwenodd George a gwyro'i ben.

'Alle tîm rygbi Cymru ddim dod drwy'r drws gyda finne'n sefyll fan hyn.'

Ni ellid dadlau â hynny, ond beth ar y ddaear oedd e'n disgwyl iddi ei gyflawni mewn ychydig funudau? Byddai perchennog y lle'n ei gweld yn rhyfedd iawn os oeddent yno am hydoedd. Ar fin tynnu ei menig cotwm, gadawodd Dela nhw am ei dwylo a rhoddodd ei bag llaw i lawr. Roedd hi'n dal yn grac gydag e.

'Gallech chi fod wedi gweud rhywbeth wrtha i,' meddai'n grintachyd.

'Roedd 'na ormod o berygl y byddech chi'n gwrthod dod.' Ni swniai'n edifeiriol o gwbl.

Hen, hen ddynes oedd y corff, un o'r hynaf a welodd Dela erioed, wedi'i gwisgo mewn gwn nos ddrud hyd ei fferau. Doedd hi fawr mwy na phlentyn deg oed o ran maint ac yn denau iawn. Bu felly erioed, yn nhyb Dela, heb ddim awgrym o ansawdd y croen iddi golli pwysau wrth fynd yn hŷn. Bu'n dioddef o gryd y cymalau'n ddrwg yn ei dwylo, a oedd wedi cloi fel dwy grafanc gyda chygnau chwyddedig. Roedd ei thraed yr un fath.

'Am beth yn union ydw i'n chwilio?' gofynnodd.

'Dwi ddim yn gwbod,' cyfaddefodd George, 'Unrhyw beth anghyffredin, sbo.'

'Bydd yn rhaid i fi godi'r gwn nos,' rhybuddiodd Dela. 'Falle na fyddwch chi eisiau gweld …'

Nid arhosodd George iddi orffen y frawddeg cyn troi ei gefn ac wynebu'r drws. Yn rhyfedd, teimlai Dela'n fwy rhydd wedi hynny. Archwiliodd arwyneb ei choesau a'i chorff ond ni allai weld na chlais na chlwyf. Gwthiodd y llewys i fyny i archwilio'r breichiau. Dim. Rhoddodd y dilledyn yn ôl yn daclus a chanolbwyntiodd ar y pen. Sylweddolodd bod George yn cil edrych arni wrth iddi deimlo'n ofalus iawn dros ei chorun drwy ei gwallt a syllu'n fanwl ar y croen oddi tano.

'Byddan nhw wedi'i golchi hi'n drylwyr eisoes,' meddai, 'ac maen nhw wedi gwneud ei gwallt hefyd.' Cododd un o'i hamrannau'n dyner. Roedd gwyn y llygad ychydig yn waetgoch, a'r llall yr un peth.'Oedd hi'n sâl cyn marw?'

'Dywedon nhw bod annwyd trwm arni.'

Tynnodd Dela wep. Esboniai hynny gochni'r llygad.

'Alla i ddim tynnu'r gwlân cotwm o'i thrwyn a'i cheg. Mae e wedi'i bacio'n dynn a sda fi ddim offer.'

Gresynai na chafodd gyfle i roi plyciwr blew yn ei bag. Edrychodd yn fanwl ar groen ei gwddf, ond roedd yn ddilychwin heb ôl llaw neb arno.

'Odych chi bron â gorffen?' gofynnodd George.

Anwybyddodd Dela ef. Ei syniad ef oedd hyn oll. Trodd y pen i ffwrdd oddi wrthi ac archwiliodd ochr y gwddf a'r tu ôl i'r glust, a phan oedd ar fin archwilio'r ochr arall daliwyd ei llygad gan rywbeth. Brysiodd draw at ei bag.

'Beth? Oes na rywbeth pwysig?' gofynnodd George, wrth weld Dela'n tynnu bag papur brown o'r gwaelod.

'Dim syniad eto,' atebodd, 'ond dwi'n mynd i'w gadw fe ta beth.'

O'r tu ôl i'r glust chwith gafaelodd yn y darn bach lleiaf o edafedd coch. Roedd e'n rhy fach i George ei weld, felly rhoddodd ef yn syth yn y bag papur. Gallai fod yn arwyddocaol neu ddim. Gwiriodd y glust arall ond nid oedd dim yno, yna brysiodd i sicrhau fod popeth wedi'i adael fel yr oedd cyn iddi gychwyn.

'Allwch chi weld unrhyw beth o'i le?' gofynnodd gan sefyll nôl ac ystyried.

Ysgydwodd George ei ben a'r tro hwn nid arhosodd iddi fynd drwy'r drws o'i flaen yn ei frys i adael. Cerddodd y ddau nôl i gyfeiriad y cyntedd, ac wrth gerdded sylwodd Dela nad oedd yr adeilad mor wag ag a feddyliodd wrth gyrraedd. O gornel ei llygad synhwyrodd symudiad drwy ffenest a ddangosai iard eang yn y cefn. Roedd dau gar mawr yn cael eu gyrru'n araf trwy ddrysau pren uchel. Hers oedd y naill a char galarwyr y llall. Roedd gyrrwr yr hers yn ddyn goleubryd golygus, ond roedd y sawl a yrrai'r car arall mor hyll â mwnci.

'Dwi'n disgwyl esboniad manwl,' meddai Dela gan lyfu ei hufen iâ, ryw ddeng munud yn ddiweddarach, wrth syllu draw ar y môr a ddisgleiriai yn y pellter. Roeddent wedi cerdded draw at y prom lle gwelodd Dela fan hufen iâ. Cynigiodd gornet i George, ond am ryw reswm doedd e ddim yn ffansïo un. Aethant i eistedd ar fainc i siarad. Pwysodd George ymlaen a syllodd ar ei ddwylo mawr, gwyn. Ysgydwodd ei ben.

'Yffach,' meddai, 'Dywedodd Lyndon nad oedd dim yn eich cynhyrfu chi. Odd e'n iawn, fyd. Mae'n stwmog i'n troi fel budde.'

'Mae'n wahanol os y'ch chi'n nabod y person,' atebodd Dela, gan bendroni ynghylch sut roedd George wedi dod i gysylltiad â'r dyn fu'n gwylio tanau gyda hi yn Abertawe yn ystod y rhyfel. 'Faint o blant s'da Lyndon nawr? Pump oedd ganddo'r tro dwetha siaradon ni.'

'Hanner dwsin o leiaf,' atebodd George. 'Pwy fydde'n meddwl? Un bach eiddil oedd e yn yr Ysgol Sul.'

'Ry'ch chi'n newid y pwnc,' meddai Dela.

Nid atebodd George am funud, fel pa bai'n casglu ei feddyliau.

'Reit 'te, Harriet,' meddai o'r diwedd. 'Gweddw gyfoethog oedd hi, a werthodd ei thŷ a dod i fyw yn un o'r gwestai yma oherwydd ei fod yn haws na chwilio am staff diddiwedd i ofalu amdani. Daeth hi yma ar ddechrau'r rhyfel, pan oedd pawb yn gadael gwasanaeth domestig. O beth weles i, roedd hi'n hapus gyda'i phenderfyniad. Ac yna, ryw ddeuddydd nôl, buodd hi farw.'

Meddyliodd Dela am hyn. Nid oedd marwolaeth dynes mor oedrannus, yn sydyn ai peidio, yn ddigon i gymell George i ddod yr holl ffordd i Nant yr Eithin i'w mofyn hi. A pham ei dewis hi yn y lle cyntaf?

'Beth sy'n eich poeni chi am farwolaeth Harriet?' gofynnodd.

Symudodd George yn anghysurus, a gwichiodd y fainc bren.

'Dim byd yn uniongyrchol ynghylch ei marwolaeth fel y cyfryw,' cyfaddefodd, ''Blaw am ei natur sydyn. Beth sy'n pryderu fy nhad, yn arbennig, yw'r ewyllys.'

Amneidiodd Dela. Doedd 'na ddim tebyg i ewyllys, neu ddiffyg un, am godi amheuon a chreu trafferth.

'Buodd hi farw'n ddiewyllys, 'te?'

'Naddo. Gwnaeth hi ewyllys flynyddoedd nôl, ac mae honno gyda ni, ond mae'n bosibl bod un arall diweddarach. Roedd hi wastad yn bygwth newid ei hewyllys – ond a wnaeth hi?'

'Pwy sy'n etifeddu o'r ewyllys sy'n bodoli?'

'Fi a 'nhad yn gyfartal,' atebodd George yn lletchwith.

'Pwy fyddai'n etifeddu o ewyllys newydd?'

'Pwy a ŵyr? Dyna'r broblem. Sneb wedi crybwyll gair cyn belled, ond mae'n ddyddiau cynnar eto. Gallai hi fod wedi cymryd ffansi at rywun fu yno'n aros am wythnos dros yr haf.'

Nid oedd hyn yn esbonio pam gofynnwyd iddi archwilio'r corff, ond gadawodd Dela hynny am y tro.

'Allwch chi ddim gofyn i gyfreithwyr eraill o amgylch y dref?'

Sniffiodd George yn ddiflas. 'Ddim yn hawdd heb ddechrau hela sgwarnogod.'

Llyncodd Dela ddiwedd y cornet a throi ato.

'Ond os oes ewyllys arall wedi'i llunio gan gyfreithiwr yn y dref, oni fyddai hwnnw wedi cysylltu â chi?'

'Ddim os nad ydyn ni'n sgutoriaid neu'n etifeddu. Fydde 'da ni ddim i'w wneud â'r peth. Y gwesty roddodd wybod i ni, am mai ni oedd yr unig rai oedd yn dod i'w weld. Mae'n benbleth i wybod beth i'w wneud, naill ai gweithredu yn unol â'r ewyllys sydd gyda ni, neu fynd i chwilio, rhag ofn. Y naill ffordd neu'r llall gallen ni dynnu nyth cacwn am ein pennau drwy weithredu'n anghyfreithlon neu roi syniadau ym mhennau pobl.'

Tynnodd Dela wyneb hyll arno ond roedd ei olygon ar y gorwel. Sylwodd ei fod yn gwrido ac amheuodd nad oedd e'n dweud y cyfan wrthi o bell ffordd.

'Hanner ateb yw hwnnw,' meddai. 'Beth oeddech chi'n gobeithio'i gyflawni drwy fy llusgo i yma i archwilio'r corff? Beth s'da hynny i'w wneud ag ewyllys?'

Aeth George yn gochach fyth gan fwmial rhywbeth ynghylch 'achub y blaen'.

'Ar bwy?' dyfalbarhaodd Dela. 'Odych chi'n meddwl y gallai rhywun fod wedi gwneud drwg iddi am ei bod hi wedi gwneud ewyllys newydd sy'n gadael ei holl arian iddyn nhw?'

Dim ond rhyw amnaid amwys gafodd yn ateb.

'A pham fi, o bawb?' ychwanegodd Dela. 'Dwi ddim yn feddyg. Sbosib na allech chi ddod o hyd i rywun mwy cymwys.'

'Falle, ond glywes i am beth wnaethoch chi ei ddyfalu am y corff yng Nghwm y Glo ac am gyrff eraill hefyd. Stopiodd Lyndon fi ar y stryd ddoe i ofyn a o'n i'n gwbod shwd oeddech chi. Pan wedodd e na fydde fe'n synnu clywed eich bod chi'n arwain parti i ben yr Wyddfa erbyn hyn, dechreuon ni siarad, tra oedd un o'i blant e'n dringo lan fy nghoes i fel cath fach.'

'Ac o ble gafoch chi 'nghyfeiriad i?'

'Nefoedd, doedd Lyndon ddim yn jocan, oedd e? Bargyfreithiwr dylech chi fod. Oddi wrth y Parchedig Tudful Owen.'

Suddodd calon Dela. Byddai'n rhaid iddi ffonio Tudful a Nest i esbonio. Galwad ffôn anodd arall fyddai honno, ar ben yr un at Huw Richards lawr yn Nant yr Eithin. Ond o leiaf nawr roedd ganddi syniad beth oedd ar George ei eisiau.

'Felly,' meddai, 'fy ngorchwyl i yw dod o hyd i'r hyn alla i am ddyddiau olaf Harriet, yn ogystal â chwilota trwy ei phethau, a'r gymdogaeth, am unrhyw ewyllys newydd. Dwi'n cymryd eich bod yn bwriadu i fi aros yn y gwesty lle roedd hi'n byw.'

Celodd George ochenaid o ryddhad.

'Yn hollol.' Gwnaeth ystum â'i ben i gyfeiriad y gwestai tu

ôl iddynt. 'Yr Excelsior. Dylech chi fod yn gysurus iawn yno. Nôl Harriet, mae e'n lle egscliwsif dros ben. Snoben oedd hi, yn y bôn.'

Nid oedd Dela wedi gorffen eto. 'A'r rheswm pam na allwch chi neu'ch tad wneud hyn?' Ai dychmygu oedd hi, neu a oedd y cwestiwn yn un disgwyliedig?

'Mae gyda ni ddau achos llys yn cychwyn yn fuan ac mae'n rhaid i ni fod yno. Yn ffodus mae'n edrych fel pe bai Dydd Mawrth nesaf, diwrnod yr angladd, yn glir a byddwn ni'n gallu dod. Ond fe fyddwch chi yma ta beth.'

Rhaid bod ei hwyneb wedi cyfleu cyfrolau, oherwydd chwiliodd George ym mhoced ei siaced a thynnodd amlen.

'Prynwch beth bynnag sydd ei angen arnoch chi o ran dillad ac ati,' meddai gan ei estyn iddi.

'Beth am gŵpons?' gofynnodd Dela.

'Digonedd. Yn yr amlen.'

'O ble?'

'Peidiwch â gofyn.' Gwelodd hi'n syllu'n ddig arno ac ychwanegodd, 'Cefais i nhw'n dâl am waith. A bydden i'n falch tasech chi'n cadw pwy y'ch chi'n gyfrinachol. Mae'r gwesty'n credu taw rhyw fath o gyfnither i fi y'ch chi.'

'Beth os nabyddith rhywun fi?'

'Pwy? Fydd neb yn eich nabod chi 'ma a gallwch ddweud wrth bawb eich bod chi ar wyliau.' Cododd ar ei draed a dechreuodd ymlwybro nôl i gyfeiriad y car.

'Beth os nad oes dim i'w ddarganfod?'gofynnodd Dela, wrth iddi dwthian ar ei ôl.

'Gorau i gyd,' atebodd George. 'Gwnaiff les i chi fod yn bell o Nant yr Eithin am sbel. Ewch chi'n rhyfedd gartre, yn gwylio'r fenyw 'na bob munud.'

Dyna'r eildro iddo sôn am ei lles hi. Roedd e'n llawn hyder unwaith eto, gan frasgamu fel dyn wedi gorchfygu pob rhwystr, ond nid oedd Dela wedi'i hargyhoeddi. Roedd hi'n teimlo fel pa bai'n camu i mewn i niwl.

PENNOD 3

Trodd y ferch wrth y ddesg groeso a thynnodd allwedd o un o'r blychau bach y tu ôl iddi.

'Dyma ni,' meddai gan wenu. 'Ystafell Wyth. Ar y llawr cyntaf.'

Pipodd lawr dros ymyl y ddesg, lle roedd Dela'n ceisio ystwytho'i choes drwy bwyso ar y pren. Roeddent wedi rhuthro nôl â'r cês a doedd hi ddim wedi arfer cerdded mor gyflym.

'Pinnau bach?' gofynnodd.

'Dwi wedi bod yn sâl,' esboniodd Dela gan wneud ceg gam. 'Gwyliau yw'r rhain i adfer fy iechyd.'

'Dyna ddywedodd eich cefnder wrth archebu'r stafell,' meddai'r ferch yn deimladwy. 'Odych chi'n iawn i ddringo'r grisiau? Gallwch chi adael eich cês fan hyn a daw'r porthor ag e i fyny.'

Penderfynodd Dela beidio â manteisio ar y cynnig. Doedd ganddi ddim syniad faint o gildwrn y byddai'r porthor yn ei ddisgwyl mewn lle mor grand. A dweud y gwir, roedd hi braidd yn grac unwaith eto wrth George am osod yr olygfa heb ddweud wrthi a chyn gwybod a fyddai hi'n cytuno i ddod. Beth arall oedd e wedi'i drefnu neu ei ddweud a allai ei baglu? Roedd ôl meddwl cyfrwys ar yr holl drefniadau, o ystyried iddo eu gwneud mewn llai na diwrnod. Ond pan agorodd ddrws ei stafell, maddeuodd fymryn iddo. Rhaid mai un o stafelloedd gorau'r gwesty oedd hon. Roedd yn eang, yn foethus ac yn wynebu'r prom. Ni fu Dela erioed yn aros mewn lle tebyg o'r blaen. Pe bai'r rhain yn wyliau go iawn, byddai uwch ben ei digon.

Dadbaciodd ac aeth i chwilio am y stafell ymolchi a'r tŷ bach. Daeth o hyd iddyn nhw i lawr y rhodfa. Byddai angen gŵn wisgo ysgafn arni, a rhoddodd ef ar ei rhestr feddyliol o bethau i'w prynu. Ni welodd neb wrth ddod nôl i'w stafell, ond ymhen tipyn sylweddolodd fod rhywfaint o fynd a dod ar hyd y landin y tu allan. Edrychodd ar ei wats. Roedd yn tynnu am hanner awr wedi chwech, a dechreuodd swper eisoes, felly brysiodd i ymbincio. Doedd yr Excelsior ddim yn lle i fynd i'r stafell ymolchi yn eich pais nac i fwyta swper yn eich sliperau. Ni allai ond gobeithio bod golwg digon smart arni i wneud argraff dda ar y gwesteion eraill.

'Esgusodwch fi, odych chi'n digwydd chwarae *Bridge*?'

Roedd llwy gawl Dela hanner ffordd at ei cheg, ond rhoddodd hi i lawr er mwyn ateb y cwestiwn. Dyn canol oed oedd yn holi, mewn siwt siec halen a phupur gyda phapur newydd dan ei fraich. Ysgydwodd ei phen gan wenu.

'Mae'n ddrwg gen i, nac ydw.'

'Trueni,' meddai'r gŵr, 'Ond fi ddyle ymddiheuro. Rhydderch yw'r enw. Tomi Rhydderch.'

Estynnodd Dela ei llaw.

'Galwch fi'n Dela,' meddai. 'Dwi'n gallu chwarae *Whist*,' ychwanegodd, gan feddwl bod angen iddi gael ffordd i holi pobol. Byddai gêm o *Snakes and Ladders* cystal â dim.

Cododd ei aeliau arni. Roedd ei law'n sych a'i afael yn gadarn. Roedd e'n hŷn nag a ymddangosai ar yr olwg gyntaf, meddyliodd Dela, ac roedd rhywbeth milwrol yn ei osgo. Efallai taw'r mwstas wedi'i eillio'n ofalus oedd yn gyfrifol am hynny. Clywodd lais awdurdodol yn galw 'Capten Rhydderch!' a throdd ef ymaith.

Bwytodd Dela weddill ei chawl wrth ei wylio'n camu draw at fwrdd wrth y ffenest, lle'r eisteddai dynes fawr yn ei chwedegau yng nghwmni dynes ifancach tua'r un oed â Dela. Ni allai glywed eu sgwrs, ond yn amlwg roedd ei hanallu i chwarae *Bridge* yn bwnc trafod o'r edrychiadau siomedig a daflwyd tuag ati gan y ddynes fawr.

Yn sydyn teimlodd yn flinedig. Roedd hyn oll mor bell

o'i phrofiad, a doedd hi ddim wedi ffonio Huw eto i esbonio ei hymadawiad sydyn o Nant yr Eithin. Canolbwyntiodd ar y bwyd yn hytrach na dechrau amau ei hun. Roedd ganddi waith i'w wneud, ac er ei bod yn ysu, erbyn i'r pwdin gyrraedd, am gael dianc i'w stafell a gorwedd, byddai'n rhaid iddi fynd i'r lownj ac ymuno mewn unrhyw sgwrs. Ceisiodd ddyfalu, drwy edrych o amgylch y stafell fwyta, pa rai oedd y gwestai sefydlog a pha rai oedd yno am wythnos yn unig. Roedd hi'n weddol sicr fod Capten Rhydderch a'r ddwy ddynes wrth y ffenest yn westeion sefydlog. Beth am y pâr priod canol oed ger y drws, neu'r ddwy oedrannus a oedd wedi treulio'r amser cinio'n cecru fel cathod? Tybiai Dela o'u tebygrwydd i'w gilydd eu bod yn chwiorydd. Gallai anwybyddu'r teulu cymharol ifanc o bedwar, y pâr ar eu mis mêl a'r ddau ddyn busnes. Heb syllu'n ddigywilydd ar bawb a eisteddai y tu ôl iddi, nid oedd modd dirnad a oedd unrhyw rai eraill. Câi wybod yn ddigon buan.

'Gwladys gydag 'w' Llewelyn,' meddai'r ddynes fawr gan estyn ei llaw. 'A dyma Meri Mitchell, fy nghydymaith. Dwi ddim yn gwybod beth fydden i'n ei wneud hebddi.'

Yn groes i'r disgwyl, gwelodd Dela fod croeso hynod gynnes iddi yn y lownj. Cododd Capten Rhydderch ar ei draed yn syth wrth iddi gamu i mewn i'r stafell eang cyn ei harwain at gnewllyn bach o bobl ger y ffenest fae a roddai olygfa o'r prom. Ysgydwodd Dela law â phawb, yn falch yn dawel fach ei bod wedi dyfalu'n gywir. Y Pritchards oedd y pâr priod canol oed. Maisy a Dulcie oedd y ddwy chwaer. Doedd gan y Pritchards fawr ddim i'w ddweud wrthi. Edrychent yn ddi-liw. Roedd gan Maisy a Dulcie ormod o lawer i'w ddweud, ond yn bennaf amdanyn nhw eu hunain. Gwnaeth Gwladys gydag 'w' le iddi ar y soffa.

'A beth sydd wedi'ch arwain chi i Abergorwel?' gofynnodd.

Pefriai ei llygaid fel cyrens duon mewn toes. Gwyddai Dela'n syth bod angen ateb amwys, heb ddatgelu dim.

'Mae e'n lle mor hyfryd,' atebodd.

'On'd yw e?' meddai Gwladys yn eiddgar. 'Gallwch chi gadw Eastbourne, Scarborough a Llandudno. Dyna fydda i'n ei ddweud yn fynych, ontefe Meri? Sdim unman i'w gymharu ag Abergorwel.'

Cododd Meri Mitchell ar ei thraed yn sydyn.

'Eich siol chi,' sibrydodd, cyn gadael y stafell.

Tynnodd Gwladys wep fach resynus a gosododd law fodrwyog ar fraich Dela.

'Fel dywedes i – bydden i ar goll hebddi.' Pwysodd ati'n gyfrinachol. 'Ro'n i'n gwybod y funud gweles i ei hwyneb bach pert taw hi oedd yr un ddelfrydol.'

'Mae'n ymddangos yn gydwybodol iawn,' atebodd Dela.

Nid oedd Meri'n bert i neb ond Gwladys, ond o leiaf nid ymddangosai ei bod yn ei sarhau a'i cham-drin. Efallai bod hyn yn waeth. Ni wyddai.

'Sdim byd yn ormod o drafferth iddi,' meddai Gwladys, cyn troi at y ffenest, lle safai'r Capten yn syllu ar yr olygfa. 'Ydyn nhw wedi dweud unrhyw beth am y cyngerdd Nos Sadwrn?' gofynnodd.

'Mae'r notis yn dal i fyny,' atebodd ef. '*Full steam ahead*, weden i. Falle'u bod nhw'n ofni na ddaw hi yma eto os byddan nhw'n canslo.'

'Digon gwir. Mae llawer o alwadau ar Hilma MacNeice,' meddai Gwladys yn bendant. 'Byddan nhw wedi gorfod bwcio'r cyngerdd fisoedd yn ôl. Dyw hi ddim yn amharchus i fwrw 'mlaen ag e.'

Cyrhaeddodd y weinyddes yr eiliad honno â'r hambwrdd te a choffi a'i osod ar fwrdd ym mhen arall y stafell. Cododd pawb ar eu traed gyda'i gilydd fel côr meibion, a phenderfynodd Dela gymryd cwpanaid gref o goffi i'w chadw ar ddi-hun. Llwyddodd Maisy a Dulcie i gynnal dadl rhwng eu seddau a'r bwrdd diodydd, ond sylwodd Dela nad oedd hyn yn tarfu dim ar y lleill. Hwyrach eu bod wedi hen arfer â nhw. Aeth i sefyll yn y ciw.

'Buoch chi'n sâl?'

Sylweddolodd fod Mrs Pritchard yn siarad â hi, gan syllu i fyny i'w hwyneb yn chwilfrydig. A dawelodd y sgwrs o'i hamgylch am ennyd?

'Do,' atebodd. 'Ond dwi'n gobeithio adfer fy iechyd yma'.

'Aer y môr,' ebe Mr Pritchard, ond nid ymhelaethodd. Er ei fod llawer yn dalach na'i wraig, roedd ganddynt yr un gwallt llwyd, llipa, a llygaid gleision golau iawn.

Deffrôdd y coffi hi nes i Dela ddechrau pryderu iddi fod yn annoeth i beidio â rhoi ei henw llawn i neb cyn belled. Roeddent yn ffurfiol yma, a gallai ymddangos yn rhyfedd iddynt. Ei phroblem oedd na wyddai pa enw roddodd George wrth archebu'r stafell iddi, er bod ei llofnod ar y gofrestr yn bur annarllenadwy. Pwy wyddai pa enw twp a ddyfeisiodd ar ei chyfer? Pan ddechreuodd rhai ohonynt ei throi hi am y nos, gwnaeth ei hesgusodion hithau a brysiodd at y ddesg flaen, yn y gobaith o allu ei ddysgu. Ond o weld dau neu dri'n sefyllian o'i blaen, penderfynodd ei bod yn well iddi alw George yn ei gartref o'r bwth pren a gwydr yng nghornel y cyntedd.

Siomwyd hi i ddarganfod nad oedd George wedi cyrraedd Cwm y Glo. Ei dad a atebodd y ffôn. Disgrifwyd ef iddi unwaith gan Agnes, cymdoges Nest, fel corcyn sych, ond yn wir roedd e'n ddigon hynaws.

'Mae'n ddrwg gen i darfu arnoch chi fel hyn,' meddai Dela ar ôl sefydlu nad oedd George yno. 'Sgwn i a alla i ofyn i chi adael neges iddo fy ffonio i. Mae ganddo'r rhif. Dela Arthur yw'r enw.'

Nid oedd am ddweud mwy nag oedd yn rhaid iddi. Wedi'r cyfan ni wyddai faint o'r cynllwyn roedd tad George wedi cael clywed amdano.

'Dim trafferth o gwbwl, merch i.' Meddyliodd am ennyd. 'Os daw e i'r tŷ cyn deg, fydd hynny'n rhy hwyr?'

'Na fydd, ond os na ddaw galwad, byddai'n rhoi cynnig arall arni bore fory.'

Roedd rhywun wedi gadael papur newydd ar fwrdd yn y cyntedd a chododd Dela ef ar ei ffordd i'r llofft. Eisteddodd yn y gadair freichiau ger y ffenest yn ei stafell i'w ddarllen, gan bendroni ynghylch pam nad oedd George wedi cyrraedd adref eto. Efallai ei fod e, ac wedi penderfynu treulio amser yn y swyddfa i wneud yn iawn am yr amser a gollodd yn ystod y dydd. Clywodd amryw bobl yn cerdded i'w stafelloedd ar hyd y landin, ond ni ddaeth cnoc ar y drws. Un tro, meddyliodd bod rhywun ar fin gwneud, a chododd er mwyn bod yn barod. Safodd gan wrando am ennyd, cyn i'w chwilfrydedd fynd yn drech na hi. Agorodd y drws y mymryn lleiaf a phipo allan. Roedd dwy forwyn ar eu ffordd i lawr y grisiau nid nepell o'i drws yn cario hambyrddau a sgwrsio wrth fynd.

'Na, dim sôn,' meddai un. 'I ble'r aeth honno 'to?'

Caeodd Dela'r drws yn dawel. Ni ddeuai galwad ffôn nawr. Cystal iddi fynd i'w gwely.

'Dyma hi ar y gair! Miss Williams, galwad i chi.'

Estynnodd gwarchodwraig y ddesg flaen, dynes hŷn y tro hwn, y teleffon mawr du i Dela. Cododd yn gynnar, yn y gobaith o allu busnesa rhywfaint wrth y ddesg cyn i neb arall ymddangos, ond edrychai fel pe bai'r gwesty ar ddi-hun nos a dydd. Ta beth, roedd y ddynes wedi datrys dirgelwch ei chyfenw ffug, a gwenodd arni'n ddiolchgar.

'Helô? Dela Williams yma.'

Clywodd George yn chwerthin ben arall y lein.

'Da iawn. Anghofies i ddweud neithwr. Dyna'r rheswm dros yr alwad, sbo. O'n i'n meddwl rhoi enw cyntaf ffug i chi hefyd, fel Dorothy.'

'Fydde hynny ddim yn syniad da. Roedd un yn hen ddigon. Ddywedodd Wncwl mod i wedi galw?' Daeth mwy o chwerthin.

'Do. Oes 'na broblem arall? Dyna pam dwi'n ffonio mor gynnar.' Clywodd ef yn dylyfu gên.

'Ddim o gwbl. Popeth yn iawn. Mae'r gwesty'n hyfryd. Diolch yn fawr iawn i ti ac Wncwl am feddwl amdana'i.'

'Mae rhywun yn gwrando, oes e?'

'Oes. Ac mae'r bwyd yn wych a dwi wedi cysgu fel twrch!'

'Galwch eto unrhyw bryd. Mae'n rhifau i 'da chi.'

'Bydda i'n cadw mewn cysylltiad. Cofia fi at Wncwl.'

Rhoddodd Dela'r ffôn nôl ar ei chrud, gwenodd ar y ddynes y tu ôl i'r ddesg ac ymlwybrodd i'r stafell fwyta. Teimlad rhyfedd oedd galw 'ti' ar George Bach, ond wedyn, gan ei bod yn 'gyfnither' iddo, doedd ganddi ddim dewis.

Bu'n fore proffidiol ar y cyfan, meddyliodd beth amser wedyn wrth fynd i mewn i flwch ffôn cyhoeddus ar un o'r strydoedd cefn. Llwyddodd i brynu ffrog ddu smart a wnâi'r tro ar gyfer yr angladd a'r cyngerdd, sanau, a gŵn gwisgo sidan ffug. Un o fanteision Abergorwel oedd y nifer o siopau dillad. Hwyrach fod masnach dda yma gan fod pobol gefnog yn dod ar eu gwyliau, ac am unwaith roedd ganddi arian a chŵpons i'w gwario. Tybed beth allai wneud ynghylch ei gwallt ar gyfer y cyngerdd? Chwiliodd am ei harian parod a cheisiodd benderfynu pwy i'w galw'n gyntaf, Huw Richards ynte Tudful a Nest.

'Be' ar y ddaear mae'r diawl George 'na wedi dy berswadio di i 'neud?' Ochneidiodd Dela dan ei hanadl. Roedd wedi ffonio Huw gan ragweld y byddai'n alwad anodd, ond roedd ei adwaith y tu hwnt i bob rheswm. 'Dim byd peryglus nac anghyfreithlon.' Gallai glywed Huw'n grwgnach yn anfodlon wrth iddi siarad.

'Dydy o'm yn sylweddoli nad wyt ti wedi adfer dy iechyd eto? Nac'di siŵr. Dy anfon di i hela sgwarnogod ymhlith y crachach. Be haru o? A gofyn i chdi archwilio corff ar ben hynny? Esgob! Be oedd arni'r graduras?'

'Ro'n i'n gwybod na allet ti wrthsefyll y demtasiwn i ofyn,' atebodd Dela. Clywodd roch o'r pen arall ond anwybyddodd ef.

'Dim byd amlwg i'w weld, 'blaw am ddarn bach o edafedd coch y tu ôl i un glust.' Bu tawelwch sydyn. 'Dwi ddim wedi darganfod arwyddocâd hwnnw eto,' parhaodd Dela, 'a falle does 'na ddim, ond o ystyried mor drylwyr y golchwyd y corff ro'n i'n credu bod yr edafedd yn werth ei gadw.'

'Hm. Hwyrach iddi gael ei golchi efo gwlanan goch. A be am y gwesty? Oes na lond lle o bobol amheus?'

'Ar hyn o bryd maen nhw'n ymddangos yn barchus dros ben, ond cawn ni weld.' Rhoddodd ddisgrifiad byr iddo o'r trigolion gan ychwanegu, 'ond falle bod na fwy o bobol oedd yn nabod Harriet yn dda, ymhlith y staff, er enghraifft. Dela Williams ydw i yn y gwesty, am mod i'n gyfnither i George.'

'Cyfnithar! Duwadd, 'snam pall ar hyfdra'r dyn. Be di'r gêm?' Meddyliodd am ennyd. 'Gwatsia iddo beidio â neidio arnach chdi. Basa fel wardrob yn disgyn.'

'Mae e'n ddiogel yng Nghwm y Glo,' atebodd Dela, gan sylweddoli bod cenfigen yn rhan o adwaith Huw. 'Beth sy'n digwydd yn yr ysgol? Gobeithio nad wyt ti'n bwriadu dechrau gwarchae.'

'Sgin i'm dewis. Bu dwy set o rieni yma neithiwr yn gofyn am help. Bydd 'na ffrae anferth. O feddwl, ella dy fod ti yn y lle iawn.'

'Falch o glywed,' atebodd Dela. 'A phaid ti â meiddio hala neb lan 'ma i gadw llygad arna i.'

Wrth iddi wthio mwy o arian i'r blwch er mwyn galw Tudful a Nest, sylweddolodd nad oedd Huw wedi addo peidio ag anfon neb, ond atebwyd yr alwad yr eiliad honno. Pan sylweddolodd Tudful taw Dela oedd yno, galwodd Nest at y ffôn. Wrth iddi esbonio'n gryno ble'r oedd hi a'i gorchwyl yno, gallai eu dychmygu'n sefyll yn stydi'r Mans yn rhannu'r derbynnydd, a'r ddau'n taflu sylwadau ati am yn ail. Daeth pwl o hiraeth drosti a gorfu iddi lyncu.

'Hen foi iawn 'di George,' ebe Tudful, 'Ond feddylis i ddim ei fod o isio i chdi ei helpu pan ofynnodd o am dy gyfeiriad di.'

'Pryd oedd hyn?' gofynnodd Nest yn siarp.

Bu trafodaeth wedyn am y ffaith nad oedd Tudful wedi meddwl sôn wrthi am y peth. Torrodd Dela ar eu traws.

'Gwrandewch, dwi ddim yn meddwl bod hyn yn ddim ond ymchwiliad i ail ewyllys,' meddai. 'Dim byd cyffrous iawn. Gwaith gweinyddol mewn ffordd.'

'Da ni 'di clywad hynny o'r blaen,' meddai Nest yn sych. 'Er mwyn popeth, paid â pheryglu dy hun!'

'Ia, paid â mynd i drybini os galli di osgoi hynny,' ychwanegodd Tudful, 'Er mi rwyt ti'n swnio'n fwy sionc o gryn dipyn nag oeddat ti.'

Efallai bod hynny'n wir. Cofiodd Dela bod angen iddyn nhw ofyn i Agnes drws nesaf beth y gallai wneud â'i gwallt ar gyfer y cyngerdd, a bu hynny'n fodd i droi'r pwnc. Roedd ar fin gorffen yr alwad pan glywodd Tudful yn dweud, 'Pwy sy'n claddu'r ddynas? Oes 'na drên i Abargorwal, tybad?' ond yn fendithiol swniodd y pips.

Gadawodd Dela'r blwch ffôn gan ragweld llu o bobl yn cyrraedd a difaru iddi alw neb o gwbl.

Pennod 4

Roedd geiriau Tudful ynglŷn â ble fyddai'r angladd wedi canu cloch. Gresynodd Dela na chafodd gyfle i siarad yn breifat â George y bore hwnnw, ond roedd angen diod boeth arni nawr. Roedd caffi nid nepell i ffwrdd a phenderfynodd y byddai'n eistedd yno a llunio rhestr o gwestiynau. Gwthiodd y drws ar agor, ond ym mhen pellaf y stafell gwelodd Capten Rhydderch yn diffodd ei sigarét yn frysiog yn y blwch llwch wrth bwyntio at y gadair wag gyferbyn ag ef. Llyncodd ei siom ac ymunodd ag ef.

'Dim ond tc, os gwelwch yn dda,' meddai Dela wrth y weinyddes. 'Diod arall i chithau, Capten?' Ysgydwodd ef ei ben a symudodd y weinyddes ymaith.

'Sdim angen i chi alw Capten arna i,' meddai gan dynnu wep. 'A dweud y gwir, bydden i'n falch i beidio â chlywed y gair eto. Gwladys gydag 'w' ddechreuodd yr arfer yn y gwesty. Mae'n hoff o deitlau.'

'Beth alla i eich galw chi 'te?' gofynnodd Dela, gan dybio nad oedd eisiau cael ei atgoffa o brofiadau annymunol yn y gorffennol. Edrychai fel rhywun a allai fod wedi gwasanaethu yn y Rhyfel Mawr.

'Tomi,' atebodd yn syml, gan wenu. 'Roedd gen i fwy o barch at y 'Tomi' cyffredin yn y fyddin nag at unrhyw uwch-swyddog.' Syllodd arni am ennyd. 'Sdim golwg mor flinedig arnoch chi'r bore 'ma. Mae'n rhaid eich bod chi wedi cysgu'n dda. Clywes ichi fod yn sâl.'

'Do,' cyfaddefodd Dela, gan wneud nodyn meddyliol i gofio bod unrhyw sylw'n sicr o gael ei ailadrodd ymhlith y gwesteion. Rhwbiodd ei choes yn llechwraidd. 'Mae aer y môr yn llesol, medden nhw.'

'Maen nhw'n tyngu fod hynny'n wir yn yr Excelsior. Falle 'i fod e, mae rhai ohonyn nhw wedi bod 'na ers oesoedd pys.'

Cyrhaeddodd y te, ac arllwysodd Dela ef.

'Odyn nhw, wir?' gofynnodd. Gobeithiai ei fod am ddweud pwy yn union. Amneidiodd Tomi.

'Dyna i chi Maisy a Dulcie, er enghraifft. Mae'n debyg eu bod nhw yno ers deng mlynedd a mwy. Ond er bod aer y môr wedi'u cadw nhw'n iach – maen nhw mor hen ag Adda wedi'r cyfan – dyw e ddim wedi gwneud unrhyw les i'w tymer ddrwg nhw.'

'Sylwes i,' meddai Dela gyda gwên. 'Beth am Gwladys? Ydy hi wedi bod yn sâl?'

'Sdim byd yn bod ar Gwladys na fydde bwyta llai'n ei wella'n llwyr,' meddai Tomi'n bendant. 'A dyw'r groten fach 'na sy gyda hi ddim yn gweld golau ddydd yn aml. Cofiwch, mae'n cadw'n heini trwy redeg lan a lawr y stâr yn ddiddiwedd er mwyn mofyn pethau i Gwladys.'

Ysgydwodd ei ben fel pe bai'r trefniant yn benbleth iddo. Edrychodd ar ei watsh cyn codi ar ei draed.

'Bydd yn rhaid i fi fynd,' meddai'n ymddiheurol, 'Dwi wedi cael fy hala ar neges i archebu torch o flodau.' Rholiodd ei lygaid. 'O wel, *onwards and upwards.*' Syllodd i lawr arni. 'Peidiwch ag aros yn rhy hir yn yr Excelsior,' meddai'n sydyn. 'Y cam nesaf yw'r fynwent, ac weithiau ry'ch chi'n teimlo eich bod yno eisoes.'

Roedd e wedi mynd cyn i Dela gael cyfle i ofyn mwy. Torch ar gyfer angladd Harriet? Dylai fod wedi achub ar y cyfle i ddatgan ei 'pherthynas' â hi. Eto, ni wyddai a oedd hi i fod i wneud hynny'n gyhoeddus. Tynnodd bapur a phin ysgrifennu o'i bag, ac erbyn iddi orffen ei the roedd ganddi lu o gwestiynau ar gyfer George.

'Dwi'n ymwybodol iawn o'ch awgrym chi mod i'n berson dirgel, fel petai,' meddai wrtho ryw ddeng munud yn ddiweddarach o flwch ffôn cyfagos. 'Ond y cwestiwn yw, sut alla' i gadw fy niddordeb yn eich modryb yn gyfrinachol?' Roedd sŵn teipio i'w glywed yn swyddfa George. 'Sdim modd gwneud hynny. Bydd y gwesteion eraill yn yr angladd. Maen nhw eisoes wedi archebu torch. Bydd yn beth rhyfedd iawn i fi fod 'na os nad ydw i wedi rhoi gwybod iddyn nhw mod i'n berthynas iddi.'

'Bydd, sbo. Synnen i fyth eu bod nhw'n amau eisoes. Mae'r staff wrth y dderbynfa'n gwbod.'

'Odyn, wrth gwrs. Ac os na ddyweda i rywbeth yn fuan, bydd pobol yn gweld yn chwith. Ar y llaw arall, os ydyn nhw'n deall taw yno er mwyn helpu i wneud y trefniadau ydw i, fel perthynas, mae gofyn cwestiynau anwybodus am Harriet yn mynd i edrych yn amheus.'

''Blaw eich bod chi'n esbonio mai perthynas o bell ydych chi, a heb ei gweld ers blynyddoedd maith. Sneb o'r teulu ond fi a 'nhad wedi trwyno'r lle. Dyna un o'r rhesymau dros beidio â holi fy hunan. Byddan nhw'n siŵr o 'nghofio i.'

'Mae pwy bynnag sy'n holi'n mynd i fod yn destun siarad. Efallai y galla i fanteisio ar fy nghyflwr sâl. Bydd gofyn i fi fod yn garcus a diniwed iawn.' Chwarddodd George braidd yn anghrediniol, ym marn Dela. 'Pryd gweloch chi Harriet ddiwethaf?' ychwanegodd.

'Tua deufis nôl ar Ddydd Sadwrn. Aethon ni â hi mas am ginio hanner dydd. Buodd rhyw fenyw fawr yn ei holi hi wedyn yn y lownj am y fwydlen.'

Gwladys, meddyliodd Dela.

'Bydd honno'n eich cofio chi'n bendant,' meddai.

'Odych chi wedi meddwl am fynd nôl a chael cip arall ar y corff?' gofynnodd George.

'Nadw wir! Odych chi'n meddwl mod i'n archwilio cyrff fel hobi? A ta beth, buon ni'n lwcus i beidio â chael ein dal y tro diwethaf.' Edrychodd ar ei rhestr. 'Ble mae'r angladd i fod? A phwy yw'r gweinidog?'

'Ficer yw e. Edwin Mainwaring. Eglwys Sant Ioan.

Eglwyswraig oedd Harriet.' Clywodd Dela siffrwd dalenni sydyn. 'Peth da i chi ofyn hynny. Addewes i roi gwybod iddo am ei dewis o emynau. Doedd gen i ddim syniad, ond mae 'nhad yn dweud taw ei ffefryn oedd *'Jesus wants me for a sunbeam.'*

'Bois bach.'

'Ie, dwi'n gwbod. Ond galle fod yn waeth. Galle fod yn *'Fight the Good Fight.'*

'Galle, sbo. Af i i'w weld e. Bydd hynny'n gyfle i fi holi tipyn amdani. Ody e'n Gymro?'

'Ody, ond mae e'n un eitha rhyfedd. Mae ei ben yn y cymyle. Ac mae'r trefnwyr angladdau wedi addo trefnu torch ar ein rhan ni – esgus da i chi alw heibio i wneud yn siŵr.'

Roedd e'n dal i feddwl ei bod yn ysu am gael mynd i'r afael â'r corff unwaith eto. Anwybyddodd Dela hyn.

'Oedd ganddi ddiddordebau arbennig? Elusennau neu sefydliadau y gallai fod wedi addo arian iddyn nhw?'

Doedd e ddim wedi meddwl am hynny.

'Roedd hi'n eitha hoff o ddoncis,' meddai, ar ôl ystyried.

'Asynnod? Pawb at y peth y bo, ond dwi ddim yn meddwl bod yn rhaid i ni boeni amdanyn nhw. Beth sydd wedi digwydd i'w heiddo hi o'i stafell? Ei dillad a'i dogfennau, er enghraifft?'

'Dim syniad.'

'Bydd y gwesty eisiau gwagio'r stafell yn gyflym,' meddai Dela. 'Mae e'n golygu arian iddyn nhw.'

'Galla'i ffonio a rhoi awdurdod i chi gasglu ei phethau,' cynigiodd.

'Mae hynny'n gall. Bydd e'n gyfle i fi weld a oes unrhyw un arall wedi bod yno'n chwilota eisoes, neu, yn wir, wedi cynnig eu hunain fel etifedd neu sgutor.'

'Pam na feddylies i am hynny?' gofynnodd George.

Ie wir, meddyliodd Dela, wrth orffen yr alwad. O ystyried cymhlethdod ei drefniadau i'w rhoi hi yn y gwesty, roedd 'na lot o bethau na feddyliodd George amdanyn nhw. Os oedd e'n pryderu cymaint am ewyllys newydd arfaethedig, byddai wedi disgwyl iddo ofyn cwestiynau sylfaenol o'r cychwyn. Cerddodd nôl i gyfeiriad y gwesty'n fyfyrgar. A allai Huw fod yn gywir? Ai ymgais i greu perthynas â hi oedd hyn oll? Fel yr oedd hi nawr – doedd bosib! Oedd e'n teimlo trueni drosti? Ddim os oedd e'n barod i ofyn iddi archwilio corff. Ochneidiodd yn dawel.

Prin y sylwodd ar neb yn y stafell fwyta dros ginio hanner dydd yn ei brys i fynd allan eto. Efallai y dylai fod wedi pwyllo oherwydd roedd yn anodd dod o hyd i'r eglwys, ac erbyn iddi ofyn i nifer o bobl ble oedd Eglwys Sant Ioan, teimlai iddi gerdded o un pen y dref i'r llall.

Safai'r eglwys yn ei thir ei hun a'r fynwent o'i blaen ac adeilad y tu ôl iddi a fyrlymai â menywod yn trefnu stondinau. Deallodd Dela o'r arwyddion bod jymbl sêl i'w gynnal y bore Sadwrn canlynol. Hwpodd ei phen i mewn i weld a oedd sôn am y ficer, a chyfeiriwyd hi i'r eglwys ei hun. Daeth o hyd iddo'n eistedd ar un o'r meinciau blaen yn ffrwtian drwy lyfrau gweddi. Cafodd yr argraff yn syth mai esgus oedd hynny i beidio â gorfod cario byrddau ar gyfer y sêl, ond cododd i'w chyfarch. Roedd e'n dal iawn, ac yn sgerbydol o denau. Mynegodd Dela ei neges yn gryno.

'Mrs Watts-Jenkins?' meddai gan grychu ei dalcen. 'O ie. Yr angladd ddydd Mawrth nesaf. Diolch i chi am ddod. Chi yw'r ferch â'r teulu mawr, ife?'

Syfrdanwyd Dela am eiliad. A fu rhywun yno eisoes yn hawlio perthynas? Darganfu ei thafod o'r diwedd.

'Na, doedd ganddi ddim plant,' atebodd. 'Dim ond cyfnither o bell ydw i. Mae fy nghefnder George Williams wedi gofyn i mi wneud nifer o'r trefniadau. Gan ei fod yn gyfreithiwr prysur i lawr yn y Cymoedd mae'n anodd iddo deithio yma.' Gwenodd y Ficer, fel pe bai ei feddwl ymhell i ffwrdd.

'*Quis custodiat ipsos custodies?*' meddai, 'Yn amlwg, chi.'

Nefoedd wen, meddyliodd Dela gan grafu ei meddwl am

ei thamaid Lladin – pwy sy'n gwarchod y gwarchodwyr?'
Dowciodd y Ficer ei ben yn sydyn cyn codi ei law a theimlo'i
gorun moel. 'Mae'r to'n gollwng,' esboniodd.

Ni allai Dela weld perthnasedd hyn chwaith o ystyried y
tywydd poeth a gawsent ers misoedd. Yn ffodus roedd hi wedi
ysgrifennu enw'r emyn ar ddarn o bapur, ac estynnodd ef iddo.

'Dyma hoff emyn Modryb Harriet,' meddai, gan ychwanegu
'Mrs Watts-Jenkins, hynny yw.'

Edrychodd y Ficer arno'n syn, ond ni wnaeth ddim sylw.

'Oedd hi'n gallu dod i'r gwasanaethau'n rheolaidd?'
gofynnodd Dela.

Ysgydwodd ei ben. 'Ddim yn ddiweddar. Roedd ei hiechyd
yn fregus iawn. Ro'n i'n rhoi cymunedeb iddi yn y gwesty
mewn stafell gwbwl anaddas, a rhyw fenyw fawr Fethodistaidd
yr olwg yn eistedd ar soffa'n darllen drwy'r cyfan. Roedd
ganddi ddwy chwaer yn byw yno hefyd.'

Ni thrafferthodd Dela egluro nad oedd Maisy a Dulcie'n
chwiorydd i Harriet. Ni allai ond gobeithio y byddai'r Ficer
rhyfedd hwn yn cofio digon amdani i roi araith bwrpasol yn ei
hangladd. Ffarweliodd ag ef cyn mynd heibio i adeilad y jymbl
sêl er mwyn cyrraedd y ffordd fawr, a chan feddwl y gallai
fod yn werth dod i'r sêl. Ar ei hymweliad cyntaf credodd iddi
weld hetiau a gwaith gleiniog o'r dauddegau ar un o'r byrddau.
Byddai'n ddelfrydol fel modd o guddio'i gwallt yn y cyngerdd.
Mwy na thebyg byddai'n rhaid iddi godi'n gynnar i gyrraedd
cyn i'r pethau gorau ddiflannu. Nid oedd angen iddi boeni am
neb arall o'r Excelsior yn ei gweld. Roedden nhw'n rhy grand o
lawer i fynd i jymbl sêl.

PENNOD 5

Llusgodd Dela ei hun dros drothwy'r gwesty. Nid oedd wedi cerdded fel hyn ers cyn iddi gael ei hanafu, ac roedd ei holl gorff yn flinedig. Edrychai'r cadeiriau esmwyth yn y cyntedd yn ddeniadol dros ben. Tybed a fyddent yn fodlon dod â hambwrdd o de iddi yno? Ni chredai y gallai ddringo'r grisiau nes iddi gael rhywfaint o hoe.

'Miss Williams?'

Trodd Dela ei phen hanner eiliad yn arafach nag a dylai, ond nid ymddangosai fod y ddynes a welodd yn gynharach y tu ôl i'r ddesg groeso wedi sylwi.

'A oes munud gyda chi i ni gael gair?' Agorodd y fflap yn y ddesg ac arwyddodd i Dela ddod drwodd. Dilynodd hi i mewn i swyddfa fechan. Gwelodd arwydd ar y ddesg, *Thelma Martin, Rheolwraig Gyffredinol*. Eisteddodd Thelma y tu ôl i'r ddesg a suddodd Dela'n ddiolchgar ar gadair o'i blaen. Hwyrach ei bod yn orsensitif i bobl â llawer o wallt, ond roedd gan Thelma fwy na'i siâr o bell ffordd. Roedd ganddi gyrls coch o gwmpas ei hwyneb a phlethen gymhleth ar gefn ei phen, a phopeth wedi'i lacro'n dynn yn ei le. Cofiodd am y ddynes fach â'r cyrn hwrdd a'u croesawodd wrth ddrws y trefnwyr angladdau. Onid Martin oedd ei chyfenw hi hefyd?

Tynnodd ei hun nôl i'r presennol gan fod Thelma'n pwyso dros y ddesg tuag ati. Roedd ganddi friw ar y garddwrn a edrychai'n boenus. Gwelodd hi'n tynnu ei llawes i lawr drosto a sylwodd Thelma arni'n edrych.

'Mae gen i alergedd i fetel tsiep,' meddai'n resynus, 'Aeth y freichled honno i'r bin! Ta beth, dwi mor falch o fod wedi'ch dal chi,' ychwanegodd yn gyfrinachol. 'Newydd fod ar y ffôn gyda Mr George Williams ydw i. Bydde fe'n falch iawn trosglwyddo'r cyfrifoldeb dros eiddo Mrs Watts-Jenkins i chi.'

'Iawn,' meddai Dela, cyn sylweddoli fod Thelma'n edrych braidd yn syn ar ei hadwaith llipa. 'Bydd angen i fi glirio ei stafell, felly.'

Brathodd Thelma ei gwefus, a throi o fod yn gyfrinachol i fod yn lletchwith. Sylwodd Dela, er gwaethaf perffeithrwydd ei cholur a'r lipstic lliwgar, fod hon yn fenyw yn ei phedwardegau cynnar o leiaf.

'Na, fydd dim angen i chi wneud hynny,' meddai. 'Mae'r stafell wedi'i chlirio eisoes ac mae ei holl eiddo mewn bocsys yn y seler.'

Gwyddai Dela'n iawn pam y gwnaethpwyd hyn ar y fath frys. Roedd stafell wag yn golygu colled ariannol i'r gwesty. Rhaid bod ei hwyneb wedi datgan ei meddyliau oherwydd brysiodd Thelma ymlaen.

'Doedden ni ddim yn gwybod beth i'w wneud fel arall. Yn ffodus iawn, trefnodd Mr Williams i'r corff fynd at y trefnwyr angladdau'n syth.' Gwridodd rhyw fymryn. 'Gallen ni byth â'i chadw hi yma yn ei stafell, gwaetha'r modd.' Ciledrychodd ar Dela, rhag ofn ei bod hi'n ffromi, ond amneidiodd Dela'n ddoeth. 'Mae'n gymaint o ryddhad i ni eich bod chi wrth law. Mae'n gallu bod yn anodd iawn weithiau, gyda gwesteion hirdymor sydd heb berthnasau agos.' Rhoddodd chwerthiniad bach ffals. 'Dyna pam maen nhw yma, wedi'r cyfan.'

Teimlodd Dela fod angen iddi dawelu'r dyfroedd. Pwy a wyddai pa gymorth y byddai arni ei angen gan Thelma yn y dyfodol?

'Dwi'n deall yn llwyr,' atebodd yn gysurol. 'Fe wnaethoch chi'r peth iawn. Ac roedd Modryb Harriet yn hapus iawn yma, yn llawn canmoliaeth am y gofal a'r bwyd, a'r math o bobol neis sy'n dod i aros yma.'

Taclusodd Thelma ei gwallt yn hunanfoddhaus.

'Mae gyda ni enw am fod yn egscliwsif, rhaid cyfaddef,'

meddai. 'Mae croeso i chi weld y bocsys y pnawn 'ma os yw'n gyfleus,' ychwanegodd. 'Aiff un o'r merched i lawr i'r seler gyda chi. Eich penderfyniad chi wedyn fydd beth hoffech chi ei wneud yn eu cylch nhw.'

A dweud y gwir, wrth iddi ddod i lawr y grisiau i'r seler roedd Dela'n difaru na ofynnodd i'r bocsys gael eu cario i fyny i'w stafell. Nid oedd ganddi atgofion melys o'r seler ddiwethaf y bu ynddi, ond gwelodd ar unwaith wrth ddilyn Mali'r forwyn i mewn i'r lle eang, golau fod hwn yn lle bur wahanol. Roedd yma olau trydan yn un peth, yn ogystal â drws yn agor i flaen yr adeilad er mwyn hwyluso derbyn cyflenwadau. Edrychodd ar y ferch yn ei chapan starts a'i ffedog wen gan ddisgwyl iddi ei harwain at eiddo Harriet, ond roedd hi fel pe bai'n gyndyn i symud o'r fan. Sylweddolodd Dela bod Mali'n fwy nerfus na hi.

'Ych y fi,' meddai'r ferch, 'Hen le pwg.' Pwyntiodd at y wal. 'Gallwch weld y marc lle daeth y môr miwn flynyddoedd nôl.'

'Dwi wedi gweld seleri gwaeth o lawer,' atebodd Dela.

'Odych chi, Miss?' Yn amlwg, ni allai Mali ddychmygu ble. 'Nid fi sy'n dod lawr 'ma fel arfer. Alys sy'n dod. Sdim ots 'da hi.'

Gwenodd Dela arni.

'Dyw hi ddim ar ddyletswydd heddi, 'te?'

'Nadi ... mae hi ... bant,' atebodd Mali, gan sychu ei dwylo yn ei ffedog, fel pe bai wedi dweud rhywbeth o'i le. Cerddodd yn gyflym draw at fwrdd lle safai nifer o focsys cardfwrdd a dau gês. 'Dwi'n credu taw'r rhain yw nhw,' meddai'n frysiog.

Dilynodd Dela hi, gan bendroni pam fyddai absenoldeb Alys yn peri'r fath chwithdod i Mali. Hwyrach fod gorfod dod i lawr i'r seler yn pwyso arni. Roedd y ffordd yr edrychai'n ofnus dros ei hysgwydd bob eiliad yn gwneud Dela'n anghysurus.

'Sdim angen i chi aros,' meddai. 'Gaf i gipolwg cyflym nawr, a phenderfynu beth i'w wneud. Ond mwy na thebyg bydd angen help arna i i gario'r bocsys i'n stafell i, 'mhen tipyn.'

'Odych chi'n siŵr nawr, Miss?' gofynnodd y ferch. 'Bydden i'n ddiolchgar iawn. Mae gyda fi gwpwl o stafelloedd i'w glanhau. Ond dim ond galw amdana i sydd angen a bydda i nôl whap.' Roedd hi eisoes yn symud tua'r grisiau wrth ynganu'r geiriau.

'Peidiwch â 'nghloi i miwn, 'na'i gyd,' atebodd Dela a gwenodd Mali am y tro cyntaf.

Arhosodd Dela iddi ddiflannu drwy'r drws ar ben y grisiau cyn edrych o'i hamgylch. O brofiad, gwyddai fod seler yn ffenest ar feddylfryd perchnogion unrhyw adeilad. Roedd ôl meddwl trefnus ar hwn. Defnyddiwyd hi yn helaeth i storio sachau o datws a llysiau yn eu pridd, safai silffoedd llawn tuniau mawr arlwyo yn erbyn y wal bellaf o'r drws a photeli o ddiodydd mewn bocsys wedi'u labelu. Cyn belled ag y gallai Dela weld, er na wyddai'n hollol beth oedd y rheolau ynghylch gwestai, nid oedd yma ddim byd amlwg a brynwyd ar y farchnad ddu. Ond wedyn, meddyliodd yn sych, ni fyddent wedi'i chaniatáu i ddod i'r seler pe bai'n llawn *contraband*.

Wedi diwallu ei chwilfrydedd, trodd at y pentwr eiddo. O ystyried am faint y bu Harriet yn y gwesty, doedd ganddi ddim toreth o eiddo. Agorodd y cês cyntaf a thynnu'r papur sidan cyn neidio'n ôl yn reddfol. Edrychai dau lygad milain arni, ac roedd pâr arall gerllaw. Oedd modd i lygod mawr gnoi drwy'r lledr? Edrychodd eto. Roedden nhw'n gwbl lonydd, ta beth. Siôl ysgwydd ffwr minc ydoedd, wedi ei llunio o ddau o'r anifeiliaid, yn cnoi trwynau'i gilydd. Cododd hi allan gyda wep. Roedd cot fer oddi tani, un ffwr dywyll iawn. Sabl go iawn ynteu *musquash* rhatach wedi'i liwio? Cot ddrud yn ddiamheuaeth, a cheisiodd amcangyfrif sawl blwyddyn o'i chyflog y byddai wedi'i chostio. Caeodd y cês a dal i chwilota. Rhaid cyfaddef, roedd gan Harriet chwaeth berffaith mewn dillad. Roedd pob dim o'r ansawdd gorau, a thybiodd Dela, o faint pitw'r ffrogiau, y blowsys a'r sgertiau, ei bod wedi defnyddio teilwres, oherwydd amheuai a allai fod wedi prynu dillad parod mor fach. Roedd ei dillad isaf fel dillad plentyn. Byddai'n broblem i wybod beth i'w wneud â nhw i gyd. A ddylai grybwyll y jymbl sêl wrth George?

Symudodd ymlaen at y bocs cyntaf. Yn hwn defnyddiwyd sgarffiau a phapur newydd i lapio darnau o tsieina. Dadlapiodd Dela bob darn a'i osod ar fwrdd cyfagos. Oddi tanynt gorweddai bagiau llaw o ledr meddal a dau neu dri phâr o esgidiau. Aeth Dela drwy'r bagiau llaw, ond roeddent yn wag i gyd heblaw am hances neu ddwy. Yna edrychodd yn fanwl ar y tsieina. Yn ystod ei dyddiau yn y Coleg, treuliodd flwyddyn fel lojiar i ddynes a oedd yn dwli ar tsieina. Dysgodd gadw'i phenelinoedd yn agos at ei chorff, ond dysgodd i adnabod darnau da yn ogystal. Roedd yma *Royal Worcester, Minton* a thybiodd, er na allai fod yn siŵr, fod dau ddarn o tsieina prin Abertawe yma hefyd. Byddai angen iddi sicrhau bod George yn eu cymryd oherwydd roeddent yn werthfawr ac yn rhan o'i etifeddiaeth. Lapiodd bopeth fel y bu a'u rhoi nôl gan dynnu'r pin ysgrifennu o'i bag llaw a marcio'r bocs. Bocs pob dim oedd nesaf yn dal manion personol fel bag golchi a barrau o sebon. Un bocs oedd ar ôl nawr ac roedd cefn Dela'n dechrau ystyfnigo. Llamodd ei chalon pan welodd bentwr o bapurau a dogfennau.

'Miss fach, pam y'ch chi'n cario'r rheiny ar eich pen eich hunan?'

Roedd Dela wedi twthian i fyny'r grisiau serth â'r bocs dogfennau, a bu bron iddi ei ollwng pan ymddangosodd Mali'n sydyn rownd y gornel. Brysiodd y ferch i'w gymryd.

'Roedd e'n drymach nag a feddylies i,' cyfaddefodd Dela.

'Peidiwch â phoeni dim,' meddai Mali. 'Os ewch chi lan i'ch stafell, dwa i â'r cyfan atoch chi.' Gwenodd yn fwyn, gan ddangos bwlch rhwng ei dau ddant blaen. 'A byddai'n garcus iawn o'r bocs tsieina!'

Meddyliodd Dela am y sylw hwn wrth iddi ddringo'r

grisiau, un ar y tro. Edrychai'n debygol fod Mali wedi helpu i glirio stafell Harriet. Os felly, cododd ei pharch ati, o ystyried y gofal a gymerwyd i lapio popeth. Pe na bai Mali ar ei ffordd byddai wedi mynd i orwedd yn syth ar y gwely, ond bu'n rhaid iddi fodloni ar eistedd yn y gadair freichiau a rhwbio'i choes. Daeth cnoc ar y drws ymhen llai na phum munud.

'Beth wnaethoch chi – hedfan?' gofynnodd Dela'n syn pan welodd Mali'n sefyll ar y trothwy. Pentyrrwyd y cesys a'r bocsys ger y drws, ond roedd hi'n cario'r bocs tsieina. Gwnaeth Dela le iddi ddod i mewn. Gan fod ei stafell mor fawr ni wnaeth eiddo Harriet lawer o argraff arni.

'Na ni! 'Na'r dwetha nawr,' datganodd Mali, gan edrych yn ddifrifol o'i chwmpas. 'Ma nhw mas o'ch ffordd chi, gobeitho.'

'Odyn, diolch yn fawr i chi,' meddai Dela, gan estyn cildwrn hael iddi.

Gwridodd y ferch fel rhosyn a syllodd ar yr arian. Synhwyrodd Dela bod mwy i ddod ac arhosodd.

'Odych chi'n gwbod beth sy'n mynd i ddigwydd i'r dillad?' gofynnodd Mali o'r diwedd.

Petrusodd Dela. Nid oedd wedi disgwyl hynny, ond bu dillad newydd mor brin ers cymaint o flynyddoedd fel nad oedd syndod bod gan Mali ddiddordeb ynddynt. Serch hynny, byddent yn rhy fach o lawer iddi.

'Mae'n ddrwg gen i,' meddai, 'ond nid fi sydd i benderfynu hynny. Dim ond cyfnither o bell ydw i. Bydd yn rhaid i fi ofyn i George, fy nghefnder.' Ceisiodd wenu'n gysurlon wrth weld yr olwg siomedig ar wyneb Mali. 'Ry'ch chi'n sylweddoli bod y dillad yn fach iawn.' Amneidiodd Mali.

'Nid dros fy hunan dwi'n gofyn,' esboniodd yn lletchwith, 'Ond mae Mam bwti r'un faint â Mrs Watts-Jenkins. A allech chi ofyn iddo a fydde modd i ni brynu rhai o'r dillad? Wedd hi'n gwisgo pethe cwaliti ch'weld.'

'Oedd wir,' cytunodd Dela. 'Fe ofynna i iddo, dwi'n addo.

A dweud y gwir, allai ddim meddwl beth arall y gall e wneud â nhw.'

Calonogwyd Mali gan hyn, ac ar ôl iddi ymadael meddyliodd Dela, wrth dynnu ei hesgidiau a gorwedd, y byddai'n syniad da i annog George i roi'r dillad iddi yn hytrach na chodi tâl amdanyn nhw. Byddai'n ddefnyddiol i gael Mali yn ffrind. Ar y llaw arall gobeithiai na fyddai mam Mali'n martsio i fyny ac i lawr y prom yn y got ffwr dan lygaid barcud preswylwyr y lownj. O wel, byddai hi wedi hen adael y lle erbyn hynny. Gosododd ei larwm i'w dihuno am chwech a thynnodd y cwrlid drosti. Roedd yn rhyfedd sut gallai gysgu mor hawdd yma.

'Jiw mowr, ie, rhowch y cwbwl lot iddi,' meddai George yn bendant. 'A'r tsieina hefyd, os y'ch chi moyn.'

Bu Dela'n lwcus bod y ciwbigl ffôn yn wag pan biciodd i lawr i ffonio George cyn swper.

'Y tsieina? Na wna, wir. Odych chi'n sylweddoli beth y'n nhw?'

Wffftiodd George. 'Rhyw hen annibendod. Cymerwch chi nhw, 'te.'

Tynnodd Dela wep ar dderbynnydd y ffôn. Roedd wedi disgwyl gorfod dadlau achos Mali, ond roedd agwedd gwbl ddi-hid George, yn enwedig ynghylch y tsieina, wedi ei tharo oddi ar ei hechel.

'Gofynnwch i'ch tad, er mwyn dyn! Falle'u bod nhw'n ddarnau teuluol.'

'Dwi'n ame 'ny. Odd hi fel wiwer fach yn casglu pethach. Ond fe ofynna i, s'ach 'ny.'

Clywodd Dela ryw siarad yn y cefndir, a rhoddodd George ei law dros y derbynnydd am eiliad. Yna daeth nôl ati.

'Oes 'na unrhyw beth diddorol yn y gwaith papur?'

'Dyna beth dwi'n bwriadu mynd drwyddo heno. Dylai fod gen i fwndel o'r dogfennau pwysig i chi pan gyrhaeddwch chi ddydd Mawrth. Ond wrth gwrs, os oes 'na ewyllys arall fe ffoniai'n syth.'

'Grêt,' meddai George. 'Ddaeth unrhyw beth i'r golwg o siarad â'r gwesteion? Unrhyw beth amheus? Oes rhywun wedi cyfaddef iddyn nhw ei thagu am ei harian?'

'Ddim eto,' atebodd Dela. 'Ac nid ei thagu hi wnaethon nhw, ta beth. Ond nawr mod i wedi trefnu'r ficer a'r eiddo, caf gyfle i siarad mwy â nhw.'

Ffarweliodd ag ef a throi am y stafell fwyta. Byddai'n rhaid i alwad arall i Huw aros. Nid oedd wedi cyfaddef taw'r rheswm nad aeth drwy'r ddogfennaeth yn syth oedd ei hangen i gysgu. Nid oedd hi eisiau i George feddwl ei bod yn aneffeithiol. Roedd hi'n mwynhau ei hun ormod i adael i hynny ddigwydd.

Pennod 6

'Watsiwch chi,' ebe Tomi Rhydderch dan ei anadl, gan arwyddo
â'i fawd i gyfeiriad y lownj, 'Mae'r fwltwried yn casglu. Maen
nhw wedi dysgu pwy y'ch chi. Fydd dim perfedd 'da chi ar ôl.'

Roedd Dela'n croesi'r cyntedd ar ôl swper ac roedd yntau'n
paratoi i fynd allan a'i het a'i ffon gerdded yn ei law. Cododd hi
ael arno.

'Ffor shêm,' meddai'n gellweirus. 'A dyma chithe'n barod i
'ngadael i i'm ffawd ddychrynllyd.'

'O beth weles i,' meddai e, 'ry'ch chi'n hen law ar ddweud
popeth heb ddweud dim.'

Gosododd ei het am ei ben a chwincio arni cyn gwthio'r
drws.

Roedd y bwrdd te a choffi wedi ei osod pan gamodd Dela
i'r lownj. Gwyddai o'u hwynebau fod nifer ohonyn nhw wedi
bod yn aros iddi gyrraedd, ond caniatawyd iddi mofyn ei
chwpanaid heb i neb wneud mwy na chynnig sylwadau am y
tywydd. Roedd Gwladys yn eistedd yn fawreddog ar y soffa ger
y ffenest fae, gan droi llwy'n hamddenol yn y gwpan a roddwyd
iddi gan Meri. Ffliciodd ei llygaid i'r lle gwag yn ei hymyl, ac
eisteddodd Dela'n ufudd. Am eiliad ni ddywedodd Gwladys
ddim, yna pwysodd yn drwm tuag ati.

'Am geffyl tywyll!' meddai mewn llais isel, arwyddocaol.
'Pam na ddywedoch chi mai perthynas i Mrs Watts-Jenkins
y'ch chi?'

Edrychodd Dela i lawr yn swil. Roedd rhywun wedi gweld
eiddo Harriet yn cael ei gludo i'w stafell. Pwy tybed? Doedd
dim modd symud bys yn yr Excelsior heb i rywun sylwi.

'Am mod i'n teimlo fel twyllwraig lwyr,' atebodd yn
ddidwyll. 'Dim ond perthynas bell iawn ydw i. Plentyn bach

o'n i pan weles i hi ddiwethaf. Roeddech chi i gyd yn ei nabod hi'n well o lawer na fi. Fydden i ddim yma o gwbwl heblaw bod fy nghefnder George a'i dad wedi bod mor garedig. Y peth lleiaf alla i ei wneud yw cynnig tamaid o help.'

'Twsh!' meddai Gwladys. 'Ry'ch chi'n gwneud ffafr â nhw. Mae trefnu angladd yn llafur caled, hyd yn oed os y'ch chi'n iach. Peidiwch â gadel iddyn nhw'ch gorlwytho chi. Bisged, Meri?'

Roedd Meri ar ei thraed fel bollten, ond bu'n rhaid iddi osgoi Maisy a Dulcie, a fu'n aros am gyfle i ddynesu at y soffa. Hyd yn oed gyda phwrpas penodol mewn golwg, ni allent gytuno pwy ddylai siarad.

'Y got ffwr,' dechreuodd Maisy, cyn cael pwniad yn ei hochr gan Dulcie a gwneud i'w mwclis hir siglo.

'Cot ffwr Mrs Watts-Jenkins,' ategodd Dulcie. Y noson honno roedd hi'n gwisgo math o goler brodwaith dros ei ffrog lwyd. Gallai Dela wirio taw Maisy fu'n gwisgo honno'r noson gynt dros ffrog las. 'Meddwl o'n ni – a yw'r got …?'

'Ar gael,' gorffennodd Maisy. Gwgodd Dulcie arni.

Aeth Dela drwy ei stumiau swil a lletchwith unwaith eto, gan ailadrodd beth a ddywedodd wrth Mali. Y broblem oedd bod y ddwy chwaer yn fwy hy a phenderfynol o lawer na'r forwyn.

'Beth mae eich cefnder yn mynd i'w wneud â hi fel arall?' gofynnodd Maisy.

'Ei rhoi i'r Salvation Army, sbo?' ychwanegodd Dulcie.

'Gwastraff llwyr fydde hynny.'

'Sdim sens!'

Roedd ar flaen tafod Dela i ofyn p'run o'r ddwy fyddai'n gallu gwisgo'r got, pan gamodd Gwladys i'r adwy.

'Ry'ch chi 'di anghofio mor fach oedd Harriet,' meddai fel barnwr. Distawodd y ddwy'n sydyn, gan edrych ar ei gilydd. 'Alla i ddim meddwl am un dilledyn oedd ganddi a fydde'n ddigon mawr i neb yma. Ddim hyd yn oed Mabel Pritchard – ac ro'n nhw'n ffrindiau.'

Daeth Meri nôl gyda nifer o fisgedi ar blât, drwy drugaredd, a symudodd y chwiorydd i ffwrdd, gan fwmial am sgarffiau a bagiau llaw a hetiau. Ysgydwodd Gwladys ei phen.

'Ch'weld?' sibrydodd. 'Llafur caled.'

Gwenodd Dela'n ddiolchgar arni. Ni wyddai cyn hynny fod Mrs Pritchard a Harriet wedi bod yn ffrindiau. Efallai y byddai'n syniad cynnig y siôl erchyll gyda'r llygaid milain iddi hi. Gan na hidiai George am dynged y dillad gallai wneud fel y mynnai â nhw. A fyddai gwneud anrhegion o rai o'r pethau'n fodd i annog pobol i siarad? Neu a fyddai hynny'n eu sarhau? Byddai pob merch a adwaenai Dela yn Nant yr Eithin a Chwm y Glo wedi syrthio'n awchus ar eiddo Harriet, ond heblaw am Maisy a Dulcie, pwy a wyddai sut byddai gwesteion eraill yr Excelsior yn adweithio?

'Faint?' clywodd Gwladys yn ei ddweud.

Bu Meri'n trafod rhywbeth gyda hi'r ochr draw i Dela.

'Bydd yn rhaid i ni i gyd fynd i'r eglwys mewn un tacsi, 'te. Falle gallwch chi a'r Capten gerdded. Ody'r Pritchards wedi dweud unrhyw beth?'

Doedden nhw ddim yn y lownj ragor, sylwodd Dela, er na welodd nhw'n gadael. Ac i ble'r aeth Tomi'r noson honno? Hwyrach fod gan y gwesteion parhaol gysylltiadau yn y dref a'u bod wedi llunio bywyd cymdeithasol llai clawstroffobig na threulio pob gyda'r nos yn y lownj. Call iawn, os felly. Ta beth, roedd ganddi waith i'w wneud ar y bocs dogfennau. Cododd ar ei thraed gan esgusodi'i hun ac edrychodd Gwladys i fyny arni.

'Ie wir,' meddai. 'Bant â chi i'r gwely. Ry'ch chi'n 'neud llawer gormod, merch i.'

Pe bai Gwladys wedi ei gweld ryw ddwyawr yn ddiweddarach yn eistedd ar y gwely gyda dogfennau fel cawod o eira o'i hamgylch, byddai wedi cael haint. Ceisiodd Dela eu rhoi'n bentyrrau o bethau tebyg ar y cipolwg cyntaf, ac nawr roedd hi'n mynd trwy bob pentwr yn ei dro. Roedd y pentwr o filiau'r gwesty ganddi yn ei llaw, ac er bod y taliad misol yn weddol uchel, gallai Dela weld y fantais i Harriet o fod yno. Ar ôl talu hwnnw, ac wrth reswm ei threth incwm, dim ond dillad a manion personol y byddai'n rhaid iddi eu prynu. O'r llyfr sieciau gallai weld bod Harriet wedi talu tan ddiwedd y mis Medi hwn. Diddorol, meddyliodd, gan roi'r bil diwethaf i'r naill ochr ar y pentwr i'w roi i George. Os talwyd am y stafell, pa frys oedd i'w gwagio mor gyflym? Llythyron oddi wrth ffrindiau oedd y pentwr nesaf. Gwyddai fod Harriet yn tynnu am ei deg a phedwar ugain, ac o'r llawysgrifen roedd ei ffrindiau o oedran tebyg. Dyddiwyd un llythyr ryw ddwy flynedd ynghynt ac roedd llaw sigledig wedi ysgrifennu 'Bu farw' ar yr amlen. Darllenodd bob un, ond nid oedd ynddynt unrhyw wybodaeth syfrdanol. Gwnaeth fwndel ohonynt oherwydd byddai'n rhaid i rywun roi gwybod i'r rhai ar dir y byw fod Harriet wedi marw.

Trodd at y pentwr olaf a mwyaf gobeithiol, sef y llythyron ariannol a busnes. Roedd cryn nifer ohonyn nhw'n adroddiadau banc, ac agorodd llygaid Dela'n fawr o weld y balansau. Pwy bynnag oedd diweddar ŵr Harriet, gadawyd hi'n ddynes gysurus iawn yn ariannol. Deuai symiau sylweddol i mewn bob mis a bob chwarter. Deallodd pam roedd George yn awyddus i sicrhau nad oedd hi wedi gwneud ewyllys newydd. Gallai ei dad ac yntau ymddeol os oeddent i etifeddu hyn oll. Ond wedyn, meddyliodd, hwyrach mai pensiynau neu flwydd-daliadau oedd llawer o'r taliadau rheolaidd. Byddent wedi darfod gyda Harriet. Serch hynny, roedd beth oedd ganddi nawr yn werth ei gael.

Ynghanol yr adroddiadau banc sylwodd ar amlen blaen a'r gair 'Talwyd' arni. Bil gan gyfreithiwr ar un dudalen oedd y tu mewn iddi. Gwnaeth Dela nodyn o'r enw cyn darllen 'Am wasanaethau cyfreithiol' wedi'i ddilyn gan swm i'w dalu. Dyddiwyd ef ryw ddeng mis ynghynt. Doedd dim manylion pellach. A allai'r llythyr hwn fod yn fil am lunio ewyllys newydd? Ond oni fyddai Harriet wedi cael copi o'r ewyllys gan y cyfreithiwr? A pham na ddefnyddiodd hi George neu ei dad? Siffrydodd drwy'r adroddiadau banc a'r pentyrrau eraill yn gyflym. Edrychodd yn y bocs gwag rhag ofn ei bod heb weld rhywbeth. Na, doedd 'na ddim byd arall. Gallai hynny olygu nad bil am lunio ewyllys oedd y llythyr, neu bod rhywun eisoes wedi bod drwy ei heiddo ac wedi ei gymryd.

Er iddi ddweud wrth George y byddai'n ei alw pe bai rhywbeth pwysig yn dod i'r golwg, gwelodd ei bod yn rhy hwyr nawr. Dadwisgodd a rhoddodd ei gŵn gwisgo newydd amdani, cyn mentro allan i'r stafell ymolchi. Gorweddodd yn hir yn y bath heb hidio am y ddefod adeg y rhyfel o'i lenwi bedair modfedd yn unig. Gallai ddod i arfer yn hawdd â'r bywyd moethus hwn.

Roedd hi'n clymu gwregys ei gŵn pan glywodd leisiau yn y coridor y tu allan. Casglodd ei phethau'n frysiog ac agorodd y drws, gan ddisgwyl gweld rhes o bobl mewn gynau gwisgo'n gwgu arni, ond doedd neb yno. Serch hynny, roedd camau trwm yn dynesu, felly caeodd Dela'r drws i hanner modfedd a diffodd y golau. Roedd wedi adnabod llais Thelma erbyn hyn, ond roedd y ddeuddyn gyda hi'n ddieithr. Doedd neb arall ar ddyletswydd i ddangos gwesteion newydd i'w hystafelloedd. Swniai Thelma'n biwis. Byddai'n lletchwith iawn pe bai'n ymddangos nawr yn ei dillad nos. Ond pan aethant heibio gwelodd nad gwesteion oedden nhw, ond heddweision mewn iwnifform. Beth oedd wedi digwydd? Pipodd allan.

Pendronodd eiliad a ddylai ruthro nôl i'w stafell a gollwng ei thywel a'i bag 'molchi, ond penderfynodd ei bod yn edrych yn fwy diniwed fel roedd hi. Roedd Thelma a'i chymdeithion wedi mynd i'r dde. Gallai glywed yr esgidiau hoelion mawr yn dringo grisiau ym mhen pellaf y coridor. Dilynodd y sŵn ac arhosodd ennyd cyn dringo yn ei thro. Roedd y gwesty fel drysfa, oherwydd arweiniai dau goridor o ben y grisiau hyn, a set arall ohonynt i fyny i'r llawr nesaf. Gallai glywed y sŵn traed uwch ei phen nawr, ac roedd hwnnw wedi newid, fel pe bai'r llawr yn leino yn hytrach na charped. Cripiodd i fyny, yn falch o'i sliperau meddal. Safodd yn y tywyllwch ar yr hanner landin a cheisiodd weld, ond doedd 'na ddim siandeliers yn goleuo'r ffordd ar y llawr hwn. Tybed ai dyma lle byddai rhai o'r staff yn preswylio? Roedd yn arfer mewn gwestai mawr i neilltuo stafelloedd iddyn nhw, yn enwedig morynion ifainc. Bydden nhw'n dadlau ei fod yn ddyletswydd arnynt i'w cadw'n ddiogel, ond roedd e hefyd yn ffordd o sicrhau eu bod yn y fan a'r lle ac y gellid galw arnyn nhw ddydd a nos.

'Wel,' clywodd Thelma'n dweud, 'dyw hi ddim wedi mynd â'i phethau gyda hi. Alla i ddim deall pam.'

Dywedodd un o'r heddweision rywbeth yn isel na allai Dela mo'i glywed.

'Sboner!' ebe Thelma eto. 'Ddim yn y gwesty hwn! Ble ry'ch chi'n credu ei fod e? Yn y wardrob?'

Yn wir, o'r sŵn agor drysau ymddangosai fod yr heddwas wedi edrych yn y fan honno. Pan siaradodd nesaf roedd ei lais yn glir, a symudodd Dela ymhellach i lawr y grisiau gan dybio eu bod ar eu ffordd allan.

'Mae'n ddrwg 'da fi, ond mae'n rhaid i ni wneud ymholiadau. Mae teulu Alys Morgan yn pryderu am nad ydyn nhw wedi clywed gair oddi wrthi. Oedd hi'n dioddef o iselder?'

'Honno?' Nid oedd arlliw o gydymdeimlad yn llais Thelma. 'Bob tro y gweles i hi roedd hi'n chwerthin fel ffŵl am rywbeth. A dweud y gwir roedd hi'n anodd i'w chael i ymddwyn yn barchus a thawel o flaen y gwesteion, sy'n bwysig mewn lle mor egscliwsif.'

Rhuthrodd Dela i lawr i'w llawr ei hun. Am eiliad frawychus ni allai ddod o hyd i'w hallwedd ym mhlygiadau poced ei gŵn gwisgo. Caeodd y drws y tu ôl iddi a phwysodd yn ei erbyn. Dihangfa lwcus, meddyliodd, â'i gwynt yn ei dwrn, oherwydd aeth y traed heibio i'w drws ac i lawr y prif risiau ychydig eiliadau wedyn.

PENNOD 7

'Beth sy'n bod ar bawb bore 'ma?' sibrydodd Dela wrth Tomi Rhydderch.

Roedd newydd gamu i mewn i'r stafell fwyta'n gynnar, gan fwriadu llyncu brecwast cyflym a phicio draw i'r eglwys. Ond bu'n rhaid iddynt aros am sedd am fod y lle'n byrlymu o bobl, a llawer ohonynt â rhyw olwg gynllwyngar, slei ar eu hwynebau. Brysiai'r gweinyddesau yma ac acw gyda phlatiau poeth. Clywodd ef yn chwerthin dan ei anadl.

'Maen nhw ar eu ffordd i ryw jymbl sêl neu'i gilydd, ond peidiwch â dangos eich bod chi'n gwbod,' atebodd. 'Maen nhw fel gamblwyr yn dilyn rasys ceffyle.'

'Dyna lle rydw inne'n mynd,' meddai Dela wrth brosesu'r newyddion syfrdanol hyn. Doedd hi ddim wedi taro ar y ffenomen hon o'r blaen. O leiaf roedd y werin yn onest ynghylch eu tlodi.

'Odych chi eisiau i fi chwilio am rywbeth i chi?'

Chwarddodd Tomi'n uchel y tro hwn, cyn ei droi'n beswch.

'Os gwelwch chi gwpwl o deis neis ...' meddai'n obeithiol. 'Ddyle hi ddim bod yn rhy anodd i chi benelino'r set hon o'r ffordd yn y sgrym.'

Pan arweiniwyd hi at ei bwrdd gwelodd fod llythyr yn aros amdani. Roedd Agnes, cymdoges Tudful a Nest yng Nghwm y Glo, a theilwres heb ei hail, wedi anfon nodyn o gyngor iddi sut i lapio sgarff ddu denau am ei phen ar gyfer y cyngerdd, gyda lluniau wedi'u torri allan o gylchgrawn. Astudiodd Dela nhw'n ofalus. Hwyrach y gallai roi cynnig ar yr un lleiaf twrbanaidd. Efallai y deuai o hyd i rywbeth yn y jymbl sêl, ac os byddai'n lwcus iawn, het ddu smart. Ar y llaw arall, gyda chystadleuaeth oddi wrth y gwesteion eraill, heb sôn am weddill trigolion y dref, a phrinder cyffredinol popeth, faint o bethau gwerth eu cael fyddai yno? Gorffennodd ei brecwast yn gyflym. Y cyntaf i'r felin gaiff falu, wedi'r cyfan.

Roedd yn falch iddi fynd ar garlam. Hi oedd y cyntaf i adael y gwesty er iddi sylwi wrth ymlwybro drwy'r dref ar amryw eraill yn dilyn yn y pellter.

'Miss Williams!'

Suddodd ei chalon wrth glywed rhywun yn galw ei henw, ond sioncodd wrth weld Meri Mitchell yn rhedeg i'w dal. O holl drigolion yr Excelsior, heblaw am Tomi, hi oedd yr un leiaf heriol i siarad â hi. Arhosodd Dela amdani.

'Ar eich ffordd i 'Chi'n Gwbod Ble'?' gofynnodd Meri.

Amneidiodd Dela gyda gwên, yn falch o weld y direidi yn ei hwyneb wrth yngan y geiriau.

'Dwi wedi cael fy hala,' ychwanegodd Meri, 'Mae rhestr 'da fi.'

Roedd hyn i'w ddisgwyl. Ni allai Dela ddychmygu Gwladys yn twthian i'r fan, er y byddai'n gaffaeliad pe bai pethau'n troi'n anodd.

'Dwi'n dwli arnyn nhw,' meddai Meri eto. 'Ac fel rheol fe gewch chi de a bisged hefyd. Dwi wedi dod o hyd i'r fath bethe neis. Y llynedd cês i siwmper goch hyfryd – dim ond dau dwll oedd ynddi – a siwmper i ddyn. Tynnes i honno ar led a gwneud sgarff a menig i Miss Llewelyn at y Nadolig.'

'Ry'ch chi'n gwau, felly, Meri?' meddai Dela.

'Odw,' meddai Meri, 'ac yn gwnïo hefyd pan gaf fi gyfle.' Gostegodd ei llais. 'Mae Abergorwel yn lle da am y jymbl,' sibrydodd. 'Digon o bobol gefnog yn ymddeol 'ma a marw, ch'weld.' Edrychodd yn euog yn sydyn gan gofio pam roedd Dela yno.

'Yn hollol,' atebodd Dela'n gyflym, i arbed ei chwithdod. 'Ond bydd gofyn i ni fod yn benderfynol. Odych chi wedi bod yma'n hir yn Abergorwel?'

Amneidiodd Meri. 'Odyn. Ers pedair blynedd a mwy, sbo.'

'Ydych chi'n hoffi'r Excelsior?'

'O odw. Cofiwch, mae'n well yn y gaeaf. Dros yr haf mae'r prisiau'n uwch ac mae lot o bobol ddierth yn dod i aros am wthnos neu bythefnos. Dy'n nhw dim wastod y math o bobol mae Miss Llewelyn yn dymuno'u nabod nhw.'

'Beth oeddech chi'n ei wneud cyn hynny?'

'Dim lot o ddim,' meddai Meri. 'Gofales i ar ôl modryb i fi, ac wedyn fy mam. Pan fuodd hi farw roedd yn rhaid i fi edrych am swydd. Mae bywyd yn well o lawer nawr.'

Sut oedd e o'r blaen, pendronodd Dela.

'Beth y'ch chi'n ei wneud?' gofynnodd Meri.

Bu'n rhaid i Dela ddod i benderfyniad sydyn.

'Athrawes o'n i cyn i fi fynd yn sâl,' meddai. 'Dwi'n gobeithio gallu ailafael yn fy swydd cyn bo hir.'

Roedd yn ormod o risg i feddwl am swydd arall. Byddai'n sicr o anghofio.

'Na neis!' Edrychodd Meri'n hiraethus arni. 'Bydden i wedi dwli ar gael bod yn athrawes. Ar blant bach iawn. Ddim rhyw gryts mowr ryff,' meddai. 'Co ni 'ma!'

Ar ôl gwneud adduned i gwrdd am gwpanaid o de ymhen hanner awr, aeth y ddwy i hela ar eu pennau eu hunain. Aeth Dela'n syth at y byrddau lle gwelodd y pethau o'r dauddegau ac ymhen deg munud cipiodd bob math o geriach gleiniog. Cafodd *bandeau* cymhleth ar gyfer ei phen, bag llaw, sgarff, a'r gorau i gyd, het *cloche* ddu y gallai droi'r cantel i fyny i'w gwneud fymryn yn fwy modern. Talodd amdanynt a symud ymlaen at y bwrdd o ddillad dynion. Roedd dewis rhesymol o deis, a llwyddodd i brynu dau addas i Tomi. Ei bwriad oedd eu rhoi iddo yn anrheg bach. Taflodd gipolwg i weld ble oedd Meri erbyn hyn. Roedd hi hyd y benelin yn twrio wrth y bwrdd dillad gwlân ac ymunodd Dela â hi. Bu'r ddwy'n chwilota'n hapus am bum munud a chanfu Dela siaced drom Aran mewn gwlân lliw nefi digon mawr i eliffant, ond gallai ei datod a gwau siwmper aeaf ohoni, ac efallai sgarff hefyd. O faint y siaced dylai ddarparu digonedd o edafedd, ond wyddech chi fyth.

'Mae'r Pritchards 'ma,' sibrydodd Meri'n sydyn yn ei chlust. 'A Maisy a Dulcie. Mistêc mawr yw mynd i gael cwpanaid o de yn gynta fel mae'r Pritchards wedi'i wneud.'

'Cytuno'n llwyr,' meddai Dela o gornel ei cheg, gan ddangos y siaced Aran iddi. 'Beth y'ch chi'n feddwl o hon?'

Tu cefn iddynt gallent glywed dadl anferth. Nid oedd angen i un o'r ddwy bipo i weld pwy oedd yno.

'Fi gwelodd hi gynta!'

'Nage ddim! Mae pen rhy fach 'da ti. Byddi di'n edrych fel iâr dan badell ynddi.'

Ysgydwodd Meri ei phen hithau. 'Wir!' meddai, gan estyn arian i'r ddynes y tu ôl i'r bwrdd, 'Sai'n gwbod pam maen nhw'n dod. Mae Miss Llewelyn yn gweud eu bod nhw'n dod o deulu ariannog iawn. Wedech chi fyth!'

Diddorol, meddyliodd Dela. Er i'r ddwy geisio osgoi edrych i gyfeiriad Maisy a Dulcie, roedd yn amlwg fod y mynychwyr eraill yn ystyried eu bod yn fath o adloniant rhad ac am ddim. Gwelodd Dela nifer yn chwincio a gwenu. Dilynodd Meri i fyny i'r llwyfan yng nghefn y stafell, lle gosodwyd byrddau a chadeiriau. Roedd y Pritchards wedi gorffen eu te a gellid eu gweld yn chwilota drwy'r bwrdd trugareddau. I beth, tybed? Daeth delwedd sydyn i'w dychymyg o'u stafell yn y gwesty, yn llawn dop o ffiolau a ffigyrau tsieina. Hwyrach eu bod yn chwilio am anrheg i rywun. Pwniodd Meri hi'n ysgafn â'i phenelin.

'Maen nhw'n eu gwerthu nhw,' hisiodd.

Syfrdanwyd Dela am eiliad. Ni sylweddolodd ei bod wedi syllu mewn ffordd mor amlwg ar y Pritchards. Arhosodd nes i'r ddynes roi dwy gwpanaid o de o'u blaenau cyn ateb.

'I bwy?' gofynnodd yn daer.

'Siopau yn y dre. Yn amal dyw pobol y jymbl ddim yn sylweddoli beth sy gyda nhw, ac maen nhw'n gwerthu pethau da am geiniog neu ddwy. Maen nhw'n meddwl taw ffeirins tsiep yw popeth. Mae Miss Llewelyn yn gweud taw dyna pam roedd Mabel Pritchard y fath gyfaill i'ch modryb. Buodd hi yn ei stafell a gwelodd bod ganddi tsieina. Roedd Miss Llewelyn yn digwydd bod yno pan ddaeth hi mas yn goch i gyd a'i llygaid fel soseri.'

Amneidiodd Dela'n araf gan wenu arni.

'Roedd nifer o ddarnau gwerthfawr gan Modryb Harriet,' cyfaddefodd. 'Wrth gwrs, pethau teuluol ydyn nhw a byddan nhw i gyd yn mynd nôl i George fy nghefnder.'

Yng nghefn ei meddwl gorweddai'r gobaith y byddai'r wybodaeth hon yn cael ei chario, trwy gyfrwng Gwladys, i'r Pritchards. Doedd ganddi ddim bwriad o gynnig darn iddyn nhw fel cofarwydd o'r cyfeillgarwch. Edrychent fel crehyrod yn pigo trwy bwll am bysgod. Gwelai'r peth yn anfoesol rywfodd o ystyried bod elw arwerthiannau fel hyn yn mynd at achosion da. Gan fod Meri'n ymddangos yn barod i drafod pobol, mentrodd gwestiwn.

'Sut un oedd Modryb Harriet?' Cododd Meri ei haeliau a brysiodd Dela i esbonio. 'Dim ond rhyw argraff sydd gen i o ddynes fach, wedi'i gwisgo'n smart. Dyw plant ddim yn cymryd sylw o fanylion personoliaeth wedi'r cyfan.'

'Nadyn,' atebodd Meri. Meddyliodd am ennyd. 'Wel, roedd hi'n berson eitha pendant a phenderfynol. Roedd hi'n gripil ag arthritis, ond roedd hi'n mynnu codi bob dydd, chwarae teg iddi. Ac roedd hi'n dweud ei barn!' Rhoddodd chwerthiniad bach. 'Roedd hi'n sioc i ni i gyd pan fuodd hi farw mor sydyn. Roedd hi'n bwyta'n dda, gyda glasied o sieri cyn cinio. Ond mae'n rhaid bod ei chalon hi'n wan.' Pipodd ar Dela dros ei chwpan. 'Buodd hi farw yn y lownj, ch'weld.'

'Do fe?' Nid dyna'r argraff a roddodd Thelma iddi'r diwrnod cynt. 'Oedd rhywun arall yno?'

'Nac oedd,' atebodd Meri'n resynus. 'Roedd yn brynhawn braf, ond roedd Miss Llewelyn wedi mynd i orwedd. Roedd ganddi lythyron i'w postio felly ro'n i wedi mynd i Swyddfa'r Post drosti. Dwi'n credu fod y Capten wedi mynd am dro fel arfer, ac roedd Maisy a Dulcie a'r Pritchards mas yn rhwle hefyd. Mae'r ymwelwyr haf wastod ar y traeth ar brynhawn braf, wrth gwrs. Tase hi wedi bod yn aea bydde rhywun wedi bod yno gyda hi, ond fel y digwyddodd pethe un o'r morynion ddaeth o hyd iddi amser te. Druan ohoni'n marw ar ei phen ei hunan, ontefe?'

'Ie wir,' cytunodd Dela'n deimladwy. 'Ond wedyn falle mai llithro bant wnaeth hi yn ei chwsg.'

'Chi'n credu 'na beth ddigwyddodd?' gofynnodd Meri'n obeithiol. 'Sena' i'n hoffi meddwl amdani'n dioddef, falle'n trio galw am gymorth a neb yn clywed dim. Os na thynnwch chi gortyn y gloch yn y lownj, neu os nad ewch chi mas i chwilio am rywun fydd neb yn eich clywed chi.'

Gallai Dela gredu hynny am fod y lownj ym mhen pellaf yr adeilad.

'Pan ddês i nôl roedd y lle dan ei sang o bobol,' ychwanegodd Meri, 'A'r ffws rhyfedda. Ond aeth popeth yn dawel wedyn.' Tynnodd rhyw wep fach sur. 'Clywes i Miss Martin y rheolwraig yn gweud wrth ryw westai taw yn ei gwely y buodd hi farw. Celwydd noeth oedd hynny. Cofiwch, galla i weld pam na fydde hi isie i neb feddwl eu bod nhw'n eistedd yn y gadair yn y lownj lle buodd hi farw. Mae pobol yn gallu bod yn od.'

'Dy'n nhw ddim wedi gwaredu'r gadair, felly?'

'Nadyn. Roedd hi bob amser yn eistedd yn yr un lle yn y lownj. Cadair ar ei phen ei hunan yw hi, steil *Queen Anne*, nôl Miss Llewelyn, â chefen uchel. Galle hi fyth gyrraedd cortyn y gloch ohoni. Roedd hi wastod yn gofyn i rywun arall ei wneud drosti – fi, fel rheol.'

'Oedd hi'n cael cymorth gan y morynion i wisgo ac ati?' gofynnodd Dela.

'Oedd. Gweles i Alys yn dod mas o'i stafell yn gynnar yn y bore sawl gwaith.'

Eisteddodd Dela i fyny. Alys eto, meddyliodd. Roedd ar fin crybwyll diflaniad Alys wrth Meri pan welodd Maisy a

Dulcie'n dringo i'r llwyfan. Nid oedd modd dechrau'r sgwrs honno nawr, ond o leiaf gwyddai'n fras beth oedd wedi digwydd i Harriet. Y cwestiwn oedd, sut gallai gael mynediad i'r lownj ar ei phen ei hun?

Pennod 8

Gadawodd Dela'r ciwbigl ffôn yn y cyntedd yn rhwystredig a brysiodd i gyfeiriad y lownj. Daeth yn agos iawn at fod yn hwyr ar gyfer y cyngerdd, ac ni chafodd amser i ffonio Huw i ofyn am yr ysgol. Dyma'r drydedd waith iddi geisio ffonio George, ond doedd neb adref. Rhoddodd gynnig ar ei swyddfa hefyd ond heb gael ateb. Ta waeth, byddai'n siŵr o fod adref fore trannoeth, meddyliodd.

Teimlai ei bod wedi gwneud ymdrech dda gyda'i gwisg ar gyfer y cyngerdd mawreddog. Eisteddai'r *bandeau* gleiniog yn daclus dros ei gwallt a gwyddai fod y ffrog ddu, newydd yn ei siwtio. Pan welodd y dorf, roedd yn falch iddi wneud. Roedd pawb yn eu dillad gorau, a rhai o'r dynion mewn dici bô du. Gwelodd amryw bethau o'r jymbl – bag nos Gwladys a'r het blu y bu Maisy a Dulcie'n cweryla drosti. Dulcie oedd wedi ennill y tro hwn.

Aildrefnwyd y dodrefn yn llwyr er mwyn gwneud lle i bawb, ond eto roedd yn rhaid i rai o'r dynion sefyll. O flaen y ffenest fae safai'r piano *baby grand* a arferai lechu yng nghefn y stafell. Roedd yr awyrgylch yn dew o fwg baco. Sleifiodd Dela i'r sedd wag olaf yn y rhes gefn, wrth i Hilma MacNeice droi at y gynulleidfa ac arwyddo i'w chyfeilydd chwarae'r cordiau agoriadol.

Erbyn i hanner cyntaf y cyngerdd ddirwyn i ben roedd gan Dela ben tost. Cododd yn ofalus yn y gobaith y byddai rhywun ar eu pennau eu hunain ac y gallai siarad â nhw, ond ymddangosai fod pawb ar eu ffordd i rywle. Gwelodd nifer o bobl yn agor y drws o'r lownj i'r ardd fach gefn, a chyn pen dim roedd honno wedi'i gwladychu. I'r cyfeiriad arall, roedd rhuthr i fynd i siarad â'r gantores, a Gwladys ym mlaen y gad.

Llwyddodd Dela i ddianc o'r stafell a chamodd drwy'r drws blaen ac allan i'r awyr iach. Roedd y nerf yn ei choes yn plycio fel tannau telyn a cherddodd i flaen y gwesty i'w ystwytho. Rhwng y gwres yn y stafell, y gadair galed a'r ffaith nad oedd gafael Hilma MacNeice ar y nodau uchaf mor gadarn ag y dylai fod, roedd yn demtasiwn i beidio â mynd nôl.

Pwysodd yn erbyn y wal isel gan bendroni a fedrai ei choes ei chario ar draws y prom i un o'r meinciau. Yn anffodus roedd rhywun eisoes yn eistedd ar yr un agosaf. Menyw ifanc oedd hi mewn cot werdd ac esgidiau sawdl uchel. Nid oedd yn gwisgo het, ac yng ngolau'r lamp stryd edmygodd Dela'r llond pen o wallt melyn tywyll oedd ganddi. O'r ffordd roedd hi'n dal un droed allan ac yn troi'r pigwrn, tybiai Dela fod ei thraed yn brifo. Doedd ei dillad ddim yn rhai drud, ond doedden nhw ddim yn siabi chwaith. Syllodd Dela ar sut roedd hi'n eistedd, a dychmygodd o'i hysgwyddau isel ei bod efallai'n brudd ynghylch rhywbeth. Bob nawr ac yn y man taflai'r ferch gipolwg dros ei hysgwydd i gyfeiriad y gwesty. Efallai bod y golau a ddeuai o ffenest fae y lownj gan ddangos pawb yn eu dillad gorau o amgylch y piano yn ddeniadol. Oherwydd fod Dela'n sefyll yn y cysgodion yr ochr arall, nid oedd hi'n weladwy, ond yna, fel pe bai'r ferch wedi synhwyro bod rhywun yn ei gwylio, cododd yn sydyn a cherddodd ymaith yn frysiog. Ai rhywun ar ei gwyliau oedd hi, a oedd wedi gwneud adduned gyda rhyw ddyn nad oedd wedi ymddangos? Neu a oedd hi wedi cweryla â'i chymdeithion? Eto, synhwyrodd nad rhyw ymwelydd oedd hi.

'Odych chi wedi cael digon hefyd?'

Neidiodd Dela. Safai Tomi Rhydderch ar ris isaf y gwesty'n tanio sigarét. Gwenodd Dela arno yn y tywyllwch, a rhwbiodd ei choes yn arwyddocaol. Camodd Tomi ati.

'Mae'r fenyw MacNeice 'na'n mynd ar fy nyrfs i. Mae'n gwichal fel llygoden fowr.'

'Mae pobol yn edrych fel petaent yn mwynhau eu hunain,' atebodd Dela'n llyfn.

Ffliciodd Tomi'r llwch oddi ar ei fwgyn gan dynnu wep.

'Cyfle yw e i esgus bod popeth fel yr oedd e cyn y rhyfel,' meddai'n ddirmygus. 'Yn eu gwychder o'r jymbl sêl.'

Gan fod Dela ei hun yn yr un math o wychder, ni wnaeth ddim ond gwenu arno. Roedd y ferch a welodd ar y fainc yn ffigwr bach yn y pellter erbyn hyn. Roedd lampau'r prom yn dal i'w goleuo, ond rhyngddynt diflannodd i'r tywyllwch.

'Sut un oedd Alys?' gofynnodd yn ddisymwth.

Edrychodd Tomi ar ben coch ei sigarét ac ystyriodd.

'Welsoch chi'r heddlu, do fe?' gofynnodd. Pan nad atebodd Dela aeth yn ei flaen. 'Croten llond ei chroen, llawn chwerthin. Wyneb pert, bochau pinc, llygaid glas. Gwallt neis ond mas o botel gallwch chi fentro. Rhwng melyn a choch.'

'Oedd hi'n groten debygol o wneud fflit ganol nos?'

Clywodd ef yn chwerthin yn dawel.

'Oedd, 'te' meddai'n bendant. Roedd sŵn piano i'w glywed yn dod o'r gwesty, a thaflodd Tomi fonyn ei fwgyn i'r gwter. 'Nôl â ni i'r *trenches*.'

Dilynodd Dela ef gan obeithio ei bod wedi gofyn ei chwestiwn i'r person cywir.

Pan ganodd ei larwm yn gynnar iawn diffoddodd Dela ef yn gysglyd, ond gorfododd ei hun i godi. Dioddefodd y cyngerdd tan y diwedd, ac ymhell wedi hynny, ond nid oedd golwg o neb yn gadael y lownj. Aeth i'r gwely gan benderfynu taw ei hunig obaith o gael y lle'n wag oedd mynd yno ben bore. Serch hynny, wrth wisgo'i sanau sylweddolodd nad oedd yn disgwyl darganfod dim, oherwydd câi'r lle ei lanhau bob dydd, a bu dwsinau o bobl yno'n gadael eu holion hwythau ers marwolaeth Harriet.

Cripiodd i lawr y grisiau'n wyliadwrus, ond doedd neb wrth y ddesg, diolch i'r drefn. Gallai glywed sŵn paratoi brecwast o'r gegin yng nghefn yr adeilad. Sleifiodd i lawr y coridor a gwthio'r drws. Cododd ei chalon i weld bod y lownj yn wag, a heb ei ailosod ar ôl y cyngerdd. Ceisiodd Dela weld darlun meddyliol ohono fel yr oedd yn y dydd. Roedd soffas a chadeiriau'n gylch o dan y ffenest fae. Roedd y piano fel rheol yng nghefn y stafell. Yn fwy perthnasol, ble fyddai cadair Harriet wedi bod ar y diwrnod tyngedfennol? Oni ddywedodd Meri rywbeth am y cortyn galw? Roedd hwnnw ger y drws. Rhaid bod cadair Harriet yn rhy bell ohono iddi allu ei dynnu. Gallai hynny fod yn unman. Ond, ar ôl edrych yn ddyfal ar y llawr, credodd iddi ddod o hyd i'r fan lle bu. Arferai wynebu'r ffenest a ddangosai'r ardd gefn. Ble'r oedd y gadair nawr, felly? Dim ond un gadair â chefn uchel oedd yno. Brysiodd Dela ati a chododd y glustog, i gael gwthio'i bysedd i lawr ochrau'r gadair. Fodd bynnag, doedd dim byd yno, ac roedd y glustog ei hun yn batrymog. Nid o'r brethyn hwn y daeth y darn bach o edau a gymerodd o wallt Harriet.

Edrychodd o'i hamgylch yn ddryslyd. Ble'r oedd y glustog honno? Fel corwynt aeth Dela at bob cadair a soffa. Dim, dim, dim. Ai o glustog yn stafell wely Harriet y daeth yr edefyn coch? Un soffa oedd ar ôl, lle'r arferai Gwladys eistedd. Gallai weld ble roedd ei phwysau wedi gwneud i'r sedd sigo. Roedd hi'n arfer cymryd nifer o glustogau i gynnal ei chefn. Roedd yma dair, i gyd mewn brethyn patrymog lliw brown. Cnôdd Dela ei gwefus mewn rhwystredigaeth wrth dynnu'r olaf ohonynt. Roedd ar fin eu hailosod pan welodd fod rhywbeth wedi'i stwffio i lawr rhwng y sedd a'r cefn. Nid oedd hynny'n ddamweiniol chwaith, oherwydd roedd yn rhaid i Dela ddefnyddio'i hewinedd i'w dynnu allan. Clustog chenille goch. O hon y daeth yr edefyn coch. Ac nid oedd syndod iddi gael ei gwthio o'r golwg oherwydd roedd yn frwnt, gyda rhyw lysnafedd ar ei chefn, fel poer wedi sychu ar obennydd. Tybed a allai ei chymryd? Na, doedd ganddi ddim bag digon mawr i'w chuddio. Gwthiodd y glustog nôl o'r golwg. Roedd sŵn traed yn dynesu.

Erbyn i'r drws agor a dangos Mali a morwyn arall yn cario

brwsys llawr a chlytiau dystio, roedd Dela'n pipo'n ddiniwed ar y carped. Edrychodd i fyny ar eu hwynebau syn.

'Mae'n ddrwg 'da fi os rhoies i sioc i chi,' ymddiheurodd, 'Dwi wedi colli clustdlws ac ro'n i'n gobeithio mod i wedi'i ollwng yma neithiwr yn y cyngerdd. Ond sdim sôn amdano, gwaetha'r modd.'

'Roedd y lle'n sang-di-fang, Miss,' atebodd Mali.

'Oedd,' cytunodd Dela. 'Galle fod yn fy stafell i, sbo. Dyw e ddim yn un drud. Fel perl gron gyda rhimyn lliw arian.'

Disgrifiad llwyr ddychmygol ar fyrfyfyr oedd hwn, ond roedd angen iddi swnio'n argyhoeddiadol. Roedd y forwyn arall eisoes yn symud dodrefn heb ddangos dim diddordeb, ond gwenodd Mali.

'Os dewn ni o hyd i unrhyw beth, fe wna i'n siŵr o'i roi e'r tu ôl i'r ddesg flaen i chi, Miss.'

'Diolch yn fawr iawn,' meddai Dela a symud tua'r drws. Chwinciodd ar Mali y tu ôl i gefn y ferch arall gan sibrwd, 'Newyddion da ynghylch y dillad.'

Gwridodd Mali o bleser, ac wrth groesi'r cyntedd i'r stafell fwyta teimlodd Dela ei bod wedi gwneud yn iawn am ddweud celwydd wrthi am y clustdlws.

'Chwerthin!' meddai Gwladys, gan daflu ei dwylo i fyny, a'r haul yn disgleirio ar y gemau yn ei modrwyon. 'Tawn i'n marw! Roedd ei pherfformiad o'r gân am y cathod yn hollol wych. Ac fe ganodd 'Frenhines y Nos' hefyd. Roedd gen i ddagrau yn fy llygaid. Dwi ddim yn cofio'r fath gyngerdd.'

Roedd Dela ar ei ffordd allan o'r stafell fwyta pan alwyd hi draw at fwrdd Gwladys a Meri i drafod y noson gynt. Wrth weld y pennau'n amneidio ar fwrdd y Pritchards, roedd hi'n amlwg bod y gwesteion eraill wedi bod mewn cyngerdd hollol wahanol i'r un a roddodd ben tost i Dela.

'Dwi mor falch fod pawb wedi mwynhau,' meddai'n ffug gyda gwên cyn ffarwelio.

Allan yn y cyntedd eisteddai Tomi'n darllen papur newydd. Cododd ar ei draed pan welodd hi'n mynd am y grisiau.

'Odyn nhw'n dal i ganmol y llygoden fowr i'r cymyle?' gofynnodd yn isel.

Amneidiodd Dela. Roedd gormod o bobl yn dod i lawr i gael brecwast iddi ddatgan ei barn yn blaen.

'Beth yw'ch cynllunie chi am y dydd?' gofynnodd Tomi.

Ni allai Dela ddweud wrtho taw ei phrif gynllun oedd gwneud pob ymdrech i ffonio George, ac o bosib, dwyn y glustog, felly tynnodd wep ansicr ac aros iddo fynd yn ei flaen.

'Ro'n i'n meddwl falle'r hoffech chi ddod am dro'r prynhawn 'ma, marcie tri? Mae'r arfordir yn werth ei weld.'

'Odych chi'n siŵr eich bod chi'n barod i 'ngharo i adre os bydd angen?' gofynnodd Dela, a chwarddodd Tomi.

'Mwya'i gyd o gerdded wnewch chi, gore'i gyd,' atebodd. 'Mae angen cryfhau'r cyhyrau ar ôl damwain fawr.'

Trefnodd Dela i'w gwrdd yn y cyntedd am dri a dringodd y grisiau i'w stafell yn feddylgar. Pa fath o ddamwain a gredai Tomi iddi ei chael? Damwain car? Ta waeth, byddai cerdded gydag ef ar ei ben ei hunan yn gyfle i'w bwmpio.

Ar y landin cyntaf cofiodd nad oedd hi wedi edrych i weld a oedd yr encil ffôn yn wag a phwysodd dros y grisiau. Roedd dyn ar fin camu i mewn iddo. Hwyrach y byddai wedi gorffen erbyn iddi ddod i lawr eto, ac roedd yn dal yn gynnar. Aeth drwy ei meddwl, wrth lanhau ei dannedd, y gallai chwilio am wasanaeth boreol mewn capel Bedyddwyr yn y dref, ond o feddwl am y peth penderfynodd bod gormod o berygl y byddai'r gweinidog yn adnabod Tudful. Roedd yn bwriadu ffonio George, ac wedyn byddai'n mynd am dro bach ar hyd y prom i weld a fyddai siop bapur newydd ar agor ar ddydd Sul er mwyn prynu cylchgrawn. Byddai'n ddiwrnod tawel iddi oherwydd roedd yn rhaid iddi gael cydsyniad George cyn mynd ar drywydd y llythyr oddi wrth y cyfreithiwr. Ni fyddai'r swyddfa honno ar agor tan drannoeth.

Fodd bynnag, siomwyd hi wrth gyrraedd y cyntedd unwaith eto i weld bod y dyn yn dal yn yr encil ffôn a'i fod wedi galw ei wraig i mewn hefyd. Y prom amdani, felly.

Yn unol â'r disgwyl roedd bron i bobman ar gau, ac roedd ciw di-ben-draw yn siop y gwerthwr papurau. Prynodd bapur a *Woman's Realm* a cherddodd yn ôl i gyfeiriad y gwesty. Disgleiriai'r môr a'i donnau bach yn sibrwd ar y traeth, a phe na bai'n ddyletswydd arni i alw George byddai wedi bod yn hapus iawn i ddod o hyd i fainc wag yn syth a chlwydo arni am oriau.

Gresynodd at ei phenderfyniad wrth groesi'r trothwy i'r gwesty. Roedd rhywun arall yn yr encil ffôn ac roedd Gwladys yn eistedd fel brenhines ar orsedd yn y cyntedd.

'Ry'ch chi'n sionc iawn y bore 'ma,' galwodd honno'n syth. 'I fyny gyda'r gog, ac wedyn mas fel milgi!'

Dangosodd Dela ei phryniadau iddi ac amneidiodd Gwladys.

'A bydde'r siop honno ddim ar agor 'blaw am yr ymwelwyr. Mae rhywbeth i'w ddweud o'u plaid nhw, sbo'. Niwsans llwyr fel arall. Mae'r lle 'ma'n mynd yn debycach i Blackpool bob blwyddyn.'

Eisteddodd Dela yn y gadair gyferbyn â hi. Gwingodd fymryn wrth i'r sbrings yn sedd y gadair ddal ei choes.

'Nawr 'te,' meddai Gwladys yn ddoeth, 'Beth wedes i am wneud gormod?'

'Dyw hyn yn ddim byd,' atebodd Dela. 'Dwi wedi addo mynd am dro gyda'r Capten y prynhawn 'ma.'

Rhochiodd Gwladys. 'Os nad fydd y ddou 'no chi nôl mewn dwyawr byddai'n hala pobol mas i chwilio! Ond mae'n rhaid i fi gyfadde bod golwg well arnoch chi na phan gyrhaeddoch chi. O'ch chi'n llwyd iawn y nosweth gynta.'

'Dwi'n teimlo'n well,' atebodd Dela, ac roedd hynny'n wir.

'Wel, dwi'n gwbod gyda'r gore shwd beth yw cael opereshyn fowr.'

Rhwbiodd ei stumog swmpus, ond roedd ei llygaid ar ben Dela. Beth oedd hi'n credu fu arni? Ai taflu syniadau ati oedd Gwladys a Tomi er mwyn cael clywed yn union beth ddigwyddodd? Ni allai Dela wrthsefyll y demtasiwn i gymylu'r dyfroedd ryw fymryn.

'Roedd e'n hollol lwyddiannus, ta beth,' meddai gydag amnaid ddifrifol.

'Gallwn ni ond gobeitho 'ny, ontefe?' atebodd Gwladys, braidd yn siomedig.

Daliwyd llygad Dela gan symudiad a chododd ar ei thraed. Roedd dynes yn dod allan o'r encil ffôn.

'Esgusodwch fi,' meddai. 'Mae gen i alwadau ffôn i'w gwneud, ac os na achuba i ar y cyfle …'

'Cerwch chi, bach!' meddai Gwladys, ond gallai Dela deimlo ei llygaid chwilfrydig ar ei chefn wrth iddi groesi'r cyntedd.

'Mae'n rhaid eich bod chi'n well, i godi mor gynnar,' meddai George. Roedd e'n cnoi'n glywadwy. 'Smo'i 'di pennu mrecwast 'to.'

'Rhoies i gynnig ddoe,' esboniodd Dela.

'Ro'n ni mas drwy'r dydd ac wedyn roedd 'na ginio blynyddol.'

Pa fath o ginio blynyddol, pendronodd Dela. Mêsns? Cyfreithwyr eraill?

Esboniodd yn gyflym am beth roedd hi wedi'i ddarganfod ymysg dogfennau Harriet. Roedd ei adwaith yn foddhaol iawn.

'Jiw, jiw! Ryw ddeg mis yn ôl? A sdim byd sy'n rhoi cliw ynghylch beth oedd e?'

'Nac oes. Dim ond 'Gwasanaethau cyfreithiol', heb ddogfen atodol o gwbl. Os ydych chi'n cytuno, gallen i fynd i swyddfa'r cyfreithiwr fory a gofyn. Wrth gwrs, os byddai'n well 'da chi fynd eich hun …'

'Cystal i chi fynd,' meddai George. 'Gan eich bod chi yn y fan a'r lle.'

'Iawn. Ro'n i'n bwriadu gofyn ai dyna ddiwedd y trafodyn, neu a oes rhywbeth arall i'w dalu. Dwi'n weddol ffyddiog y bydd y cyfreithiwr yn fodlon i 'ngweld i os cyflwyna i fy hunan fel yna.'

'Sda chi ddim lot o feddwl o gyfreithwyr, oes e?' oedd sylw George. 'Sut mae'r ymholiadau'n mynd yn y gwesty ei hun?'

'Mae'n ddiddorol,' atebodd Dela. 'Buodd yr heddlu yma pw' nosweth, yn gofyn am un o'r morynion sydd wedi gwneud fflit. Merch o'r enw Alys. Oedd hi'n rhywun ddaeth i'ch sylw chi?'

'Smo i'n credu 'ny.' meddai George ar ôl meddwl. 'Maen nhw i gyd yn edrych yr un peth yn eu hiwnifforms. A mwy na thebyg eu bod nhw'n dueddol o adael yn ddirybudd hefyd.'

'Roedd hon yn arfer helpu eich modryb bob bore. Wnaeth hi ei chrybwyll erioed?'

'Ddim i fi gofio, ond fe ofynna i 'nhad.'

Clywodd Dela lais yn galw ar y pen arall, ac ymddiheurodd George. 'Mae fy nhe'n oeri,' meddai. 'Dylen i fod gartref nos yfory. Bydda i ar bigau'r drain i gael gwybod beth sydd gan y cyfreithiwr i'w ddweud.'

Gadawodd Dela'r encil ffôn, yn falch o weld nad oedd Gwladys yn y cyntedd mwyach. Piciodd allan i'r prom ac eisteddodd i ddarllen. Unwaith eto roedd y traeth yn llawn. Er iddi edrych ymlaen at wneud hyn, rywfodd ni allai ganolbwyntio. Sylweddolodd Dela'n sydyn pam oedd hi'n anniddig. Pan ddywedododd wrth George ei bod wedi dod o hyd i lythyr a allai awgrymu fod Harriet wedi gwneud ewyllys newydd, cafodd ei syfrdanu'n wirioneddol. Er i'w adwaith ei phlesio ar y pryd, oherwydd roedd yn dangos ei bod wedi gwneud rhywbeth defnyddiol, dylai fod wedi gofyn pam oedd e mor syn. Onid dyna a ddisgwyliai, a holl bwrpas ei hymweliad? A pham nad oedd e wedi gofyn i'r gwesty am ei heiddo pan ddaeth â Dela i Abergorwel? Roedd ganddo gar i gludo popeth ymaith yn gyfleus, a gallai fod wedi dod o hyd i'r llythyr ei hun gydag ychydig iawn o drafferth. Roedd yn benbleth, yn ogystal, pam roedd yn well ganddo iddi hi fynd at y cyfreithiwr ar ei ran, i drafod materion teuluol preifat.

Cofiodd nad oedd hi wedi sôn wrtho am y glustog, chwaith. Roedd hi wedi bwriadu gwneud, ond yna galwyd ef nôl i'r bwrdd brecwast. Gwyddai nad oedd gobaith cipio'r glustog y prynhawn hwnnw. Byddai pen ôl Gwladys arni tan amser te. Trodd dudalen yn ei chylchgrawn a gwelodd batrwm pert am siwmper drwchus. Efallai'r noson honno y gallai ddechrau datod yr un brynodd yn y jymbl, os na fyddai'n marw ar ei thraed ar ôl y daith gerdded gyda Tomi. Ochneidiodd a throdd ei meddwl at gymhlethdod cysurlon mesuriadau a phwythau.

PENNOD 9

'Dwi'n ffaelu deall pam oeddech chi'n teimlo mor lletchwith am eich cysylltiad â Harriet,' meddai Tomi.

Roeddent yn cymryd hoe fach ar fainc am yr eildro, a chwaraeodd Dela am eiliad â phen y ffon gerdded a ddarparodd Tomi ar ei chyfer. Er eu bod o fewn golwg i ddiwedd y prom, roedd ganddi deimlad bod pellter i'w gerdded eto.

'Ro'n i'n lletchwith, oherwydd doeddwn i ddim yn gwybod a fydde unrhyw un yn yr Excelsior yn dymuno siarad â fi,' atebodd yn gelwyddog. 'Buodd fy nghefnder a'i dad yn garedig iawn i drefnu'r gwyliau bach hyn, ond doeddwn i ddim yn gwybod beth i'w ddisgwyl. Mae bywyd mewn gwesty crand yn gwbwl ddieithr i fi.'

Taflodd gipolwg ato i weld sut oedd e'n adweithio i hyn oll. Roedd e'n cnoi diwedd ei fwstas brith ac yn syllu allan i'r môr.

'Ry'ch chi wedi cael Coleg,' meddai'n ddisymwth. 'Dy'n nhw ddim yn dysgu hynny i chi'n fanna?'

'Nadyn, sownd!' meddai Dela gan chwerthin, ond gwyddai o'i eiriau fod Meri wedi cyhoeddi'r newyddion mai athrawes oedd hi.

'Pam ddewisodd e chi?' gofynnodd Tomi eto.

Nid oedd cynllun Dela i'w bwmpio am wybodaeth wedi bod yn llwyddiannus mor belled. Bu Tomi'n ei holi'n ddi-baid ers iddyn nhw adael y gwesty. Gwnaeth Dela ryw ystum bach hunanddifrïol i gynnwys ei choes.

'Am fod trueni ganddo drosta i,' atebodd.

Yn amlwg, roedd hyn yn canu cloch gyda Tomi. Trodd fymryn a gwenodd arni.

'Chi yw'r perthynas tlawd, ife?'

'Ie. Colles i'n rhieni'n gynnar ac mae cangen George o'r

teulu wedi bod yn gymorth mewn cyfyngder.' Dau beth gwir yn gwneud anwiredd gyda'i gilydd oedd hynny, ond gwnâi'r tro. 'A chan nad o'n i'n nabod Modryb Harriet yn dda o gwbwl doeddwn i ddim eisiau dangos fy anwybodaeth yn enwedig o flaen hen gydnabod iddi.'

Cododd Tomi a cherddodd ymaith fel peiriant. Dilynodd Dela ef yn falch o'r ffon. Roedd meddwl Tomi'n dal ar ei sylw diwethaf.

'Hm. Maen nhw'n dueddol o gael yr effaith honno ar bobol yn yr Excelsior,' meddai. 'Ac mae'ch cefnder George yn gyfreithiwr, on'd yw e? Roedd hynny'n un o'r pethe fydde Harriet yn ei ddefnyddio'n aml os oedd rhywun yn anghytuno â hi.' Trodd ei lais yn grawc oedrannus, gysetlyd. 'Mae fy nai George yn gyfreithiwr ac mae e'n dweud ...'

'Falle taw am ei dad roedd hi'n sôn. George yw e, hefyd.'

'Un mawr ac un bach. Gweles i nhw sawl gwaith. Nhw oedd yr unig deulu oedd yn arfer dod i'w gweld hi'n rheolaidd.' Gwenodd i mewn i'w fwstas. 'Cadw'u gafel ar eu lle yn yr ewyllys, falle.'

'Synnen i fyth,' atebodd Dela. 'Dwi'n berthynas rhy bell i orfod poeni am hynny.'

'Bydde hi wedi'ch hoffi chi,' meddai Tomi'n annisgwyl. Amheuai Dela hynny'n fawr iawn, ond gwenodd serch hynny. 'Doedd gan 'rhen Harriet ddim amynedd at ddwli.'

'Maisy a Dulcie,' murmurodd Dela a rhochiodd Tomi.

'Peidiwch â sôn! Taflodd hi rywbeth at un ohonyn nhw unwaith. Sai'n cofio beth ond buodd ffws. 'Na pam roedd hi'n eistedd bant o'r cylch cadeiriau. '

'Oedd hi'n cyd-dynnu â phobol heblaw amdanyn nhw?' gofynnodd Dela'n ddiniwed.

'Dwi'n meddwl 'ny. Bydde hi'n cael gair â Gwladys, ac roedd Meri, druan ohoni, yn rhedeg i mofyn pethe iddi.'

Daeth y prom i ben, a chamodd Tomi i lawr yr ychydig risiau i'r traeth. Erbyn hyn roeddent ymhell o'r gwesty ac roedd yr ymwelwyr yn brin. Estynnodd law i Dela. Nid oedd hi wedi ystyried y byddai'n rhaid iddi gerdded ar dywod. Trwy drugaredd roedd yn galed a llyfn. O hyn allan, cyfres o faeau bach iawn wedi'u hamgylchynu gan greigiau danheddog oedd i'w gweld.

'Dywedodd rhywun wrtha i bod Mrs Pritchard a hithau wedi bod yn ffrindiau,' cynigiodd Dela er mwyn cadw'r sgwrs i fynd.

'Ha!' meddai Tomi, ond nid ymhelaethodd.

Pigodd Dela lwybr heibio i un brigiad creigiog gan deimlo'r tywod yn troi'n raean. Dim ond stribyn hir o gerrig oedd y bae bach hwn, a chodai'r clogwyn yn sydyn ac uchel uwch ei phen.

Pwyntiodd Tomi ei ffon at graig fawr a wthiai ei thrwyn i'r môr ryw ganllath i ffwrdd. 'Os gallwn ni gyrraedd honno a mynd heibio iddi cyn i'r llanw ddod miwn, mae golygfa wych o weddill yr arfordir.'

Camodd ymlaen yn benderfynol, ond nid oedd Dela'n siŵr ei bod yn dymuno'i chael ei hun yr ochr anghywir i'r graig. Ni chredai y gallai ddringo drosti os byddai'n rhaid osgoi'r tonnau.

'Oes na lwybr i fyny'r ochr arall?' galwodd.

'Mae digon o amser,' atebodd Tomi dros ei ysgwydd.

Yn anfodlon, herciodd Dela ar ei ôl, gan gadw'i llygaid ar ei thraed. Nid oedd yr un ymwelydd wedi dewis y rhan hon o'r traeth, a hawdd gweld pam. Golygai cromlin yr arfordir fod y tonnau'n dod i mewn yn drymach ac nid oedd braidd ddim lle i eistedd. Roedd y tywod yn meddalu nawr, ac edrychodd yn bryderus ar y môr. Fodd bynnag, cyrhaeddodd y graig yn ddianaf a chododd ei chalon. Roedd yn hirach nag a feddyliodd ac yn fwy gwastad. Roedd nifer o byllau mawr ar y man gwastad a sgleiniai'r dŵr llonydd yn yr haul. Ni sylwodd fod Tomi wedi troi nôl a'i fod yn brysio tuag ati nes i symudiad ei ffon ei rhybuddio.

'Ydy'r llanw'n dod i mewn?' gofynnodd Dela.

Ymddangosai wedi'i gythryblu'n ddifrifol. Sychodd ei law dros ei geg.

'O'r nefoedd,' meddai'n gryg. Syllodd Dela arno. 'Draw'r ochor arall i'r graig. Corff marw.'

'Beth? Ble?'

Edrychodd Tomi o'i amgylch yn betrus.

'Beth yw'r peth gorau i'w wneud?' mwmialodd iddo'i hun. 'Mae'n rhaid i ni fynd nôl a mofyn rhywun.'

Cysgododd ei lygaid rhag yr haul. Ymhell y tu ôl iddyn nhw, dros ben y brigiad diwethaf, gellid gweld bod y traeth o flaen y prom wedi gwagio'n sylweddol erbyn hyn, ac roedd yr ychydig deuluoedd ar ôl yn codi pac er mwyn gadael.

'Cerwch chi,' meddai Dela'n benderfynol. 'Byddwch chi'n gyflymach o lawer na fi. Ond mae'n rhaid i'r ddau ohonon ni fod wedi gweld y corff.'

'Pam?' gofynnodd mewn braw.

'Oherwydd gallai'r llanw ei gario bant cyn i neb ddod. Bydd angen disgrifiad arnyn nhw ac mae dau bâr o lygaid yn well nag un.'

Edrychodd Tomi arni'n amheus, ond arweiniodd hi heibio'r graig fawr.

Gorweddai'r corff ar oleddf ar y graig, a'r hanner uchaf yn arnofio yn nŵr y pwll mwyaf. Nid oedd yn weladwy o'r ochr arall. Dynes ifanc oedd hi, mewn cot las tywyll, ysgafn. Daliodd Dela ei hanadl am eiliad. Er iddo gael ei wlychu a'i dywyllu gan y dŵr, roedd ganddi wallt godidog. Sychodd defnynnau ohono yn yr haul cynnes i liw melyn-goch.

'Merch yn ei dauddegau,' meddai Dela, gan edrych yn arwyddocaol ar Tomi.

Tynnodd ef wep ddiflas. Rhestrodd Dela beth allai ei weld, yr un esgid, y sanau tyllog, lliw'r gwallt, yr ewinedd wedi'u peintio'n goch.

'Odych chi'n meddwl y cofiwch chi hyn i gyd?' gorffennodd.

Amneidiodd yntau, ond doedd e ddim eisiau edrych arni.

'Mae'n well i chi fynd nawr,' meddai Dela.

'Ond beth amdanoch chi?' gofynnodd Tomi. 'Beth wnewch chi os daw'r llanw i mewn?'

'Hercian mas o'r ffordd,' atebodd Dela. 'Peidiwch â phoeni. Fydd na ddim dau gorff pan ddewch chi nôl gyda'r heddlu.'

Nid oedd angen iddi ddweud mwy. Baglodd Tomi ar frys yn ôl tua'r dref a gwyliodd Dela ef yn defnyddio'i ffon i gyflymu ei gamau. Ystyriodd y sefyllfa. Roedd ei geiriau hyderus am osgoi'r llanw yn debygol o ddod nôl i'w brathu os na fyddai hi'n ofalus. Y peth gorau fyddai iddi ddringo ar y graig wastad ac edrych ar y corff o'r fan honno. Er ei bod yn goleddfu i lawr i'r traeth, roedd y rhan agosaf at y clogwyn yn uwch o gryn dipyn. Diolch i'r drefn taw graean caled oedd y draethell hon, ac nid tywod. Gan ddefnyddio'i ffon camodd yn nerfus dros lethrau isaf llithrig y graig, a chan osgoi'r pyllau dynesodd at y corff. Llathen arall a byddai'r môr wrth waelod y graig. Ychydig iawn o amser oedd ganddi.

Eisteddodd ar frigiad mwy llyfn a syllodd. Gorweddai'r corff ar ei bol, a'i hwyneb wedi'i droi i un ochr ac i lawr. Ai dyma'r ferch a welodd yn eistedd ar y prom y noson gynt? Roedd ei dillad yn wahanol. Cot werdd oedd gan y ferch honno, a sawl cot haf fyddai gan unrhyw un y dyddiau hyn? Roedd yn rhy dywyll bryd hynny iddi weld lliw ei hewinedd, ond roedd y gwallt yn debyg iawn. A oedd hon yn fwy na'r ferch a welodd? Anodd dweud. Syllodd yn ddwys arni am rai munudau gan geisio rhoi popeth ar gof.

Edrychodd i fyny wrth glywed sŵn ton uwch nag arfer. Roedd y llanw wedi cyrraedd ochr draw'r graig, gan godi traed y ferch ac yna'u sugno ar ei ffordd yn ôl. Dyna'i gyd oedd ei angen i newid cydbwysedd y corff, ac yn sydyn trodd pen y ferch tuag ati. Pwysodd Dela ymlaen. Roedd y ferch yn gleisiau mawr dros ei hwyneb. Torrwyd ei thrwyn. Ai'r tonnau a'r creigiau a wnaeth hyn? Roedd ei cheg ar agor a daeth cranc bach allan ohono. Dilynodd Dela drywydd y cranc i fyny'r foch a gwelodd ef yn cerdded yn hamddenol ar draws lygad glas llonydd. Diflannodd i mewn i'w gwallt.

Aeth symudiad y corff yn fwy pendant. Cododd Dela ar ei thraed a cheisiodd sganio'r traeth i gyfeiriad y dref. Roedd gwir berygl na fyddai'r corff yno erbyn i'r awdurdodau gyrraedd, a phwy a wyddai pryd deuai i'r golwg eto? Gresynodd nad oedd hi wedi mynnu bod Tomi'n ei helpu i'w dynnu o afael y tonnau cyn iddo adael, ond amheuai a fyddai ef wedi cytuno. Cafodd ei synnu, braidd, i'w weld mor ofidus ac amhendant. Pam oedd hynny, tybed?

Gydag ochenaid, defnyddiodd y ffon i wthio cot y ferch i'r naill ochr. Doedd dim ots os oedd hi wedi cyffwrdd â'r corff os oedd ar fin cael ei sugno nôl i'r tonnau. Gwisgai flows a sgert, ac roedd y flows yn hanner agor gan ddangos bronglwm sidan pinc. Beth oedd y marc hwnnw ar y fron dde? Cnoad, ynteu anaf? Rhywbeth hirgrwn anwastad, ta beth. Sbeciodd ar y coesau yn eu sanau rhacs. Roeddent yn gleisiau i gyd hefyd.

Daeth ton fawr arall dros gefn y ferch a chamodd Dela nôl yn reddfol gan arbed ei hun o drwch blewyn drwy wthio bagl y ffon i mewn i hollt. Roedd yn rhaid iddi symud i fan uwch neu adael y graig yn gyfan gwbl. Os cawsai ei dal ar y draethell – a dim ond rhimyn o raean oedd yn glir o'r dŵr nawr – sut gellid ei chyrraedd hi a'r corff? Edrychodd y tu ôl iddi. Ni chodai'r clogwyn yn syth i fyny fel y tybiodd ar y olwg gyntaf. Roedd math o silff o graig yn gwthio allan, rhyw bedair troedfedd o uchder. O'r llystyfiant iach arno nid oedd y llanw'n ei gyrraedd yn fynych. Os gallai ei llusgo'i hun i'r fan, dylai allu aros yno am sbel go dda. Nid oedd angen iddi bryderu am ei diogelwch ei hun, felly, ond y broblem oedd sut i symud y corff. Efallai na fyddai'n rhaid iddi wneud hynny, meddyliodd. Aeth chwarter awr dda heibio ers i Tomi adael. Dylai ddychwelyd yn fuan. Gallai tynnu'r corff rhyw lathen neu ddwy ar hyd y graig fod yn ddigon a byddai'r llanw'n ei helpu, ond iddi amseru ei thyniadau'n gywir.

Pwysodd ymlaen a bachodd fagl y ffon dan gesail y ferch. Arhosodd nes i'r tonnau rolio tuag ati eto ac yna tynnodd â'i holl nerth. Disgynnodd yn blwmp ar ei phen ôl, ond nid oedd yn hidio am hynny, oherwydd er gwaethaf y pwysau ni lwyddodd sugn y llanw i'w rwygo o'i gafael. Symudodd lathen dda i'r cyfeiriad cywir. Cododd a chwilio am fan gwastad arall cyn cyrcydu yno, a'r ffon yn dal wedi'i ymnyddu yn nillad y corff. Gwyddai y byddai'n talu am yr ymdrech hon yn hwyrach, ond ni phoenai am hynny. Serch hyn, gallai deimlo cyhyrau ei hysgwyddau'n protestio. Ticiai'r eiliadau heibio, a Dela'n gwylio'r dŵr. Pryd deuai Tomi nôl? A ddeuai nôl? Sbosib nad oedd wedi cael cymaint o fraw fel nad oedd wedi mynd i chwilio am neb o gwbwl? Ai ei gadael hi yno oedd ei fwriad? Paid â bod yn dwp, dwrdiodd ei hunan. Ni allai fod wedi rhagweld y byddai corff cyfleus yn gorwedd ar y creigiau. Eto, gyda'r llanw'n cripian yn nes, ni allai ond pendroni, a'r dref mor llawn, pam nad oedd Tomi wedi gallu dod o hyd i rywun yn syth. Troedfedd arall a byddai'n rhaid iddi dynnu'r corff yn uwch fyth, meddyliodd. Cystal paratoi am hynny ac am y gwaethaf, sef gorfod gadael y corff i arnofio i ffwrdd ac achub ei hunan. Sgyrnygodd ei dannedd ac arhosodd am y llanw.

Daliwyd ei llygad gan symudiad, draw yr ochr arall i'r brigiad cyntaf. Roedd heddwas yn pigo llwybr trwsgl drosto. Nid oedd wedi ei gweld hi. Ni allai ei feio, oherwydd roedd angen iddo gamu'n garcus. Edrychai llodrau ei drowsus du yn wlyb eisoes.

'Hei! galwodd Dela'n groch. 'Draw fan hyn!'

Edrychodd i fyny'n syn, a bu bron iddo gael codwm, ond heb hidio mwyach am ei esgidiau na'i drowsus camodd drwy'r dŵr a orchuddiai'r draethell. Roedd yn beth da iddo frysio, oherwydd roedd y llanw'n gryfach nag y bu, a phe bai heb gyrraedd Dela cyn i'r sugn lusgo'r ffon o'i dwylo, byddai wedi mynd, a'r corff gyda hi.

'Mowredd!' meddai'r heddwas, gan gydio yn y ffon â'r naill law ac ym mraich Dela â'r llall.

Yna trodd ei ben gan weiddi am ei gyd-weithwyr. Daeth dau arall o rywle, a rhyngddynt oll, gyda Dela erbyn hyn yn cael ei chario fel pêl rygbi dan gesail yr heddwas cyntaf, nôl â nhw dros y draethell a'r brigiad i'r prif draeth. Hyd yn oed wedi cyrraedd y tywod roedd llathenni i'w tramwyo o afael y dŵr. Gosodwyd hi'n blwmp ar ei thraed a safodd yno'n fyr ei gwynt, gan wylio'r ddau heddwas arall yn cario'r corff ar darpolin tuag ati.

Daeth gwaedd o'r grisiau. Roedd Tomi'n dod i lawr yn herciog. Syllodd Dela arno'n chwilfrydig. I ble'r aeth y dyn a gerddai fel peiriant? Gwnaeth ystum â'i law i'w galw ato. Petrusodd Dela. Oni fyddai'r heddweision eisiau eu holi?

'Mae'r holl fanylion gyda nhw,' galwodd Tomi a oedd wedi cyrraedd y tracth. 'Byddan nhw'n galw draw i gymryd datganiad.'

Clywodd yr heddwas agosaf ef ac amneidiodd.

'Bydd angen dished o de arnoch chi ar ôl hyn,' meddai, gan syllu i lawr ar y tarpolin a'i gynnwys truenus. 'Gwedwch, beth wnaeth i chi feddwl am ei bachu 'da'r ffon? Wedd e'n imbed o ddansherus.'

'Tasen i wedi gadel i'r llanw ei chymryd,' atebodd Dela, 'falle na fyddech chi byth wedi dod o hyd iddi. Pwy bynnag oedd hi, roedd hi'n haeddu'n well na hynny.'

Gwelodd ef yn gwenu ryw fymryn ac amneidio. Herciodd Dela a Tomi nôl i fyny'r grisiau. Ni ddywedodd yr un o'r ddau air pellach nes eu bod yn ddiogel ar y prom ac allan o glyw'r heddweision ar y traeth.

'Beth ddigwyddodd i chi?' hisiodd Dela.

'Y?' Am eiliad ymddangosai na wyddai Tomi am beth roedd hi'n sôn. 'Troies i 'mhigwrn,' meddai o'r diwedd. 'Mae e'n well nawr.'

Do fe'n wir, meddyliodd Dela, gan sylwi ei fod yn hercio

llai a llai. Pan stopiodd yn stond, meddyliodd ei fod mewn poen, ond tynnu fflasg fach arian o'i boced oedd ei fwriad. Cynigiodd y fflasg iddi. Ysgydwodd Dela ei phen gyda diolch a chymerodd Tomi lymaid.

'Trueni nad yw'r tafarne ar agor,' mwmialodd. 'Ych y fi. Hen beth cas.' Syllodd arni o gornel ei lygad. 'Dyw e ddim fel 'se fe wedi effeithio arnoch chi o gwbwl,' ychwanegodd, gyda thinc anghrediniol.

Cododd Dela ei hysgwyddau. Clywodd hyn droeon dros y blynyddoedd.

'Dwi wedi gweld gormod o gyrff erbyn hyn,' meddai'n syml.

'A finne,' atebodd Tomi'n frysiog. 'Yn y Rhyfel Mawr ac yn Llundain yn ystod y Blitz. Ond galla i byth â dygymod â'r syniad o fywyd rhywun yn dod i ben fel diffodd cannwyll.'

Hoffai Dela fod wedi gofyn iddo beth roedd e'n ei wneud yn Llundain yr adeg honno, ond nid oedd am orfod cyfnewid profiadau ag ef. Wyddech chi byth pwy oedd yn adnabod pwy. Mwy na thebyg y byddai'n credu o hyn allan ei bod yn galed ac yn ddideimlad wrth natur.

'Dwi'n credu ifi weld y ferch honno neithiwr y tu allan i'r gwesty,' meddai.

'Naddo 'te,' atebodd Tomi'n syth. 'Allech chi fyth.' Gwnaeth ystum â'i fawd dros ei ysgwydd. 'Wedd hi wedi bod yn y dŵr ers sbel fach, weden i.'

Sut oedd e'n gwybod hynny, tybed? Edrychodd Dela arno.

'Sylwes i ar ei chroen hi,' ychwanegodd Tomi. 'Wedd e wedi dechrau llacio.'

'Gweles i bod lot o gleisiau arni,' cynigiodd Dela.

'Dim syndod. Pan gwympodd neu neidiodd hi o'r clogwyn, bydde hi wedi taro'r creigiau ar ei ffordd lawr. Falle nad oedd hi'n anymwybodol hyd yn oed ar ôl cyrraedd y dŵr. Mae greddf yn gwneud i bobol frwydro i fyw, ch'weld, hyd yn oed os oedden nhw'n bwriadu lladd eu hunen. Galle hi fod wedi ymdrechu i ddringo nôl dros y creigiau – bydde hynny'n ei chleisio fwy byth nes iddi foddi.' Roedd yn swnio'n siŵr iawn o'i bethau.

'Nabyddoch chi hi?' gofynnodd Dela.

'Dwi'n meddwl taw Alys oedd hi. Ond ddwedes i ddim wrth yr heddlu, rhag ofon mod i'n anghywir. '

'Pwy oedd y ferch weles i neithiwr 'te?'

'Pryd oedd hyn?' gofynnodd gan ysgwyd ei ben.

'Fel roeddech chi'n dod mas am fwgyn. Roedd hi'n eistedd ar fainc ar y prom ond yn dangos diddordeb mawr yn y gwesty.'

'Rhyw fisiter oedd hi mwy na thebyg. Dwi ddim yn bwriadu gweud dim am hyn wrth y lleill. Cewn nhw wbod yn ddigon clou pan ddaw'r heddlu i siarad â ni.'

Synnodd Dela glywed hyn, ond ar ôl meddwl efallai y byddai'n gyfle i wylio eu hadwaith. Doedd hi ddim wedi'i hargyhoeddi chwaith gan syniadau Tomi ynghylch sut y bu'r ferch farw. Roedd manylder y senario, ynghyd â'r pigwrn poenus ffug, yn rhywbeth i bendroni amdano. Ta beth, roedd ei thraed yn wlyb, a chefn ei chot yn anghysurus o laith. Palodd ymlaen, gan obeithio y byddai'r stafell ymolchi yn y gwesty gyda'i fath cynnes, dwfn yn wag.

PENNOD 10

Llenwodd Dela ei phowlen â chawl pys a gosod y lletwad nôl yn y crochan. Ar nos Sul, swper bwffe a gynigiwyd, gan fod pawb wedi cael cinio cig rhost hanner dydd. Treuliodd amser cyn dod i lawr yn stwffio papur i'w hesgidiau a cheisio sychu cefn ei chot ysgafn ger y ffenest. Gydag ychydig lwc ni fyddai tipyn o ddŵr y môr yn eu difetha.

Roedd Tomi'n bwyta'n brysur wrth ei fwrdd ei hun, Gwladys a Meri'n rhofio draw wrth y ffenest a'r Pritchards a Maisy a Dulcie'n helpu eu hunain wrth y bwrdd gweini. Fel arfer ni fyddai'r un o'r gwesteion sefydlog byth yn colli pryd. Trwy drugaredd nid oedd hi a Tomi wedi gweld neb o'u cydnabod wrth iddynt ddod drwy'r cyntedd yn wlyb a blinedig. Cnôdd yn feddylgar gan bendroni a oedd hyn yn rhywbeth y dylai ffonio George yn ei gylch. Dibynnai hynny'n llwyr ar pryd deuai'r heddlu i'w holi. Efallai na fyddai neb yn ymddangos tan drannoeth. Ond eto, gan nad oeddent wedi gallu archwilio'r corff ar y graig, efallai y byddai mwy o frys arnyn nhw i gael gwybod yn union ble y cafodd ei ddarganfod. Roedd posibilrwydd y byddai'n cael ei dwrdio am gyffwrdd â'r corff. Wfft i hynny, meddyliodd.

Sychodd ei cheg ar ei napcyn a phlygu i godi ei bag llaw. Roedd wedi cofio na roesai ei deis i Tomi. Edrychodd draw at ei fwrdd gan obeithio dal ei lygad, ond roedd Thelma Martin yn sefyll o'i flaen yn siarad. Ni welodd Dela hi'n dod i mewn. Pipodd draw drwy'r drws agored. Roedd yr heddwas a'i cariodd dan ei fraich yn pwyso ar y ddesg groeso ac yn syllu'n syth ati. Amneidiodd i ddangos ei fod wedi ei gweld, a chododd Dela ar ei thraed.

Synnwyd hi braidd i sylweddoli mai'r bwriad oedd ei holi hi

a Tomi gyda'i gilydd yn swyddfa bitw Thelma. Eisteddodd yr heddwas yn awdurdodol y tu ôl i'r ddesg, Dela ar stôl galed o'i flaen, a Tomi'n pwyso yn erbyn y mur gan nad oedd lle i gadair arall.

'Fi welodd y corff gyntaf,' meddai Tomi. 'Ro'n i'n cerdded ychydig o flaen Miss Williams, gan nad yw ei choes hi'n dda o gwbwl, er mwyn gwneud yn siŵr nad oedd y llanw wedi dod i mewn ormod i ni fentro heibio i'r graig. Ces i sioc. Dyna'r peth ola' ro'n i'n ei ddisgwyl!'

Amneidiodd yr heddwas yn bwyllog heb godi ei ben oddi ar y ddalen o'i flaen.

'Dyna pam nad anfonoch chi Miss Williams nôl i'r prom yn eich lle chi, ife?'

'Ie,' atebodd Tomi, gan dynnu rhyw wep fach hunanddifrïol. 'Bryd hynny, fi oedd yr un heini. Ond bagles ar fy ffordd dros y graig nesaf a throi 'mhigwrn.' Ysgydwodd ei ben ac edrychodd ar Dela. 'Bydden i wedi bod yn gallach i'ch hala chi.'

'Sai'n gwbod 'ny, wir,' meddai'r heddwas gan wenu ar Dela. Hyd yma, ni fu'n rhaid iddi ddweud gair. 'Mae'r bois yn y steshon yn dal i drafod shwd gadwoch chi'ch gafel yn y pŵr dab.'

Ceisiodd Dela edrych yn ddiymhongar.

'Lwcus i chi wneud,' ychwanegodd yr heddwas, 'achos bydde hi hanner ffordd i Aberaeron nawr, ac mae'r llanw ffor hyn yn 'neud y pethe rhyfedda. Dwi wedi clywed am gychod cyfan yn diflannu am fisoedd.'

'Byddwch chi eisiau gwybod sut roedd hi'n gorwedd pan daethon ni o hyd iddi,' cynigiodd Dela.

Gwenodd yr heddwas eto gan osod dalen wag o flaen Dela.

'Allwch chi dynnu llun?' gofynnodd, gan estyn pensel iddi.

Rhyngddynt llwyddodd Dela a Tomi i wneud sgetsh o leoliad y corff. Gwyliodd yr heddwas y gwaith â diddordeb. Estynnodd Dela'r ddalen iddo.

'Oes gyda chi unrhyw syniad pwy oedd hi?' gofynnodd.

Teimlodd Tomi'n sythu fymryn yn ei hymyl. 'Galla i ddychmygu, gyda chymaint o ymwelwyr yn y dref, fod adnabod corff yn dasg.'

'Ry'n ni'n gwbod yn iawn pwy oedd hi,' atebodd yr heddwas. 'Mwy na thebyg roeddech chi'ch dou yn ei hadnabod hefyd. Alys Morgan, un o'r morynion yn y lle 'ma.'

'Wir?' meddai Dela, gan obeithio fod gan Tomi ddigon o grebwyll i edrych yr un mor syn. Gwyddai fod yr heddwas yn eu gwylio'n fanwl, er gwaethaf ei hynawsedd.

'Mm. Y dasg nawr fydd darganfod beth oedd ar ei meddwl hi i 'neud shwd beth. Fyddech chi'n digwydd gwbod a gafodd hi ei siomi gan sboner neu rwbeth tebyg? Mae pawb yn clecan, on'd yw nhw?'

Ysgydwodd y ddau eu pennau ac ychwanegodd Dela, 'Dim ond am ddeuddydd dwi wedi bod yma.'

Syllodd yr heddwas yn ddisgwylgar ar Tomi.

'Wnes i ddim sylweddoli pwy oedd hi, ond wedyn weles i mo'i hwyneb hi,' meddai'n rhesymol. 'Wrth gwrs, dwi'n cofio gweld Alys bwti'r lle. Ond 'blaw am hynny ...'

'Maen nhw i gyd yn edrych yr un peth yn eu hiwnifforms, on'd yw nhw?' meddai'r heddwas. 'Fel plismyn, sbo.'

'Hy!' meddai Tomi ar ôl iddyn nhw gyrraedd y cyntedd. 'Mae e'n meddwl ein bod ni i gyd yn rhy snechlyd i sylwi ar forwyn.'

'Pysgota oedd e,' atebodd Dela. 'Bydde wedi bod yn rhyfedd iawn tase ni wedi bod yn llawn gwybodaeth am fywyd personol y groten. Ond bydd e wedi taro'r heddlu fel peth diddorol taw pobol o'r gwesty lle roedd hi'n gweithio ddaeth o hyd iddi, yn enwedig o ystyried faint o ymwelwyr sydd yma.'

Crychodd Tomi ei dalcen. 'Falle wir,' mwmialodd. 'Cofiwch, sdim lot o ymwelwyr yn cerdded mor bell â hynny o'r prom, a dyw pobol o'r dre ddim yn trafferthu i gerdded o gwbwl, fel rheol.'

'Pryd oedd y tro diwethaf ichi ei gweld hi?' gofynnodd Dela.

Cododd Tomi ei ysgwyddau. 'Rywbryd wythnos ddiwethaf?'

'Cyn i fi gyrraedd yn bendant, 'te.'

'Ie. Ond maen nhw'n mynd a dod, a chael diwrnodau rhydd a gwyliau, fel pawb arall. Sdim dal pwy fydd ar ddyletswydd. Weithe mae strach am eu bod nhw'n dod nôl yn hwyr. Merched ifanc ydyn nhw, wedi'r cyfan.' Pipodd dros ysgwydd Dela gan wenu'n gudd. 'Welsoch chi'r wep ar wyneb Thelma? Dwy farwolaeth yn y gwesty mewn wythnos. Bydd hynny ddim yn siwtio.' Ochneidiodd. 'A nawr bydd hi fel y *Spanish Inquisition* yn y lownj 'to. Tase modd cael drinc bach yn unman arall ar nos Sul, fydden i ddim yn mynd yn agos.' Cofiodd Dela am y teis yn ei bag llaw ac ymbalfalodd amdanynt.

'Anrheg i chi,' meddai. 'I godi'ch calon chi. O'r siop ddrutaf yn y dref. Dwi'n mynd i'w throi hi am y gwely. Bydd fory'n ddiwrnod prysur arall. Mwy o drefniadau a gweld y trefnwr angladdau.'

'Diolch am y rhain,' meddai Tomi gan wthio'r bag papur i'w boced. 'Gallwch chi wastod ofyn i Thelma eu ffonio drosoch chi. Mae'n perthyn iddyn nhw.'

'Dwi ddim yn ddigon dewr i hynny,' atebodd Dela, gan godi llaw arno a mynd am y grisiau.

'Miss!' Trodd Dela wrth ddrws ei stafell a'i hallwedd yn ei llaw. Nid oedd neb ar y landin, ond roedd drws wedi agor yr ochr arall i'r coridor, a gwelodd fod Mali'n sefyll mewn math o gwpwrdd eang gyda silffoedd llawn dillad gwely a thywelion. Sniffiodd y ferch yn ddagreuol. Gwnaeth Dela ystum â'i phen iddi ei dilyn i'w stafell. Ers pryd y bu hi yno'n aros amdani?

Ni chaeodd y drws yn llwyr, ac ar ôl ychydig eiliadau gwthiwyd ef yn swil. Y tu allan roedd pobol yn dringo'r grisiau, a chamodd Mali i'r stafell a dau dywel dros ei braich. Roedd ei llygaid yn goch, ond gwenodd Dela i weld y gallai feddwl yn glir er gwaethaf ei thrallod.

'Da iawn, Mali,' meddai. 'Dewch i eistedd.' Pwyntiodd at y gadair freichiau.

Gwnaeth y ferch ryw sŵn rhwng igian a chwerthin.

'Fedra i ddim!' meddai.

'Eisteddwch ar y gwely, 'te.'

Ar ôl eiliad o gyfyng gyngor clwydodd Mali yno, gan ddal y tywelion yn dynn. Arhosodd Dela'n ddistaw iddi gasglu ei meddyliau.

'Ody e'n wir?' gofynnodd y ferch yn floesg ar ôl saib, gan chwilio am hances yn ei llawes.

'Ody,' atebodd Dela'n dawel. 'Daeth Capten Rhydderch a fi o hyd i gorff Alys y pnawn 'ma.'

Ysgydwodd Mali ei phen. ''Na beth yw'r holl sôn, ond we'n i ddim isie credu 'ny. A nawr bydd y polis yn ein holi ni'n rhacs a dwi'n siŵr o weud y peth rong a mynd i drafferth!'

Gan fod mwy o ddagrau'n bygwth, brysiodd Dela i'w chysuro.

'Byddwch chi'n iawn. Dyna'i gyd sydd angen i chi 'neud yw meddwl beth i'w ddweud o flaen llaw. Ac ry'ch chi'n gallu meddwl, Mali, neu fyddech chi ddim wedi dod â thywelion gyda chi i siarad â fi.'

Edrychodd Mali arni o'r tu ôl i'w hances. 'Sena'i isie siarad â nhw,' sibrydodd, fel plentyn.

'Sneb isie siarad â'r heddlu,' atebodd Dela. 'Gallwn ni gael practis bach nawr os y'ch chi moyn. Byddwch chi'n barod amdanyn nhw wedyn.' Cafodd ryw amnaid fach amheus yn ateb. 'Nawr 'te, pryd oedd Alys ar ddyletswydd ddiwethaf?'

Sniffiodd Mali eto cyn cymryd anadl ddofn.

'Dydd Mowrth,' atebodd gan feddwl. 'Wedd diwrnod rhydd gyda hi dydd Mercher.'

'Felly, aeth hi adre fel roedd hi'n arfer ei wneud ar nos Fawrth?'

Roedd Dela wedi cofio'n sydyn nad oedd hi i fod i wybod bod gan Alys stafell yn y gwesty.

'Na. Fan hyn roedd hi'n byw.' Pwyntiodd Mali fawd i fyny i ddynodi llawr uwch.' Wedd hi ddim fel arfer yn mynd adre os nad oedd cwpwl o ddwrnode rhydd gyda hi. Gormod o drafferth mynd a dod nôl mewn dwrnod.'

'Oedd gyda hi bellter i'w deithio, felly?'

'Ddim fel 'ny,' atebodd Mali, fel pe bai'r peth heb ei tharo cyn hynny. 'Bwti bum milltir. Ond wedd hi'n dod o'r wlad, ch'weld, a dyw'r bysys ddim yn rhedeg yn amal iawn.'

'Odych chi'n byw yn y gwesty, hefyd?'

'Nadw. Mae 'nghartre i ben pella'r dre. Dwi'n mynd adre bob nos at Mam.'

'Reit. Felly, fydde dim modd i chi wybod a gysgodd Alys yma nos Fawrth.'

Meddyliodd Mali am y cwestiwn.

'Sai'n gweld pam na fydde hi,' meddai o'r diwedd. 'Falle bod un o'r crotesi eraill sy'n byw miwn yn gwbod.'

'Oedd 'na rywle arall y gallai Alys fod wedi treulio'r nos? Oedd hi'n caru gyda rhywun?'

Rhoddodd Mali ryw rochiad bach. 'Drwy'r amser!' meddai, mewn llais mwy normal. Efallai na fu'r heddwas ymhell o'i le, felly, wrth awgrymu y gallai fod wedi cael ei siomi gan ryw sboner.

'Oedd hi i'w gweld yn isel?'

'Jiawl nag o'dd!' Ar ôl yr ebychiad hwn, edrychodd Mali braidd yn lletchwith, ond amneidiodd Dela fel pa bai heb sylwi ar ddim. 'Os unrhyw beth, we'dd hi'n fwy sionc nag arfer – ac we'dd hi'n ddigon sionc bob dydd.'

Cafodd Dela'r argraff nad oedd Mali, er gwaethaf ei thrallod, yn or-hoff o Alys. A oedd hynny'n arwyddocaol? Math o hysteria oedd y dagrau, oherwydd ei bod yn ei hadnabod, a'u bod, ill dwy, yn yr un sefyllfa gymdeithasol. Gweld ei hunan yn cael ei darganfod yn farw ar y traeth oedd Mali. Ac roedd ei chyndynrwydd i gael ei holi'n ddiddorol hefyd.

'Oedd hi'n wir?' meddai Dela gan wenu. 'Odych chi'n gwybod gyda phwy oedd hi'n caru ar hyn o bryd? Rhywun yn y gwesty, falle?'

Chwythodd Mali aer o'i bochau.

'Galle fod,' meddai, 'Er sai'n cofio am neb ers y crwtyn na'r llynedd, a ddaeth gyda'i deulu am bythefnos yn yr haf. Wedd e'n mynd i'r Coleg yn yr hydref, medde hi.'

'Roedd byw yn y gwesty'n gyfleus iddi bryd hynny,'

'Wedd 'te!' meddai Mali gan rholio'i llygaid. 'Syndod bod sbrings ar ôl yn y fatras! Tase Miss Martin yn gwbod …'

'Ond sneb wedi dod i'ch sylw chi'n ddiweddar?'

Edrychodd Mali'n ddwys ar y tywelion yn ei breichiau, a phenderfynodd Dela ei bod hi ar fin dweud celwydd wrthi. Eto, pan siaradodd swniai'n gwbl ddilys.

'Ddim i fi gofio,' meddai. 'Ond gallwch chi fentro bod rhywun 'da hi a bod arian gyda fe. We'dd hi'n ei gadw'n gyfrinach, ta beth.'

'Pam?'

'Rhag ofon i un ohonon ni ei ddwyn e.' Gwnaeth ystum fach anfodlon â'i phen, 'Falle nad oedd neb o'r morwynion er'ill mor bert ag Alys, ond senan ni'n ddigon twp i feddwl y bydde rhyw ddyn proffesiynol yn ein priodi ni chwaith. Senan nhw byth yn priodi merched fel ni, odyn nhw?'

'Dyna beth oedd ei huchelgais, ife?' gofynnodd Dela, ac amneidiodd Mali'n bendant.

'Oedd hi wastod fel hyn, ers iddi ddechrau gweithio 'ma?'

'Nag o'dd,' cyfaddefodd Mali. 'Ond bwti ddwy flynedd nôl nawr, cyn diwedd y rhyfel daeth hen ŵr i aros 'ma. We'dd sôn ei fod e'n gyfoethog tu hwnt, ac fe gymerodd ffansi at Alys. Pan adawodd e, rhoiodd e hanner canpunt iddi. 'Na beth ddywedodd hi, ta beth.' Tynnodd wep ar Dela. 'A dwi'n meddwl ei bod hi'n gweud y gwir am unwaith, achos ers hynny we'dd hi'n whilo am y dynion mwya' cefnog yn y gwesty ac yn gwneud ffws fowr ohonyn nhw.'

'Oedd hi'n llwyddiannus?'

'Dim ond i radde – anrhegion, tamed o arian. Ond dim modrwy!'

Gan fod Mali wedi adfer ei hwyliau erbyn hyn, mentrodd Dela fymryn ymhellach.

'Gwrandewch,' meddai, gan ddewis ei geiriau'n ofalus. 'Bydde'n werth i chi feddwl yn galed am unrhyw un y galle Alys fod wedi'i fachu'n ddiweddar. Falle bydd un o'r merched eraill wedi clywed am rywbeth. Mae pob tamaid o wybodaeth yn bwysig, er mwyn ei theulu. Os nad y'ch chi eisiau dweud wrth yr heddlu'n uniongyrchol, gallwch chi ddweud wrtha i.'

Amneidiodd Mali gan grychu ei thalcen, ac unwaith eto cafodd Dela'r argraff ei bod yn celu rhywbeth. Stumiodd Dela gofio rhywbeth yn sydyn.

'Ar bwnc gwahanol, pryd hoffech chi fynd â'r dillad?'

Er syndod iddi, nid edrychodd Mali mor falch ag a ddisgwyliai.

'Ym, faint o arian maen nhw isie amdanyn nhw, Miss?' gofynnodd yn swil.

'Dim byd,' atebodd Dela. 'Byddan nhw'n falch o gael gwared arnyn nhw.'

Cododd Mali ar ei thraed yn wên i gyd. 'Diolch yn fawr iawn,' meddai. 'Ma' arna i ddyled fowr i chi. Oes rhywbeth y galla'i 'neud i'ch helpu chi?'

Daliodd Dela ei hanadl. Tybed …

'Bydde'n ddiddorol cael gweld stafell Alys,' mentrodd. 'Ody'r heddlu wedi mynd drwy ei phethau eisoes?'

'Mae un ohonyn nhw lan 'na nawr,' meddai Mali, er nad edrychai fel pe bai'r cais yn annisgwyl. 'Bydd e'n rhoi'r allwedd i fi ar ei ffordd lawr.'

Aeth at y drws gan ei agor fymryn a gwrando. Yna edrychodd ar Dela dros ei hysgwydd. 'Peidiwch â mynd i gysgu'n rhy gynnar,' meddai gan wincio.

PENNOD 11

Aeth awr dda heibio cyn i Dela glywed cnoc ysgafn ar y drws, ond roedd hi'n barod amdani. Roedd ganddi dortsh fach a menig wrth law, a'i sliperau am ei thraed. Nid oedd Mali i'w gweld o gwbl ar y landin, ond cerddodd Dela'n hyderus i ben pellaf y coridor hir a'i chael yn llechu ar waelod y grisiau i'r llawr nesaf. Rhoddodd Mali fys ar ei gwefus cyn dechrau dringo a dilynodd Dela hi'n fud. Er syndod iddi, nid aeth Mali ar hyd yr un llwybr i'r llawr uchaf ag a wnaeth Thelma, ac yn wir ymddangosai i Dela eu bod wedi tramwyo holl goridorau'r gwesty cyn i Mali agor drws yn union gyferbyn â stafell Alys. Hwyrach ei bod wedi dewis ffordd anarferol rhag ofn i rywun eu gweld. Datglôdd Mali'r drws gan bipo i'r naill ochr a'r llall a chamodd Dela i mewn yn gyflym. Arhosodd Mali y tu allan.

'Bydda i'n dod nôl mewn munud,' meddai mewn llais isel a chaeodd y drws gan adael Dela yn y tywyllwch.

Cynnodd Dela ei thortsh a gwisgo'i menig. Ni feiddiai gynnau'r golau trydan. Safodd a throi pelydrau'r dortsh dros y nyth colomen flêr o'i blaen. Roedd yn anodd gwybod faint ohono oedd yn ganlyniad i chwiliad yr heddwas a faint oedd yn annibendod gwreiddiol. Pa obaith oedd darganfod unrhyw beth? Roedd drysau'r wardrob ar agor led y pen a phob drôr yn y bwrdd gwisgo. Byseddodd drwy'r dillad yn y wardrob yn gyntaf a chwilio oddi tanynt. Chwaeth braidd yn llachar oedd gan Alys, a doedd dim o ddiddordeb wedi'i guddio mewn pocedi nac esgidiau.

Aeth at y bwrdd gwisgo. Gorweddai cant a mil o bethau arno, yn lipstigau ac yn bowdwr a hufennau croen. Roedd un botel o bersawr drud ymysg y llanast. Anrheg gan edmygydd? Edrychai'n debygol, oherwydd roedd y poteli eraill yn rhai rhad. Roedd yr un peth yn wir am y sgarffiau. Un ddrud, a'r gweddill yn fath o sidan ffals a fyddai'n rhedeg i ddim dan haearn smwddio poeth. Roedd ei dillad isaf yn ddi-nod, a rhai nicersi'n dyllog. Tybiodd Dela fod yr heddwas wedi chwilio yng nghefn bob drôr ac wedi stwffio popeth nôl yn frysiog, ond teimlodd ar hyd y pren â'i bysedd serch hynny. Ystyriodd y bwrdd gwisgo'n ofalus, ond dodrefnyn rhad oedd hwnnw hefyd. Ni allai weld bod modd cuddio dim y tu ôl i'r drorau, ac ni feiddiai eu tynnu allan yn gyfan gwbl. O amgylch y drych roedd cardiau post lliwgar wedi'u gwthio i'r ffrâm. Roedd hi'n synnu braidd nad oedd yr heddlu wedi'u cymryd. Wedi'r cyfan, roeddent yn ddarlun o gydnabod Alys. Roedd wedi tynnu pob un i'w archwilio pan glywodd leisiau sydyn a sŵn allwedd yn troi yn y drws. Rhewodd yn ei hunfan. Pam na feddyliodd ofyn i Mali adael yr allwedd er mwyn iddi allu ei chloi ci hun i mewn?

'Ody, mae e wedi pennu o'r diwedd,' meddai llais Mali. 'Sdim isie i ti boeni y gwelith e ti yn dy nicers. Gwela i ti fory.'

Symudodd Dela'n llechwraidd at y drws a chlywodd gamau dau berson, y naill yn clatsian i lawr y grisiau moel a'r llall yn cerdded i ben pellaf y coridor. Daro, meddyliodd. Mwy na thebyg y byddai Mali'n aros nes i'r forwyn arall fynd i'w gwely cyn dod nôl a'i rhyddhau. Roedd hi'n gaeth nawr, ac yn waeth byth byddai angen iddi fod yn gwbl ddistaw o hyn allan. Gyda'r bwndel o gardiau yn ei llaw, edrychodd o'i hamgylch. Hoffai fod wedi eistedd ar y gwely neu ar y gadair galed, ond gallent wichian. Rhaid oedd eistedd ar y llawr. Gyda'r dortsh, aeth drwy'r cardiau ond nid oedd unrhyw wybodaeth bwysig ynddyn nhw, heblaw bod Elsie'n cael amser da yn Llandudno. Aeth drwy bentwr o gylchgronau ffilm a orweddai yn ymyl y gwely, ond doedd dim rhwng eu tudalennau. Eto, sylweddolodd ei bod yn gweld y stafell nawr o bersbectif gwahanol. Roedd math o system gan Alys. Roedd y pentyrrau o ddillad budr ar y llawr wedi'u rhannu'n ddillad isaf a sanau, iwnifforms a dillad gwlân.

Trodd ar ei heistedd i weld a oedd gan Alys unrhyw bentyrrau eraill. Cododd y cwrlid tenau a sgleinio'r dortsh dan y gwely. Mwy o gylchgronau, rhai hŷn roedd Alys wedi gorffen edrych arnyn nhw. Esgidiau bob dydd, trymach na'r rhai a welodd yng ngwaelod y wardrob, ac yn drewi hefyd. Bag cotwm gyda sawl pâr o sanau ynddo, heb eu rholio, ond yn lân. Plygodd yn agosach i gael gweld beth arall a wthiwyd o'r golwg. Sylweddolodd nad yr esgidiau oedd yn gwbwl gyfrifol am y drewdod. Pan gyffyrddodd ei bysedd â bag cotwm arall, gwyddai'n bur dda beth fyddai'n ei ddarganfod ynddo. Deuai sawr hallt, haearnaidd gwaed ohono. Sut oedd y merched a drigai yn y gwesty'n berwi eu cadachau mislif budr, tybed? Cofiai'r broblem honno'n dda o'i dyddiau yn y Coleg, yn ogystal â'r gwaith o rwygo hen dywelion a chynfasau er mwyn gwnïo rhai newydd. Roedd modd prynu rhai y gallech eu taflu erbyn hyn, ond pwy allai eu fforddio? Pa mor hen oedd y rhain? Agorodd geg y bag a phwyntiodd belydrau'r dortsh i mewn. Roedd yn anodd dweud o ansawdd y gwaed, ond os rhoddwyd nhw yno o fewn y mis diwethaf, doedd Alys ddim yn feichiog.

Caeodd y bag cyn sylweddoli nad oedd e'n feddal drosto'i gyd. Ai cornel caled oedd i'w weld yn gwthio'r cotwm yn agos i'r gwaelod? Diolch byth am fenig, meddyliodd, gan ymnyddu ei bysedd er mwyn gafael yn beth bynnag orweddai o dan y cadachau. Teimlodd gornel tebyg i gardfwrdd a thynnodd ef allan. Synnwyd hi i ddarganfod hances wedi'i lapio o amgylch bag sidan bychan. Agorodd ef a gweld cerdyn post gwyn, plaen mewn amlen frown gyffredin. Diddorol. Ysgrifennwyd y cyfeiriad ar yr amlen a'r neges ar y cerdyn ei hun mewn llawysgrifen ddu, gref, ond nid oedd y cerdyn wedi'i lofnodi, gwaetha'r modd. Dyn priod, meddyliodd Dela, rhywun a oedd yn hen law ar y gêm o fercheta. Ni ddywedai'r cerdyn ddim byd syfrdanol, dim ond mynegi gobaith y byddent yn gallu cwrdd eto cyn bo hir. Pam byddai Alys wedi mynd i'r fath drafferth i guddio hwn? Ni roddai unrhyw gliw o gwbwl pwy a'i ysgrifennodd, heblaw fod yr iaith yn gywir. Er bod hyn yn awgrymu rhywun a oedd wedi cael addysg, nid oedd hynny o reidrwydd yn wir. Dysgodd yr Ysgolion Sul Gymraeg graenus i lu o bobl. Beth am y marc post? Tywynnodd ei thortsh ar yr amlen, ond roedd yr inc wedi'i smwtsio'n llwyr. Rhoddodd y cerdyn yn ei amlen yn ddiogel yn ei phoced. Yna lapiodd y bag yn yr hances a gwthio'r cyfan i waelod y sach cadachau. Taflodd y sach i'r llwch o dan y gwely.

Yr ochr draw i'r wal lle safai'r gwely gyda'i bentwr pendramwnwgl o obennyddion a blancedi, clywodd Dela sŵn uchel dŵr yn rhedeg. Roedd y forwyn y bu Mali'n siarad â hi yn paratoi i fynd i'r gwely. Tybed a allai ddefnyddio sŵn y dŵr i gelu ymdrechion i ddatgloi'r drws? Bachodd ddau neu dri o'r pinnau gwallt dirifedi ar y bwrdd gwisgo cyn penlinio o flaen y drws. Yn anffodus nid oedd y forwyn yn cael bath, felly roedd yn troi tapiau'r sinc ymlaen ac i ffwrdd yn ôl y gofyn. Ceisiodd Dela amseru ei phrocian wrth y clo i gydfynd â hyn. Sbwyliodd ddau bin gwallt yn yr ymdrech, ond roedd y trydydd pin yn hirach ac yn gryfach, ac roedd Dela'n hynod falch o glywed clic y clo a olygai iddi lwyddo. Eiliad wedyn a throwyd y tapiau i ffwrdd am y tro olaf, ond nid oedd sôn am y ferch yn mynd nôl i'w stafell ben pellaf y coridor. Safodd Dela i waredu'r pinnau bach yn ei thraed, ond ni feiddiai agor y drws. O bryd i'w gilydd gallai glywed sŵn symud a byddai ei llaw'n ymestyn yn reddfol at fwlyn y drws, ond wedyn byddai popeth yn tawelu eto. Beth ddiawl oedd y forwyn yn ei wneud? A pham na allai ei wneud yn ei stafell ei hun, er mwyn popeth? Pan glywodd fflwsh y tŷ bach, tynnodd wep yn y tywyllwch. Golcha dy ddwylo er mwyn i fi allu agor y drws, meddai dan ei hanadl, ond yna clywodd ddrws y stafell ymolchi'n agor a chamau'n pellhau'n araf. Clustfeiniodd a chyfrif i ugain cyn agor y drws y mymryn lleiaf. Neidiodd nôl o weld wyneb ofnus Mali'n syllu arni drwy'r bwlch.

Ni ddywedwyd gair nes eu bod ar waelod y grisiau a arweiniai at goridor Dela.

'Shwd agoroch chi'r drws?' hisiodd Mali.

'Lwc, a'r rhain,' sibrydodd Dela, gan ddangos y pinnau gwallt iddi. Sylwodd bod anadl Mali yn ei dwrn. 'Beth wnewch chi â'r allwedd nawr?'

Rhoddodd Mali ryw ochenaid fach ddiflas. 'Bydd yn rhaid i fi ei rhoi hi nôl yn stafell Miss Martin rywffordd. Ond os nad yw hi wedi mynd i'r gwely eisoes, bydd hi moyn gwbod pam mod i mor hwyr. Dylen i fod wedi mynd gartre sbel nôl. Damo Gwyneth â'i stwmog dost. Mae'n hala hanner ei hamser yn y gwely, a'r hanner arall yn y tŷ bach.'

'Ble mae'r allwedd yn cael ei chadw?' gofynnodd Dela.

'Yn y drôr ucha ar y dde yn nesg Miss Martin.'

'Odych chi moyn i fi roi cynnig ar roi'r allwedd nôl? Dwi yma drwy'r nos, ac mae'n hen bryd i chi fynd sha thre.'

Syllodd Mali arni'n chwilfrydig, yna estynnodd yr allwedd iddi.

'Senach chi ofon dim, nag y'ch chi, Miss?' mwmialodd. Ar fin gofyn mwy, newidiodd ei meddwl. 'Gwrandwch,' meddai, 'mae'r gwesty'n cael ei gloi am unarddeg, ond mae Wilff y porthor yn byw yn y cefen, ac mae cloch y drws ffrynt yn canu yn ei gwtsh e os bydd unrhyw un yn dod adre'n hwyr.'

'Ody e'n cysgu'n sownd?'

Amneidiodd Mali gan wneud stumiau codi gwydr.

'Dim ond ambell waith mae e'n gwneud rowndyn, ond sdim dal, felly byddwch yn ofalus. Mwy na thebyg na fydd neb isie dod miwn. Ar ddydd Sul sdim unman iddyn nhw fynd.'

Roedd hi wedi diflannu i'r cysgodion ym mhen arall y coridor cyn i Dela gau ei drws y tu ôl iddi. Edrychodd ar ei watsh. Roedd hi eisoes yn difaru cynnig dychwelyd yr allwedd. Byddai'n rhaid iddi aros ar ddi-hun nawr am oriau.

Eisteddodd wrth y ffenest a'r llenni ar agor a dim ond lamp llawr i oleuo'r stafell. Ymhen deng munud gwelodd ffigwr prysur Mali'n cerdded ar hyd y prom ar ei ffordd i'w chartref. Gafaelodd Dela yn y siwmper Aran a brynodd yn y jymbl, a dechreuodd archwilio'r semau â'i siswrn ewinedd.

Dihunodd yn sydyn ac yn ddryslyd. Roedd yn ddau o'r gloch y bore. Teimlai ei gwar fel pren, ac roedd y darnau o'r siwmper a dynnodd ar led wedi disgyn yn bentwr ar y llawr. Reit, meddyliodd, dylai'r lle fod fel y bedd erbyn hyn. Ond pan agorodd ei drws yn llechwraidd, gwelodd gefn ffigwr dynes mewn gŵn wisgo'n brysio nôl i stafell. Arhosodd i'r drws hwnnw gau a sleifiodd i ben y grisiau gan bwyso dros y canllaw a phipo. Daliodd ei hanadl wrth weld Wilff yn cerdded linc-di-lonc ar draws y cyntedd heibio i'r ddesg flaen i gyfeiriad y stafell fwyta. Byddai'n rhaid iddi fod yn gyflym. Cripiodd i lawr y grisiau a chodi'r fflap yn y ddesg flaen, cyn mynd drwyddo a'i gau'n ofalus y tu ôl iddi. Tywynnai golau gwan dros y ddesg a'r encil y tu ôl iddi. Cyrcydodd yn sydyn wrth glywed synau o'r stafell fwyta, ond sylweddolodd taw poteli'n clician oeddent. Tybed a oedd Wilff yn helpu'i hun i win pobol? Gobeithiodd ei fod e. Roedd cryn nifer o'r gwesteion yn prynu potel a'i hyfed dros ddwy noswaith. Hwyrach na fyddai neb yn sylwi ar lymaid yn diflannu yma ac acw o hanner dwsin o boteli, a byddai'n cymryd amser iddo roi'r cyrcs yn ôl yn eu lle.

Aeth ar ei phedwar at ddrws swyddfa Thelma ar y dde. Beth os oedd wedi'i gloi? Pan drodd y bwlyn, gweddïodd Dela na fyddai'n gwichian. Llusgodd ei hun yn drwsgl ar ei phengliniau i mewn i'r stafell fach a gwthio'r drws yn ôl nes oedd bron ar gau. Gydag unrhyw lwc, pe bai Wilff yn dychwelyd ni fyddai'n edrych o gwmpas y gornel a sylwi arno. Cyrhaeddodd y ddesg, agorodd y drôr cywir a rhoddodd yr allwedd yn daclus ynddo. Ar ôl gwrando ennyd wrth y drws, mentrodd ei agor yn slei a dod allan i'r encil y tu ôl i'r ddesg groeso unwaith eto.

Roedd hi newydd gau'r drws pan glywodd sŵn camau'n dynesu. Llithrodd ar ei phen ôl ac eistedd â'i chefn at y ddesg, o dan y bargod. Tynnodd ei choesau i fyny, gorau allai, rhag

95

ofn i Wilff ddigwydd edrych drosto a gweld pâr o draed. Yn ei chuddfan roedd hi'n hollol ddall i bopeth uwch ei phen ac roedd ei chalon yn curo'n rhy uchel iddi allu canolbwyntio ar ble roedd y camau'n mynd.

Ticiodd yr eiliadau heibio. Os âi Wilff i fyny'r grisiau gan edrych dros y canllaw, byddai hi'n amlwg. Ceisiodd reoli ei hanadlu. Daeth y sŵn llusgo traed yn nes. Clywodd ef yn siglo'r drws blaen er mwyn sicrhau ei fod wedi'i gloi. Ar ôl oes, dechreuodd gerdded unwaith yn rhagor, a phylodd y sŵn traed yn raddol. Roedd e wedi penderfynu mynd i lawr i'r lownj, diolch i'r drefn. Cyn y gallai newid ei meddwl, cododd y fflap, sleifiodd drwyddo a charlamodd i fyny'r grisiau, dau ar y tro, ar draws yr hanner landin cyntaf ac i fyny'r ychydig risiau i'w stafell ei hun. Nid arafodd nes oedd yn ddiogel a'r drws ynghau. Rhwbiodd ei choes a thynnodd wep ddiflas. Roedd ei chalon yn dal i guro. Rwyt ti'n rhy hen ac yn rhy sâl i chwarae'r fath ddwli, meddyliodd. Eto, pan orweddodd o'r diwedd, ar ôl ymatryd ac ymolchi, teimlodd falchder iddi allu rhoi'r allwedd yn ôl. Ychydig ddyddiau ynghynt byddai meddwl am wneud y fath beth wedi'i llethu'n llwyr. Hwyrach taw'r cyffro oedd yn gyfrifol, neu efallai bod dod i Abergorwel wedi gwneud byd o les iddi, fel y dywedodd George.

Pennod 12

Rhywfodd llwyddodd Dela i gyrraedd y stafell fwyta erbyn hanner awr wedi wyth bore drannoeth. Gorfododd ei hun i godi pan ganodd y larwm er y gallai fod wedi cysgu'n hapus am ddwyawr arall. Er bod pob cyhyr yn ei chorff yn gwynegu – a doedd dim syndod – gwelodd nad oedd hyn yn mennu dim ar ei harchwaeth am fwyd. Dros *kedgeree*, tost a marmalêd syllodd o'i chwmpas yn chwilfrydig, gan geisio gweld ble cedwid y poteli gwin y bu Wilff yn eu blasu yn yr oriau mân. Roedden nhw ar droli agored yng nghornel y stafell. Synnodd nad oedd Thelma Martin wedi trefnu i'w rhoi dan glo rywle. Er ei bod yn ddiolchgar nad oedd alcohol yn un o'i phleserau hi, amheuai a fyddai hyd yn oed y gwin gorau, yn gymysg â phoer Wilff, at ddant neb.

'Bore da!' clywodd yn sydyn, a chododd ei phen o'i phlât.

Roedd dirprwyaeth wedi cyrraedd ei bwrdd, Tomi ar y blaen a Gwladys a Meri'n dilyn. Gwenodd Tomi arni'n arwyddocaol, a gosododd Dela ei hwyneb yn ofalus.

'Dwi'n mynd draw at y trefnwr angladde'r bore 'ma,' meddai. 'O'n i'n meddwl falle gallen ni gerdded 'na gyda'n gilydd.'

Cyn i Dela gael amser i ateb, torrodd Gwladys i mewn.

'Ddylech chi ddim mynd ar eich pen eich hunan,' meddai'n bendant. 'Ddim ar ôl holl ddrama ddoe.'

Edrychodd yn ddisgwylgar ar Dela. Beth oedd yn gobeithio'i weld? Sioc, dagrau, trallod? Os felly, siomwyd hi'n ddifrifol oherwydd yr unig emosiwn y gallai Dela ei gloddio o'r dyfnderoedd oedd golwg wylaidd.

'Diolch yn fawr, Capten,' atebodd. 'Ro'n i'n meddwl mynd marcie deg os yw'n gyfleus i chi. Dylen nhw fod ar agor erbyn hynny.'

Rhyw awr yn ddiweddarach roedden nhw wedi cerdded o olwg y gwesty cyn i Tomi siarad.

'Dwi'n gwbod yn iawn nad y'ch chi moyn nac angen fy nghwmni i,' hisiodd o gornel ei geg. 'Syniad Gwladys oedd hyn. Sdim angen i fi fynd at y trefnwr angladde o gwbwl, a gweud y gwir. Gallen nhw fod wedi ffonio o'r gwesty. Mae hi bwti farw isie gwbod y manylion am beth ddigwyddodd ddoe. Mae'r stori yn y papur newydd y bore 'ma.'

'Galle fod yn waeth o lawer,' atebodd Dela. 'Galle hi fod wedi mynnu dod ei hunan. Chawsoch chi ddim eich holi neithiwr, 'te?'

'Do, ond gan mai fi aeth i nôl yr heddlu ro'n i mas o'r ffordd yn ystod y rhan gyffrous pan fuoch chi'n brwydro'r tonnau.

'Mater o sgyrnygu dannedd a chadw gafael oedd e'n fwy na dim,' atebodd Dela. Clywodd ef yn rhoi rhoch wrth chwerthin.

'Nefoedd wen! Peidiwch â chyfaddef hynny. Mae gan Gwladys ryw ddarlun ohonoch chi yn ei meddwl fel y groten Grace Darling 'na'n rhwyfo mewn storom i achub rhywun neu'i gilydd.'

'Rhamantus iawn,' meddai Dela'n sych. 'Mwy na thebyg ei bod hi'n eich gweld chithe'n arwain rhyw *Charge of the Light Brigade* yn y Rhyfel Mawr.' Gwelodd ef yn amneidio'n drist.

'Dim ond sŵn, llaid, cyrff a budreddi oedd e mewn gwirionedd.' Gafaelodd yn ei phenelin i'w harwain ar draws y stryd. 'Bydden i'n ddiolchgar i allu ei anghofio. Ces i sioc ofnadwy o weld corff Alys. Do'n i ddim lot o werth, mae'n ddrwg 'da fi.'

'Gwnaethoch chi beth oedd ei angen ar y pryd,' atebodd Dela'n gysurlon, ond gallai weld nad oedd hyn yn ei argyhoeddi.

Cerddodd y ddau ymlaen am funud yn ddistaw.

'Rown i ganpunt am allu gweithredu fel chi,' meddai Tomi'n sydyn. 'Shwd y'ch chi'n gallu rhoi'r peth i'r naill ochor? Fentra'i eich bod chi wedi cysgu'n sownd neithiwr.'

'Do,' cyfaddefodd Dela, er nad oedd ganddi unrhyw fwriad dweud pam wrtho. 'Dwi'n lwcus hyd yma nad ydw i wedi gorfod gweld cyrff ffrindiau. Roeddech chi, ar y llaw arall, ynghanol cyflafan, a'ch cyd-filwyr yn marw o bob tu i chi. Hefyd, ro'n i'n gallu mynd adre ar ddiwedd shifft gwylio tanau i fan diogel. Fedrech chi ddim.'

'Ry'ch chi'n garedig i ddweud hynny,' meddai Tomi.

Roeddent wedi cyrraedd yr iet a arweiniai at ddrws y trefnwr angladdau. Rhoddodd ryw gryndod bach wrth syllu ar y ffiol o flodau yn y ffenest.

'Gyda thamed o lwc fyddwn ni ddim yma'n hir.'

Nid oedd Miss Martin, y ddynes fach â'r cyrn hwrdd, yno'r bore hwnnw. Yn hytrach croesawyd nhw gan y dyn goleubryd a welodd Dela yn gyrru'r hers i mewn i'r iard y tro blaenorol pan fu yno gyda George.

'Victor Martin,' meddai, gan ysgwyd llaw. 'Mae'n ddrwg gen i ond mae fy modryb allan y bore 'ma'n trefnu angladd.'

Penderfynodd Dela wrth edrych ar ei ysgwyddau llydan a'i lygaid glas a'r blew amrant hir ei fod yn debycach i un o sêr Hollywood na threfnwr angladdau. Roedd e'n berffaith. Ffliciodd Victor trwy lyfr nodiadau ar y ddesg a gwenodd arnynt wrth i Tomi esbonio.

'Wrth gwrs,' meddai. 'Cyrhaeddodd blodau Mrs Watts-Jenkins y bore ma. Os hoffech chi 'nilyn i ...'

O ystyried adwaith Tomi i gorff Alys, amheuai Dela'n fawr a fyddai'n dymuno cael ei arwain at gorff arall heb ei rybuddio. Wrth iddyn nhw dramwyo'r un coridorau, gafaelodd yn ei fraich.

'Os nad y'ch chi eisiau dod i mewn ... miwn a mas fydda i. Dwi'n siŵr y bydd y blodau'n gwbl addas,' dechreuodd, ond ysgydwodd Tomi ei ben.

'Bydd Gwladys eisiau disgrifiad manwl,' meddai.

Teimlai Dela ei fod wedi argyhoeddi ei hun bod yn rhaid iddo wynebu ei ofnau, a bod ei fethiant i wneud hynny'n fater o gywilydd. Doedd bod yng nghwmni rhywun mor ddigyffro â hi ddim yn help, chwaith. Aeth drwy'r drws o'i flaen, yn falch sylwi bod y stafell rywfaint yn oerach, ac ni ellid dadlau nad oedd y blodau'n sioe. Pan oedd ar fin troi i adael, clywodd ei lais y tu ôl iddi.

'Maen nhw wedi bod wrthi,' meddai Tomi, mewn llais hollol normal. 'Doedd hi ddim yn arfer gwisgo lipstic. Odyn nhw wedi'i phêr-eneinio hi?'

'Doedden nhw ddim y diwrnod o'r blaen,' atebodd Dela'n syn.

Edrychai Harriet yn fwy lliwgar yn bendant na phan archwiliodd ei chorff.

Ffroenodd Tomi'r aer. 'Sdim gwynt fformaldehyd na dim,' meddai. Symudodd at y blodau. 'Drychwch ar hwn.'

Roedd y gwesty wedi anfon torch ffurfiol, ar wahân i'r un a brynwyd gan y gwesteion sefydlog. Pwyntiodd Tomi at y garden.

'Ffárwel i gyfaill annwyl,' darllenodd. 'Ysgrifen Thelma yw honna. Gallwch chi fentro y cafodd hi ddisgownt.'

Cyn i Dela allu adweithio daeth cnoc ar y drws, ac ymddangosodd Victor.

'Esgusodwch fi am darfu arnoch chi,' meddai, 'ond byddwch chi eisiau ysgrifennu cardiau coffa i fynd gyda'ch torchau. Sdim brys o gwbl … fe fydda i wrth y ddesg flaen.'

Nid oedd Dela wedi meddwl am hynny. Suddodd ei chalon wrth iddi ddilyn Tomi nôl i flaen yr adeilad. Beth ar y ddaear allai ei ysgrifennu? Aeth ei meddwl yn wag pan welodd fod dau gerdyn a phinnau sgrifennu yn aros amdanynt ar y ddesg sgleiniog. Safai Victor yn ddisgwylgar yr ochr arall, ond yna'n ffodus sylwodd ar rywbeth dros eu pennau.

'Esgusodwch fi eto,' meddai, cyn brysio o amgylch y ddesg a diflannu trwy ddrws arall. Roedd Tomi eisoes wedi gafael yn ei bin sgrifennu, ond pipodd Dela i weld i ble'r aeth Victor. Drwy'r ffenest fach y tu ôl i'r ddesg gallai ei weld yn siarad â rhywun allan yn yr iard gefn. Y dyn bach main â'r wyneb fel mwnci.

'Deio yw enw hwnnw,' meddai llais Tomi yn ei chlust wrth iddynt ei wylio'n cymryd pwff hir ar ei sigarét ac wedyn yn peswch fel dafad.

Roedd boned un o'r ceir mawr ar agor ganddo, ac yn amlwg roedd rhywbeth o'i le ar yr injan. Gwthiodd Victor ei ddwylo i bocedi ei drowsus gan syllu a gwrando ar esboniad Deio.

'Chi'n gwbod,' meddai Tomi'n sgyrsiol. 'Tase hwnnw wedi rhoi cynnig ar ymuno â'r fyddin, fydde fe ddim hyd yn oed yn C3. Mae'r llall yn A1, ond fuodd e ddim bant yn hir.'

'Gall Deio ddim helpu ei olwg, druan ohono,' atebodd Dela. 'Beth y'ch chi wedi'i roi ar y cerdyn?'

'Atgofion melys oddi wrth eich cyfeillion yn yr Excelsior'. Ces i orchymyn gan Gwladys ynghylch beth i'w roi,' atebodd Tomi gan chwifio'r cerdyn er mwyn i'r inc sychu.

Ochneidiodd Dela'n ddistaw. Yna plygodd at ei gorchwyl ac ysgrifennodd, 'Gwyn eu byd y rhai addfwyn.'

'Hy!' meddai Tomi ac edrychodd Dela i fyny arno.

'Dwi'n gwbod nad oedd hi'n addfwyn iawn ond wedyn ...'

'Nac oedd. Trueni na allwch chi roi 'Gwyn eu byd y rhai diflewyn ar dafod.' Cododd ei ysgwyddau. 'Ond sdim ots. Mae'n rhaid i chi roi rhywbeth, sbo.'

'Mae'r enwau'n broblem waeth,' meddai Dela, 'Mae rhoi 'George a George' yn mynd i edrych yn rhyfedd iawn.'

'Rhowch 'Y Teulu Williams,' awgrymodd Tomi. 'Bydd hynny'n eich cynnwys chi hefyd.' Taflodd gipolwg slei arni wrth yngan y geiriau.

'Syniad da,' meddai Dela. Roedd hi wedi sylwi ar fwndel bach o gardiau'n eistedd ar y bwrdd a chymerodd ddau ohonynt.

'Gall George ysgrifennu ei gofeb ei hunan os nad yw hwn yn iawn.'

'Oes gyda chi amser am ddished o de?' gofynnodd Tomi ar ôl iddyn nhw gyrraedd y stryd.

'Nac oes, mae'n ddrwg 'da fi,' atebodd Dela. 'Mae gen i neges arall y bore 'ma, sef siarad â chyfreithiwr Modryb Harriet. Dwi'n gobeithio gallu ei weld heb wneud apwyntiad.'

Gwelodd Tomi'n crychu ei dalcen mewn penbleth.

'Ond cyfreithwyr yw ei theulu, ontefe?'

'Ie, ond mae George yn credu iddi ddefnyddio rhywun cyfleus yn y dref. Mae e wedi gofyn i fi wneud yn siŵr nad oes dim arian yn ddyledus i neb.'

'Cewch chi groeso 'te,' atebodd Tomi. 'Bydd e'n siŵr o ddarganfod rhwbeth.' Ar fin troi ymaith meddai'n sydyn, 'Odych chi'n gwbod a dalodd Harriet tan ddiwedd y mis yn y gwesty? Os dofe, dylech chi gael ad-daliad.'

Smaliodd Dela feddwl am hyn.'Dyna rywbeth arall bydd yn rhaid i fi ei drafod gyda George. Bydd e'n gwybod beth ddylwn i ei wneud.'

'Pob lwc i chi os y'ch chi'n mynd i drio cael arian mas o Thelma,' oedd sylw sych Tomi.

'Beth yw ei chysylltiad hi â'r trefnwr angladdau?' gofynnodd Dela.

'Mae'n gyfnither o bell, dwi'n credu,' atebodd Tomi gan godi ei ysgwyddau. 'Dyw'r berthynas ddim yn un agos iawn ond mae'n ffansïo Victor, yr A1, yn ddifrifol.'

'Yr un golygus? Ond mae e flynyddoedd yn ifancach na hi.'

Gwenodd Tomi arni'n gellweirus cyn codi llaw a mynd ar ei hynt.

Ei phroblem nawr, meddyliodd Dela wrth iddi ddynesu at ddrws swyddfa'r cyfreithiwr, oedd p'un ai rhoi ei henw cywir neu barhau i esgus bod yn aelod o deulu Harriet. Roedd y drws yn gil-agored a chamodd i mewn. Edrychodd dynes ganol oed arni o'r tu ôl i ddesg ac arni deipiadur anferth.

'Bore da!' meddai honno'n galonnog, 'Ai Miss Dela Arthur ydych chi?'

Amneidiodd Dela'n syn. Cododd y ddynes ar ei thraed.

'Ro'n ni'n eich disgwyl chi,' meddai gan wenu at ei syndod. 'Roedd Mr George Williams ar y ffôn y peth cyntaf y bore 'ma. Mae Mr Hodge yn aros amdanoch chi.'

Arian, meddyliodd Dela wrth iddi ei dilyn i stafell y

cyfreithiwr. Mae arian yn agor pob drws. Tywyswyd hi i bresenoldeb gŵr bach tew, a wenodd arni'n hynaws wrth ysgwyd ei llaw.

'Sidney Hodge. Shteddwch, shteddwch,' meddai Hodge, gan symud nôl at ei ddesg. 'Dwi'n deall bod gyda chi nifer o gwestiynau i fi. Mae nai Mrs Watts-Jenkins wedi rhoi gwybod i fi eich bod chi'n gweithredu ar ran y teulu, felly fydd na ddim anhawster. Mae gen i'r holl ddogfennau perthnasol fan hyn.'

'Y peth cyntaf sy'n rhaid i fi ofyn,' meddai Dela, 'yw a wnaethoch chi lunio ewyllys ar ran Mrs Watts-Jenkins?'

Edrychodd y cyfreithiwr arni am eiliad. Nid dyna'r cwestiwn roedd e wedi'i ddisgwyl.

'Naddo,' atebodd yn betrus. 'Wnaeth hi ddim crybwyll y peth erioed. A fuodd hi farw heb wneud ewyllys, felly?'

'Ddim o gwbwl,' meddai Dela. 'Mae ei hewyllys yn nwylo cwmni cyfreithwyr George Williams ei nai, ond gan iddi gael ei llunio rai blynyddoedd yn ôl mae holi am y posibilrwydd bod un ddiweddarach yn bodoli yn un o 'ngorchwylion i.'

'Call iawn,' meddai'r cyfreithiwr gan godi ei ddwylo. 'Mae'r oedrannus a'r cyfoethog yn dueddol o chwifio ewyllys dan drwyn pawb. Dwi wedi gweld hynny droeon. Ond os oes 'na un, dyw hi'n ddim i'w wneud â ni.'

Cododd ffeil fawr oddi ar ei ddesg cyn i syniad ei daro.

'Wedi dweud hynny, wrth gwrs sdim modd gwybod a ddefnyddiodd hi rywun arall yn y dre. Ond fe fydden i'n amau hynny. Roedd hi'n fregus iawn ei hiechyd, fel y gwyddoch chi, ac ro'n i'n arfer mynd i'w gweld hi yn y gwesty, yn hytrach na'i bod hi'n gorfod llusgo yma. Er ei bod hi'n ddigon peniog yn ariannol, ac yn ei phethau bob amser, byddai'r drafferth o chwilio am ail gyfreithiwr wedi bod yn dreth arni.'

Lledaenodd nifer o ddogfennau swyddogol yr olwg o'i flaen. 'Trefnu ac adnewyddu cytundebau prydlesi tir oedd y gwaith wnaethon ni drosti, a derbyn yr arian oedd yn ddyledus amdanyn nhw.'

Estynnodd un o'r dogfennau i Dela, ac edrychodd hithau ar y trwch o ddalenni gyda'u print pitw heb ddeall dim. Roedd Sidney Hodge wedi codi un arall ac roedd yn siffrwd drwyddi'n broffesiynol. Gwyliodd Dela ef a throdd at y ddalen gefn. Ymdrechodd yn ddygn i beidio â chodi ael at y symiau a restrwyd yno. Cofiodd weld symiau tebyg iawn ar yr adroddiadau banc. Ymddangosai fod Sidney Hodge wedi bod yn gydwybodol a chywir.

'Fel y gwelwch chi,' meddai'r cyfreithiwr, 'roedd y prydlesau tir yn dod â chryn incwm iddi, a bydd hynny'n para, wrth reswm, i'w hetifedd.' Edrychodd yn chwilfrydig arni, 'Ydych chi'n digwydd gwybod pwy sy'n etifeddu?'

'Ydw,' atebodd Dela. 'Ei theulu, sef y ddau George Williams.'

'O', meddai'r cyfreithiwr, gyda thinc siomedig wrth iddo sylweddoli nad oedd yn debygol y byddai cwmni o gyfreithwyr yn ei ddefnyddio fe i wneud gwaith y gallent ei wneud eu hunain. Ysgydwodd ei hun. 'Fel y dywedes i, roedd Mrs Watts-Jenkins yn beniog, ac er iddi werthu ei chartref cadwodd hi'r tir o'i amgylch a'i roi i'w osod. O beth dwi'n ei ddeall, doedd ar y cartref nyrsio a brynodd yr adeilad ddim angen tiroedd eang iawn.'

Tynnodd fap o waelod pentwr o bapurau gan ei osod o flaen Dela.

'Gallwch chi weld o hwn faint o dir a osodwyd ar rent. Roedd rhyw ddwy erw'n ddigon i'r perchnogion newydd, gan gynnwys y gerddi. Rhywle i'r cleifion allu eistedd allan yn yr haf, mwy na thebyg.'

'Mae'n drueni mewn ffordd,' mwmialodd Dela, 'i weld y lle'n cael ei rannu'n ddarnau.' Mewn gwirionedd roedd hi'n stwn i ddarganfod bod Harriet wedi byw mewn lle mor anferth.

'Ydy,' cytunodd y cyfreithiwr, gan amneidio. 'Ond mae dyddiau'r plastai wedi mynd, gwaetha'r modd. Gwestai neu sanatoria fyddan nhw i gyd cyn bo hir. Costau cynnal a chadw, ch'weld. Gall neb eu fforddio nhw.'

Cymerodd rywfaint mwy o amser iddi sicrhau fod pob bil wedi'i dalu, ond yn y diwedd, gydag amlen drwchus dan ei braich i'w rhoi i George, daeth Dela allan i'r heulwen a'i gorchwyl wedi'i gyflawni. Roedd gweddill y dydd yn rhydd iddi wneud fel y mynnai. Roedd yn bwriadu prynu papur newydd a nodwyddau gwau, ac wedyn byddai'n eistedd am dipyn ar y prom cyn gorffwys yn y prynhawn. Roedd angen iddi bwyllo, oherwydd byddai'r diwrnod wedyn, gyda holl weithgaredd yr angladd, yn un prysur dros ben.

Mewn byr amser roedd hi wedi gorffen siopa ac roedd yn eistedd ar fainc. Tywynnai'r haul canol dydd yn gryf arni, a chanfu ei hun yn pendroni mwy na darllen. Bu'r ymweliad yn hynod ddiddorol gan daflu golau ar nifer o bethau. Sylweddolodd fod penderfyniad Harriet i ddewis defnyddio Sidney Hodge am ei fod yn gyfleus wedi rhoi modd iddi gelu gwir werth ei hystad rhag George a'i dad. Gwyddent eu bod yn etifeddu, ond nid faint yn union. Pe baent wedi gwneud y trefniadau prydlesi tir, byddai'r wybodaeth honno dan eu trwynau. A oedd Harriet wedi gwneud hynny'n gwbl fwriadol? Ond byddai George a'i dad, mwy na thebyg, wedi amau bod mwy yn yr ystad nag a ymddangosai – gan wybod am faint ei hen gartref ac ehangder y tiroedd – ac roedd hynny'n rheswm da iawn dros bryderu am fodolaeth ewyllys ddiweddarach. Roedd y cyfreithiwr yn gywir, roedd Harriet yn giwt yn ariannol.

O'r hyn welodd Dela ar yr adroddiadau banc, roedd yr incwm o'r tir yn llawer mwy na digon i fyw arno yn yr Excelsior heb orfod defnyddio'i chyfalaf o werthu ei chartref. A wyddai George a'i dad am yr incwm hwn? Efallai ddim. Roedd hi ei hun wedi cymryd yn ganiataol mai pensiynau oedd y symiau rheolaidd ar yr adroddiadau, ac wedi'u diystyru. Ni sylweddolodd faint o arian oedd yn y fantol, ac yn wahanol i bensiynau byddai'r arian hwnnw'n dal i dyfu wrth i'r blynyddoedd fynd heibio. Cafodd pobol eu lladd am lawer llai.

Pennod 13

Safodd Dela'n ddiamynedd yng nghyntedd y gwesty y pnawn canlynol, yn ei ffrog ddu newydd a'i het *cloche* o'r jymbl, wedi'i gosod, yn ei thyb hi, ar ongl smart iawn, gan edrych ar ei watsh. Aeth chwarter awr heibio ers i'r gwesteion sefydlog adael yn eu tacsi am yr eglwys, a Meri a'r Capten yn dilyn ar droed. Dechreuodd feddwl bod George a'i dad wedi anghofio amdani, ond efallai nad oedd mor hwyr â hynny oherwydd gallai weld Thelma Martin yn dal i frysio yma ac acw mewn dillad angladdol. Yn amlwg, hi fyddai'n cynrychioli'r gwesty yn yr angladd. Cafodd Dela ar ddeall amser brecwast fod y te ar ôl yr angladd i'w gynnal yn y gwesty hefyd. Tybed pryd trefnwyd hynny? Ni ddywedodd George ddim am y peth, ond wedyn, gan y byddai'n ei weld heddiw, nid oedd wedi'i ffonio'r noswaith gynt chwaith. Ond wir, roedd George yn anghyson iawn o safbwynt y trefniadau. A dweud y gwir, gallai fod wedi gwneud popeth dros y ffôn. Ni chafodd lawer mwy o amser i bendroni, oherwydd agorodd y drws yn sydyn ac ymddangosodd Victor.

Wrth iddo ei hebrwng i gar y galarwyr, lle safai George Bach a'i ddwylo yn ei bocedi, sylwodd Dela fod Victor yn edrych dros ei ysgwydd. O gornel ei llygad gwelodd wyneb Thelma'n pipo arnynt drwy'r gwydr yn y drws. Ta beth, roedd George eisoes wedi agor drws cefn y car mawr iddi a llithrodd Dela i mewn dros y seddi lledr. Edrychai ei dad yn chwilfrydig arni. Ar ôl cael ei chyflwyno'n ofalus o amwys i'w 'Hwncwl' fel ffrind i George Bach, ceisiodd Dela wneud ei hun yn gysurus rhwng y ddau. Nid y tad oedd y broblem. Syllodd Dela ar y ddwy set o ben-gliniau mewn brethyn du. Gwthiai esgyrn coesau'r tad yn weladwy drwy'r deunydd, tra gallech wirio, o dan y bloneg, nad oedd esgyrn ym mhen-gliniau George Bach o gwbl. Roedden nhw fel breichiau soffa. Ymbalfalodd Dela yn ei bag llaw.

'Cyn i fi anghofio,' meddai'n frysiog, 'gofynnwyd i fi ysgrifennu cerdyn coffa ddoe i'w roi ar y dorch deuluol, sy'n hyfryd, gyda llaw, ond efallai byddai'n well gyda chi sgrifennu eich neges eich hun. Mae gen i gardiau sbâr.' Taflodd gipolwg o'i blaen, ond roedd gwydr rhyngddyn nhw â Victor ac amheuai a allai ef ei chlywed.

Chwifiodd y tad ei law.

'Lan i ti,' meddai, ond cymerodd George y cerdyn, gydag amnaid.

'Byddwn ni'n aros eiliad tu fas i'r trefnwr angladdau er mwyn i ni ddilyn yr hers,' meddai. 'Caf i gyfle i'w wneud bryd hynny.'

Aeth y car yn ei flaen yn bwyllog heb i neb ddweud dim arall am funud. Arhosodd y tu allan i'r iet adnabyddus. Neidiodd Victor allan a dilynodd George ef i fyny'r llwybr a thrwy ddrws ar y pen i'r iard gefn. Teimlai Dela ar goll braidd. Nid oedd modd gwybod faint wyddai tad George am fanylion y trefniant i'w rhoi yn y gwesty. Ceisiodd feddwl am ryw sylw diniwed ynghylch y tywydd braf, pan wyrodd ei ben tuag ati.

'Lle cysurus, yr Excelsior?' gofynnodd.

'Ydy, diolch yn fawr,' atebodd Dela. 'Dwi ddim yn synnu i Mrs Watts-Jenkins fod yn hapus yno. Bydd nifer o'i chyd-westeion yn yr angladd. '

'Ac yn y te wedyn, mwy na thebyg,' ebe George y tad.

Fel y digwyddodd, nid y ddau George a Dela oedd yr unig alarwyr teuluol. Ar ôl iddynt ddisgyn o'r car wrth yr eglwys dacth tri neu bedwar arall oedrannus o rywle gan gymryd eu lle priodol. Sniffiodd y tad.

'Codwch garreg ac fe gewch chi chwilen,' meddai wrtho'i hun, gan gynnig ei fraich i Dela.

Arch bitw oedd i'w chario i mewn, a gwnaethpwyd hynny

gan George, Victor a Deio. Gallai George a Victor fod wedi cyflawni'r dasg yn hawdd rhyngddynt, oherwydd roedd Deio cymaint byrrach na nhw. Cerddodd Dela gyda thad George gan deimlo'n lletchwith dros ben, ond sylwodd fod gwesteion yr Excelsior i gyd wedi dewis eistedd mewn rhes gyda'i gilydd tua blaen yr eglwys. Eisteddodd Dela gyda gweddill y teulu yn y rhes flaenaf oll, yn ymwybodol fod rhai o'r perthnasau eraill yn taflu cipolygon dryslyd ati, fel pe baent yn ceisio cofio pwy oedd hi. Pe baent yn dechrau sgwrs gyda hi yn y te, efallai byddai'n rhaid iddi esgus bod yn wejen i George.

A barnu o ansawdd y canu, heblaw am y côr, nid oedd fawr neb arall yno, ond roedd hynny i'w ddisgwyl, oherwydd ni fyddai llawer o gyfoedion Harriet ar ôl erbyn hyn. Roedd Dela'n ddiolchgar am fyrdra anerchiad y Ficer. O leiaf llwyddodd i alw Harriet wrth ei henw cywir. Wrth iddynt godi ar eu traed i ganu'r emyn olaf edrychodd dros ei hysgwydd. Daliwyd ei llygad gan ferch a eisteddai ar ei phen ei hun yn y rhes olaf yn y cefn, nesaf at y drws. Ni feiddiai syllu oherwydd roedd yr organ yn seinio cychwyn yr emyn terfynol, ond gallai wirio taw dyna'r ferch a welodd yn eistedd ar y prom ar noswaith y cyngerdd. Canodd a'i meddwl ymhell, rhwng tenor a bariton y ddau George. Cyn eistedd trodd fymryn gan esgus trefnu sgert ei ffrog, i gael golwg well arni, ond er syndod iddi roedd hi wedi mynd.

Allan ym mhortsh yr eglwys roedd Dela'n rhy brysur yn ceisio pipo allan i'r fynwent i sylwi llawer ar y mynd a'r dod. Roedd Harriet i'w chladdu yno, felly nid oedd y gwasanaeth ar ben, ond roedd pobol eisoes wedi ymlacio digon i gynnal sgwrs dawel. Gadawodd i deulu gwirioneddol Harriet ysgwyd llaw â phawb a derbyn eu cydymdeimlad. Byddai ysbaid fer o bum munud cyn y claddu, er mwyn i'r torwyr beddau allu gosod yr arch yn y man cywir wrth lan y bedd a thynnu'r blodau.

Sleifiodd Dela allan rownd y gornel. I ble'r aeth y ferch? Y tu ôl yr eglwys gallai weld Deio a Victor yn cael mwgyn wrth y ddau gar. Gwelodd y ferch yn sydyn, ar fin agor yr iet a arweiniai at y stryd. Rhedodd ar ei hôl, ond erbyn iddi ei dal roedd hi'r ochr arall i'r wal isel.

'Helô?' galwodd.

Gallai weld o osgo'r ferch ei bod mewn cyfyng gyngor p'un ai i ateb neu i frysio ymlaen.

'Mae'n ddrwg gen i,' meddai Dela eto, 'ond fe weles i chi yn yr eglwys.'

Trodd y ferch yn anfodlon gan syllu'n ddrwgdybus arni. Gwenodd Dela.

'Dim ond eisiau dweud ro'n i fod pob croeso i chi ddod i'r te yn yr Excelsior ar ôl y claddu.'

'Alla i ddim,' atebodd y ferch. Sylweddolodd ei bod yn swnio'n ddifaners. 'Diolch i chi am ofyn, sa'ch 'ny.'

Yna cerddodd ymaith yn benderfynol gan adael Dela'n sefyll yn edrych ar ei hôl. Gresynodd nad oedd wedi meddwl gofyn am ei henw, ond mwy na thebyg ni fyddai wedi ei roi iddi. Cerddodd yn feddylgar draw i'r fan lle'r oedd pawb yn dechrau ymgynnull wrth y bedd agored.

Arhosodd Dela nôl gan adael i George a'i dad sefyll o'i blaen. Gyda'r ficer yn mwmial geiriau'n undonog a chloch yr eglwys yn canu'n brudd wrth i'r torwyr beddau ollwng yr arch yn araf i'r ddaear, sganiodd Dela'r olygfa. Safai pawb gan edrych i lawr yn barchus. Nid oedd Thelma Martin na'r Pritchards wedi aros ar gyfer y claddu. Tair menyw ac un dyn oedd y perthnasau y bu tad George yn grwgnach amdanynt. Pobol gyffredin yn eu dillad gorau. Gwelodd symudiad draw dros y mur ym mhen pellaf y fynwent. Roedd y ferch y ceisiodd Dela siarad â hi wedi cerdded i'r pen a throi i'r chwith. Doedd hi ddim yn edrych draw arnyn nhw, ond sylwodd Dela bod George wedi'i gweld a'i fod yn syllu arni. Roedd ei wyneb fel y galchen. Pam, tybed? Heb iddi sylweddoli daeth y gwasanaeth i ben, ac ar ôl y ddefod o daflu mymryn o bridd i'r bedd dechreuodd pobol wasgaru'n araf.

Cadwodd Dela o'r ffordd gan symud nôl tuag at y torchau. Stumiodd astudio'r cardiau ar bob un. 'Hunwch yn dawel, Olwen, Doris, Edna a William', darllenodd. Dyna enwau'r perthnasau, felly. Roedd y dorch fawr wen oddi wrth George a'i dad yn fwy na'r lleill o bell fordd. Plygodd i weld a oedd wedi newid y cerdyn. Synnwyd hi braidd i weld taw dim ond wedi copïo ei neges hi roedd e. Roedd hyd yn oed wedi cadw'r cyfarchiad ar y diwedd. Ond nid dyna'r syndod mwyaf. Roedd yr ysgrifen mewn llaw gref, bendant ac inc du, yn union fel ar y cerdyn post a guddiodd Alys. Teimlodd Dela'n oer yn sydyn. Gallai synhwyro pobol yn symud a sgwrsio o'i hamgylch, ond bu'n rhaid iddi ysgwyd ei hun a gosod gwên ar ei gwefus cyn troi a'u hwynebu.

'Maen nhw wedi paratoi ar gyfer dwsinau,' hisiodd Tomi yn ei chlust. Roeddent yn sefyll yn y ciw bach wrth y bwrdd a osodwyd yn y lownj. Amneidiodd Dela. Cafodd daith anodd yn y car mawr o'r fynwent, a'i meddwl yn dal i droelli ynghylch yr hyn roedd hi wedi'i weld. Gollyngwyd nhw ar stryd y trefnwr angladdau ac roedd George wedi eu gyrru i'r gwesty yn ei gar ei hun. Pam nad oedd hi wedi codi o'r gwesty yn yr un modd yn lle talu am gar y trefnwr? Ni wyddai, ac erbyn hyn ni hidiai.

'D'on i ddim yn disgwyl angladd fawr,' ebe Dela, gan sylweddoli bod Tomi'n aros am ateb, 'o ystyried oedran Modryb Harriet. Bydd lot o fwyd ar ôl, siŵr o fod.'

Pwffiodd Tomi'n ddirmygus.

'Bydd Gwladys ddim yn gadael cyhyd â bod briwsionyn i'w gael,' meddai, cyn edrych yn ddifrifol arni. 'Buodd yr angladd yn dreth arnoch chi, ondofe?'

'Do,' cytunodd Dela'n ddilys.

Roedd hi'n berffaith fodlon iddo feddwl mai hiraeth oedd yn pwyso arni. Derbyniodd gwpanaid o de o law y weinyddes a symudodd i ffwrdd er mwyn gweld pwy oedd yno. Dilynodd Tomi hi a'i blât yn llawn. Draw wrth y ffenest fae roedd tad

George yn sgwrsio gyda dyn dieithr, oedrannus. Pwy oedd e? Rhaid ei bod wedi syllu'n amlwg oherwydd sibrydodd Tomi'n sydyn.

'Un o bartneriaid busnes gŵr Harriet, mae'n debyg.'

'Wir? Dyna pam 'nabyddes i mohono fe.'

'Pobol o ochor ei gŵr oedd y lleill hefyd. Nai a nithod.'

'Sdim sôn amdanyn nhw.'

'Roedd yn rhaid iddyn nhw ddal trên nôl i'r Gogledd.'

Teimlodd Dela gywilydd nad oedd hi hanner cystal â Tomi am ddarganfod manylion perthnasol. Llyncodd Tomi frechdan ham cyn ychwanegu, 'Sa i'n credu bod lot o Gymraeg rhyngddyn nhw â'i hochor hi o'r teulu.'

Amneidiodd Dela'n ddoeth. 'Rhyw hen gynnen cyn fy nyddiau i,' meddai, gan obeithio fod hynny'n wir. Mewn gwirionedd roedd hi'n falch iawn nad oedden nhw yno. 'Mae'r Pritchards wedi dod, er nad arhoson nhw i'r claddu.'

'Odyn. Cerddon nhw. Dim ond lle i bump oedd yn y tacsi, felly cefais i a Meri lifft nôl. Dwi'n mynd am blatied arall – odych chi moyn rhwbeth?'

Ysgydwodd Dela ei phen a diolch. Roedd Gwladys yn ei heisteddle arferol yn bwyta'n gyflym ac yn siarad â George. Tybed pryd allai hi gael gafael arno? Yn araf bach, wrth sipian ei the, gwywodd yr oerni a'r syndod, a dicter yn cymryd eu lle. Roedd ganddi deimlad na fyddai llawer o Gymraeg rhyngddi hi a George ar ôl iddi ddweud ei dweud. Damo, roedd Maisy a Dulcie wedi croesi'r stafell er mwyn ymuno â'r sgwrs. Gwyliodd y ddwy'n plycio'i lawes ac yntau'n ceisio ateb yn gwrtais heb sarnu ei de. Efallai nad oedd yn gymaint o drychineb wedi'r cyfan. Byddai George yn chwilio am gyfle i ddianc nawr. Gwelodd ef yn llyncu'r diferion olaf o'i gwpan ac yn ei esgusodi ei hun er mwyn mofyn un arall. Fodd bynnag, nid aeth at y bwrdd gweini ond allan drwy'r prif ddrws. Gosododd ei chwpan hithau ar fwrdd cyfleus cyn ei ddilyn o bellter.

Allan yn y coridor, gallai Dela weld yr holl ffordd i'r cyntedd. Draw wrth y ddesg groeso roedd e'n trafod rhywbeth gyda Thelma Martin, ac roedd hithau'n gwenu ac yn tacluso'i gwallt fel merch yn ei harddegau. Aeth drwy feddwl Dela taw'r fargen a darawyd rhyngddynt oedd y byddai'r gwesty'n darparu'r te ar ôl yr angladd yn gyfnewid am beidio â gorfod ad-dalu gweddill mis olaf Harriet. Dyna'r rheswm am y wledd orhelaeth. Gwyliodd nhw'n sur. Dau debyg, meddyliodd, yn hidio dim ond am eu mantais eu hunain. Roedd y sgwrs yn dod i ben, gyda thoreth o ddiolchiadau annilys. Martsiodd Dela tua'r cyntedd, gan ewyllysio'i hun i gadw rheolaeth dros ei thymer.

'Dyma ti!' meddai'n hwyliog yn ymwybodol fod Thelma'n gwrando ar bob gair. 'Os yw'n gyfleus, efallai hoffet ti gymryd y bocsys a'u rhoi yn y car?'

Gosododd George ei hun rhyngddi a'r ddesg.

'Syniad da,' meddai. Yna edrychodd nôl dros ei ysgwydd. 'Ydy'r porthor ar gael am funud, Miss Martin?'

Canodd Thelma gloch fach ac ymddangosodd Wilff o'r cefn. Cafodd Dela ei hun yn dringo'r grisiau o'u blaenau a George yn sgwrsio'n hynaws â Wilff wrth ei chwt. Gwthiodd Dela'r allwedd i'r clo'n ffyrnig cyn eu harwain i'w hystafell. Dim ond dau focs oedd i'w cario, meddyliodd. Gallent fod wedi ymdopi â nhw'n hawdd heb Wilff. Roedd George wedi synhwyro rywfodd fod ganddi grachen i'w phigo gydag ef. A fu'r newid yn ei hwyliau'n amlwg yn y car? Beth bynnag, doedd e ddim yn bwriadu bod ar ei ben ei hun gyda hi am eiliad. Cawsent weld am hynny!

'Dyma'r bocs tsieina, a dyma'r dogfennau,' meddai, gan synnu at ei llais digyffro. Chwifiodd George ei law.

'Peidiwch â thrafferthu mynd â'r tsieina,' meddai wrth Wilff. 'Dim ond y bocs dogfennau'.

Wir?

'Does gyda ni ddim diddordeb yn y tsieina o gwbwl,' ychwanegodd gyda gwên.

Beth oedd hi i fod i'w ddweud? Ni allai ei gyhuddo o flaen y porthor o'i thalu i gadw'i cheg ynghau.

'Unrhyw beth arall, Miss?' gofynnodd Wilff, gan edrych o gil ei lygaid ar y bocsys o ddillad. Ysgydwodd Dela ei phen.

'Caiff y gweddill eu gwaredu ar wahân,' atebodd. Byddai'n rhaid iddi atgoffa Mali i'w casglu.

Erbyn iddi gloi'r drws roedd George a Wilff hanner y ffordd i lawr y grisiau ac roedd George yn agor y drws blaen iddo cyn iddi gyrraedd y gwaelod.

Gwenodd Thelma arni o'r ddesg. 'Mae'n hyfryd eich bod chi wedi penderfynu aros am wythnos arall,' meddai. 'Mae'n amlwg bod yr hoe'n gwneud byd o les i chi.'

Wythnos arall? Ai dyna beth fu George yn ei drefnu wrth y ddesg? Mwmialodd Dela rywbeth addas cyn rhuthro drwy'r drws ac i lawr y grisiau. Roedd Wilff eisoes wedi gosod y bocs yng nghist y car ac yn edrych yn syn ar y cildwrn yn ei law.

'Neis i'ch gweld chi bob tro, syr,' galwodd wrth fynd heibio i Dela nôl i'r gwesty.

Caeodd George y gist yn ofalus, heb edrych arni. Agorodd Dela ei bag llaw a thynnodd y cerdyn post allan o'i amlen. Estynnodd ef i George, a chrychodd hwnnw ei dalcen.

'Hyd yn oed os nad y'ch chi moyn y tsieina,' meddai Dela rhwng ei dannedd, 'byddwch chi moyn hwn yn bendant, gan fod corff Alys nawr wedi'i ddarganfod.'

Bu saib hir a llyfodd George ei wefusau. Tynnodd anadl hir ond ni wadodd ei fod yn adnabod Alys na'i fod yn gwybod iddi farw. Gallai ei weld yn ceisio dyfalu sut daeth Dela o hyd i'r cerdyn a sut gwyddai taw fe a'i ysgrifennodd.

'Ewn ni am dro bach ar hyd y prom?' awgrymodd Dela'n llyfn heb aros iddo amneidio.

Erbyn iddynt eistedd ar fainc allan o olwg y gwesty roedd

George yn chwysu. Daliai'r cerdyn yn ei law, fel pe bai wedi anghofio ei fod ganddo. Clwydodd Dela yn ei ymyl.

'Rhowch y cerdyn yn eich poced mas o'r golwg,' meddai'n sgyrsiol, 'a llosgwch e'n ulw pan gewch chi'r cyfle.'

Meddyliodd George am hyn am sbel hir. Yn y diwedd, rhoddodd ef i gadw a gwenodd yn wanllyd arni.

'Sut ar y ddaear cawsoch chi afael arno?' gofynnodd.

Nid atebodd Dela ei gwestiwn yn uniongyrchol.

'Chi'n gwbod, George,' meddai yn yr un llais tawel, 'roedd yn gamgymeriad mawr ar eich rhan i'm rhoi i yma os nad oeddech chi'n disgwyl i fi sylwi ar bethau a mynd ar eu trywydd. Dwi ddim yn dadlau na wnaethoch chi'ch gwaith cartref yn drylwyr. Dwi wedi bod yma am ddiwrnodau, ond dim ond wrth y bedd y sylweddoles i nad marwolaeth eich modryb a'ch cymhellodd chi, ond diflaniad Alys.'

Gwingodd George yn anfodlon.

'Rhwbeth rhwng y ddau falle,' cyfaddefodd.

'Hm.' Ni wyddai Dela a oedd yn ei gredu, ond ta waeth am hynny. 'Roedd y cerdyn post o dan wely Alys, mewn bag llawn cadachau mislif wedi'u defnyddio.' Gwelodd ei wep a gwenodd arno. 'Buoch chi'n hynod lwcus na ddaeth yr heddlu o hyd iddo. Ond wedyn, falle bod Alys wedi darganfod lle i'w guddio na fyddai llawer o bobl yn dymuno hwpo'u dwylo. Nawr, y cwestiwn yw hyn – a oes 'na unrhyw dystiolaeth arall eich bod yn ei hadnabod? A sgrifennoch chi lythyr ati o gwbl?'

'Naddo. Ddim erioed.' Daeth yr ateb yn syth a phendant.

'A rioch chi anrhegion iddi?'

'Do, ond dim ond pethau bach, cyffredin.'

'Odych chi'n siŵr?'

Amneidiodd George yn frwd.

'Mae hynny'n rhywbeth, sbo,' parhaodd Dela. 'Cofiwch, allwch chi ddim bod yn sicr na fuodd hi'n ymffrostio amdanoch chi wrth y morynion eraill. Dyna'r math o ferch oedd hi.' Arhosodd i weld ei adwaith i'r sarhad hwn, yn bennaf er mwyn gallu barnu ei wir deimladau tuag at y ferch. Ni allai weld dim awgrym o alar. Ochneidiodd iddi hi ei hun cyn mynd yn ei blaen.

'Dwi'n gwbod ei bod hi'n bert, George, ond o ystyried eich addysg a'ch swydd, beth ddaeth dros eich pen chi i 'mhel â hi?'

O'r diwedd cafodd adwaith o'r galon. Eisteddodd George yn fwy syth a'i geg yn gweithio. Trodd ati'n ddig.

'Faint o sylw y'ch chi'n meddwl dwi'n ei gael fel rheol gan ferched pert? Fi! Dwi'n anferth ac yn salw.' Rhwbiodd ei gliniau â'i ddwylo. 'Pa ots oedd os nad oedd ganddi addysg? Pa ots oedd ei bod hi'n goman ac yn benchwiban? Roedd hi'n bert! 'Ffernol o bert. Ro'n i'n ffaelu credu …'

Torrodd Dela ar draws y molawd. 'Ond o bopeth dwi wedi'i glywed amdani, roedd hi'n beryglus! Allech chi ddim gweld hynny? Ac nid siarad yn snobyddlyd ydw i. Tasech chi wedi canlyn rhywun fel Mali, bydden ni'n cefnogi'ch dewis chi bob cam o'r ffordd.'

Edrychodd George arni'n chwilfrydig.

'P'un yw hi?' gofynnodd.

Syllodd Dela'n rhybuddiol arno.

'A sdim rhaid i chi fod yn anferth,' ychwanegodd. 'Ro'n inne'n drymach o lawer cyn y rhyfel. Mae gobaith i bawb.'

Ysgydwodd George ei ben.

'Dwi'n cynhyrchu gormod o *cortisol*. Dyma sut ydw i, a dyma sut fydda i.' Edrychodd arni'n brudd. 'Roedd y broblem gan ewythr i fi hefyd. Dim ond ar ôl iddo farw'n gymharol ifanc y gwnaethon nhw ddarganfod y broblem. Mae'n beth teuluol.'

Nid oedd Dela wedi'i hargyhoeddi. Gwelodd faint fu ganddo ar ei blât yn y te.

'Beth y'ch chi'n bwriadu'i wneud os bydd yr heddlu'n ymchwilio i'w marwolaeth?' gofynnodd George yn bryderus. Doedd cael y cerdyn ddim wedi tawelu ei feddwl. Hwyrach iddo sylweddoli bod Dela wedi cadw'r amlen.

'Dwi ddim wedi penderfynu eto,' atebodd Dela.' Mae'n dibynnu'n llwyr arnoch chi.' Brysiodd ymlaen. 'Gweles i chi'n rhythu ar y groten aeth heibio i wal y fynwent yn ystod y claddu. Ydych chi'n ei nabod hi, hefyd?'

Ysgydwodd ei ben yn ddryslyd.

'Nadw. Ond roedd hi'n debyg iawn i Alys. Ges i sioc.'

'Roedd hynny'n amlwg. Eisteddodd yng nghefn yr eglwys drwy'r gwasanaeth. Gofynnes i iddi a hoffai ddod i'r te, ond dyna'r lle olaf roedd hi eisiau bod.'

Sylweddolodd bod George yn edrych yn syn arni. Ni welodd ef ddim o hynny.

'Pam daeth hi i'r gwasanaeth?' gofynnodd.

'Mwy na thebyg taw perthynas agos i Alys oedd hi. Ei chwaer, falle. Dwi'n credu ei bod wedi dod i'r angladd er mwyn eich gweld chi â'i llygaid ei hun. Mae hynny'n awgrymu nad oedd eich perthynas yn gyfrinach. Ac os dwedodd Alys wrthi hi, pwy arall sy'n gwybod?'

Amneidiodd George, fel pe bai wedi dod i benderfyniad sydyn. Trodd ati.

'Mae'n rhaid i chi ddod o hyd i'r groten 'na,' meddai'n bendant. 'Er mwyn esbonio wrthi na wnes i ddim byd i Alys i beri iddi ladd ei hunan. Os oes angen, fe ddwa'i lan a dweud wrthi fy hunan.'

Rholiodd Dela ei llygaid. 'Mae gyda chi fwy o lawer na hynny i boeni amdano,' meddai'n sych. 'Oeddech chi'n gwybod mai fi ac un o'r gwesteion eraill ddaeth o hyd i'w chorff ar y traeth?' Aeth ei lygaid yn fawr. 'Buodd yn rhaid i fi aros gyda hi nes iddo gael gafael ar yr heddlu. Cael a chael oedd hi na fyddai'r llanw'n ei chymryd.'

Gwelodd ef yn prosesu hyn, ac o'r olwg ar ei wyneb gwyddai ei fod yn ei gweld unwaith eto'n archwilio corff ei fodryb.

'Gwnaethoch chi …?' gofynnodd, gan wneud stumiau â'i ddwylo.

'Do, wrth gwrs!' atebodd Dela'n ddiamynedd. 'Roedd angen

i rywun wneud, rhag ofn na fyddai'r corff yno mwyach erbyn i'r heddlu gyrraedd. Ac o'r hyn weles i dwi'n amau'n gryf nad lladd ei hunan wnaeth hi.' Anwybyddodd ei ochenaid. 'Odych chi'n deall nawr, George? Er mod i wedi rhoi'r cerdyn i chi, dwi'n gobeithio'n daer fod gyda chi gant a mil o dystion i brofi ble fuoch chi yn ystod yr wythnos ddiwethaf.' Tarawyd hi gan atgof sydyn. 'Beth wnaethoch chi ar ôl fy ngadael i yn yr Excelsior? Dwi'n cofio ceisio'ch ffonio chi a methu â chael ateb.'

Bu tawelwch maith.

'Cerddes i o gwmpas y dref am sbel,' cyfaddefodd o'r diwedd.

Pan na chynigiodd Dela sylw am hynny, aeth yn ei flaen.

'Meddylies i falle bydden i'n ei gweld. Twpdra, sbo, ond roedd gen i syniad tasen i'n gallu siarad â hi … dwi ddim yn gwbod. Y peth yw, roedd hi bob amser mor awyddus i gwrdd …' Ysgydwodd ei ben. 'Dylen i esbonio bod Alys yn arfer fy ffonio yn y swyddfa ar nos Fawrth ar ôl i bawb adael. Doedd na ddim modd i fi ei galw hi, ch'weld. Roedd hi'n mynd i flwch ffôn yn y dref, galw rhif y swyddfa a gadael i'r ffôn ganu deirgwaith. Wedyn bydden i'n ei galw nôl. Ond ddaeth 'na ddim galwad dydd Mawrth diwethaf, a'r prynhawn hwnnw roedd y gwesty wedi ffonio i ddweud bod Harriet wedi marw. Ro'n i'n disgwyl galwad oddi wrth Alys drwy'r dydd Mercher a bore Iau, ond alwodd hi ddim. Ro'n i ffaelu â deall pam. Ar fy ffordd i gael cinio o'n i ar y dydd Iau pan weles i Lyndon.'

'Dyna pryd cawsoch chi'r syniad i'm rhoi i yn y gwesty?'

'Ie, doeddwn i ddim yn gwybod sut i gael gwybod dim fel arall.'

'Wnaeth e ddim eich taro chi efallai ei bod hi wedi cael digon ar y berthynas?'

Cnôdd George ei wefus yn euog. 'Do. Dyna'r peth cynta feddylies i, felly ffonies i'r gwesty a gofyn am gael siarad â hi.' Clywodd Dela'n tynnu anadl, a brysiodd yn ei flaen. 'Ddwedes i ddim pwy o'n i, na dim byd. Roedd hyn ar y nos Fercher, a dywedodd y groten sydd ar y ddesg flaen weithiau – nid

Thelma, diolch i'r drefn – bod gan Alys ddiwrnod rhydd ond doedd hi ddim wedi dychwelyd i'r gwesty.'

'Oedd y ferch yn gweld hynny'n rhyfedd?'

'Oedd, oherwydd ffonies i ddim tan naw, ac fel rheol byddai Alys nôl erbyn swper ar ei diwrnod rhydd. Maen nhw'n dechrau'n gynnar yn y bore, ch'weld.'

'I ble gerddoch chi o gwmpas y dref ar ôl fy ngadael i?'

Cododd ei ysgwyddau. 'Dim ond o gwmpas y parc, a'r strydoedd o amgylch y gwesty. Ro'n i wedi cynhyrfu.' Gwnaeth geg gam. 'Rhwng popeth, roedd hwnnw'n ddiwrnod anodd.'

'Aethoch chi ddim am sgowt yn y car?'

Roedd meddwl Dela'n troi o amgylch y fan lle roedd Alys wedi mynd i'r môr. Ni wyddai ble'r oedd hynny, a gobeithiai'n fawr nad oedd ganddyn nhw fan arbennig lle byddent yn mynd i garu i fyny ar y penrhyn. Pe bai rhywun wedi gweld car mawreddog George wedi'i barcio yn y fan honno yn hwyr ar y prynhawn Gwener ...

'Naddo,' meddai George yn rhesymol. 'Roedd yn rhaid i fi yrru nôl i Gwm y Glo, a doeddwn i ddim yn siŵr a fyddai gen i ddigon o betrol. Halodd oes i fi ddod o hyd i Nant yr Eithin. Fel roedd hi buodd yn rhaid i fi brynu rhagor am grocbris, ryw ugain milltir y tu allan i Gwm y Glo. Galwes i yn y swyddfa cyn mynd adre rhag ofn bod rhywbeth wedi cyrraedd roedd angen i fi ei weld, a hefyd rhag ofn bod Alys wedi galw a gadael neges yn ystod y dydd. Bues i 'na am gwpwl o orie.'

'Ac fe aethoch chi adre wedi hynny. Oedd eich tad yn y tŷ pan gyrhaeddoch chi?'

'Oedd. Ro'n i sbel yn hwyrach na'r disgwyl, rhwng popeth. Dywedodd eich bod chi wedi ffonio.'

Meddyliodd Dela am hyn. Efallai y byddai perchennog y garej yn ei gofio, er, os gwerthwyd petrol i George ar y farchnad ddu, roedd posibilrwydd cryf y byddai'r perchennog yn gwadu iddo ei weld o gwbl. Heblaw am hynny, edrychai fel pe bai wedi treulio'r amser rhwng ei gadael hi yn Abergorwel a chyrraedd adref, ar ei ben ei hun. Yn ogystal ni allai fod wedi cynnal ei berthynas ag Alys yn gyfan gwbl dros y ffôn. Roedd angen darlun mwy eglur arni o'r ffordd roedd y garwriaeth wedi gweithio.

'Sawl gwaith gwrddoch chi ag Alys?' gofynnodd.

'Rhyw hanner dwsin o weithiau,' atebodd yn syth. 'Doedd ddim modd i fi yrru yma'n fynych iawn, ond mae 'na drên, wrth gwrs. Y broblem yw mod i'n gweithio o ddydd Llun i ddydd Gwener, a byddai Alys, fel rheol, yn gorfod gweithio dros y penwythnosau. Ond fe gwrddon ni yng Nghaerfyrddin unwaith. Buon ni mas am bryd, fel cwpwl iawn.'

Trist, meddyliodd Dela, gan ei ddychmygu'n cerdded yn falch i mewn i fwyty a merch mor bert ar ei fraich, uwch ben ei ddigon, a hithau'n brysur yn prisio faint a wariwyd arni.

'Roeddech chi'n cwrdd â hi'n ogystal pan fyddech chi'n dod i weld Harriet. Sut oeddech chi'n trefnu hynny a'ch tad a'ch modryb yn bresennol?'

Edrychodd George arni gyda rhywfaint o gywilydd.

'Ro'n i'n eu gadael nhw yn y lownj yn yfed te ar ôl cinio – rhyw stori fawr am fynd am dro i geisio golli pwysau.'

'I ble fyddech chi'n mynd? I'w stafell?'

'Nage'n wir! Bydde hynny'n ormod o risg o lawer. Bydden ni'n cerdded ar wahân lan i ben uchaf y dref ac yn cwrdd ymhlith y grug a'r eithin. Ro'n i'n cadw draw o'r arfordir a'r holl ymwelwyr.'

'Call iawn.'

Os oedd e'n dweud y gwir, roedd gobaith na fyddai fawr neb wedi'u gweld, ond serch hynny hoffai wybod beth roedd Alys yn barod i'w wneud er mwyn cadw gafael arno.

'Ry'ch chi'n sylweddoli y bydd y post-mortem yn dangos a oedd hi'n feichiog ai peidio?'

Gwelodd ef yn gwrido ac yn edrych ar ei ddwylo.

'Os oedd hi,' meddai'n dawel, 'nid fi oedd yn gyfrifol.'

'Oeddech chi'n defnyddio rwber, 'te?' gofynnodd Dela'n blwmp.

'Nid dyna o'n i'n feddwl. Bydde'r peth yn amhosibl yn gorfforol. Doedd hi ddim yn barod i ... ond roedd ganddi ddwylo medrus iawn.'

Oedd e wir? Amneidiodd Dela'n feddylgar. Pesychodd George, gan feddwl iddo ddweud gormod. Trodd ati'n ymbiliol.

'Dwi'n gwbod fod hyn yn gofyn llawer, ond a wnewch chi aros yma a darganfod cymaint ag y gallwch chi? Dwi wedi archebu wythnos arall ...'

'Dwi'n gwbod,' atebodd Dela. 'Fe arhosa i am nad ydw i wedi gorffen gyda Harriet eto. Bydd rhai o'r dogfennau yn y bocs oddi wrth y cyfreithiwr weles i ddoe yn agoriad llygad i chi.'

'Ewyllys arall?' gofynnodd George mewn braw.

'Nage. Llofruddiaeth arall.'

Yng nghefn ei meddwl roedd y sylweddoliad nad oedd wedi llwyddo i gipio'r glustog lysnafog. Pryd gâi hi gyfle i roi cynnig arall arni? Sylwodd ei fod yn syllu arni'n stwn.

'Roedd Harriet yn hynod gyfoethog.'

Gwgodd George gan wneud ystum amheus. Gosododd Dela ei llaw ar ei fraich a sibrydodd swm ei chyfalaf, a chyfanswm y rhenti tir a gâi Harriet bob chwarter. Roedd y sŵn a wnaeth George wrth ymateb yn ddigon i'w hargyhoeddi na wyddai hyn cyn nawr. Gadawodd Dela iddo gnoi cil am eiliad cyn mynd yn ei blaen.

'Mae'n ormod o gyd-ddigwyddiad fod Alys wedi diflannu bron yn syth ar ôl i Harriet farw. Hi oedd yn helpu Harriet yn y boreau. Pwy a ŵyr pa ddogfennau welodd hi yn ei stafell? Mae'n ddrwg gen i, George, ond dwi'n meddwl fod gan Alys syniad pur dda o werth Harriet, a dyna pam roedd ganddi gymaint o ddiddordeb ynddoch chi. Dwi'n siŵr y gallwch chi weld yr anhawster sy'n deillio o hynny. O safbwynt yr heddlu mae eich cysylltiad chi ag Alys a Harriet yn agored i ddehongliad anghynnes iawn. I rai nad oedden nhw'n nabod Alys, gallai edrych fel pe baech chi wedi dylanwadu arni, efallai gydag addewid i'w phriodi, i gael gwared ar Harriet er mwyn i chi allu etifeddu popeth.'

'Ac wedyn lladd Alys i gelu hynny?' gorffennodd George, yn welw. Tynnodd anadl ddofn. 'Mae'n bwysicach fyth ichi aros yma, felly.'

'Dwi'n cytuno,' atebodd Dela. 'Ond dwi'n dibynnu arnoch chi i ddweud y gwir yn llwyr wrtha i o hyn ymlaen. Crafwch eich meddwl am unrhyw beth od neu annisgwyl a ddywedodd Alys neu Harriet. Gallai'r manylyn lleiaf fod yn bwysig.' Arhosodd iddo amneidio. 'A nawr,' meddai gyda gwên, 'cyn i ni fynd nôl i'r te, mae angen i fi edrych ar eich dannedd chi.'

PENNOD 14

Yn ei stafell yn ddiweddarach, wrth iddi newid ar gyfer swper, gwenodd Dela wrth feddwl am wyneb George pan ofynnodd am gael gweld ei ddannedd. Nid oedd angen iddi wneud hynny mewn gwirionedd. Gwyddai eisoes fod ganddo ddannedd da, gwastad. Roedd dannedd pwy bynnag frathodd Alys yn fwy anwastad o lawer. Ei rheswm dros ofyn oedd rhoi syniad iddo o ddifrifoldeb ei sefyllfa, ac roedd hi wedi pwysleisio y byddai'r heddlu'n bendant yn sylwi ar y brathiad.

Sioncodd o glywed nad oedd ei ddannedd yn cydfynd â'r anaf, ond syrthiodd ei wep pan ddywedodd Dela wrtho taw dim ond prawf nad fe a'i brathodd oedd hynny, ac nid prawf na chwaraeodd ran yn ei llofruddiaeth. Roedd George wedi meddwl am dipyn cyn awgrymu ei bod yn bur annhebygol, gan nad oedd e'n nabod braidd neb yn Abergorwel, ei fod wedi gallu darganfod cyd lofruddiwr â dannedd cam ar fyr rybudd i'w helpu i'w ladd. Ond o leiaf bu'n fodd iddo ystyried beth oedd yn debygol o ddigwydd nesaf. Atgoffodd Dela taw'r drefn, pe penderfynai'r heddlu lleol taw llofruddiaeth oedd hon, oedd galw tîm arbenigol i mewn i'w harchwilio o un o'r dinasoedd.

Roedd yn hen bryd iddi ffonio Huw eto. Bwytodd swper cyflym a phiciodd allan i'r cyntedd i alw'r Mans lawr yn Nant yr Eithin.

'Miss Arthur fach!' meddai Hetty, ei howscipar, yn llon y pen arall. 'Shwd y'ch chi erbyn hyn? A shwd mae'r goes? Mae e mas, mae arna i ofon. Buodd e'n rhoi darlith lan yn Llanbed y prynhawn 'ma. Dyle fe fod gartre cyn bo hir iawn.'

Ar y gair clywodd Dela synau yn y cefndir, a chyn pen dim daeth llais Huw dros y ffôn. Rhoddodd Dela grynodeb iddo o'r hyn a ddigwyddodd ers ei galwad ddiwethaf. Ni allai Huw ymatal rhag rhoi gwaedd fach o fuddugoliaeth pan glywodd am gysylltiad George â'r forwyn ddiflanedig.

'Ddudus i on'do?' meddai'n groch. 'Ro'n i'n gwbod bod ganddo fo rwbath i'w wneud â'r holl beth! A nawr dyma chdi ynghanol llanast arall.'

'Gwranda,' meddai Dela, 'ydy hi'n debygol y byddai George wedi gofyn i mi archwilio'r achos pe bai e wedi llofruddio dwy fenyw ei hunan?' Clywodd ef yn sniffio.

'Ella'i fod o'n credu dy fod ti'n rhy sâl i godi bys,'

'Mae e'n gwybod nad yw hynny'n wir. Ac mae wedi archebu lle yma am wythnos arall i fi.'

'Tydi o'm yn dwp, nac'di? Tasa fo'n ymbilio arnat ti i fynd adra, basa'n edrach yn fwy amheus. Mae'n rhaid iddo chwara'r rhan i'r eithaf. Cred fi, mae o'n gobeithio na fyddi di'n gallu darganfod dim – ac fel cyfreithiwr mae o'n gwbod sut mae'r petha hyn yn gweithio. 'Sgen ti ddim ffordd o gael gweld adroddiad y post-mortem ar yr hogan na dim felly. Mae dy ddwylo di wedi'u clymu. Mae o'n credu'i fod o wedi prynu dy deyrngarwch di am wythnos o wyliau.'

Er bod hyn wedi taro Dela eisoes, teimlodd ei hun yn styfnigo.

'Dwi'n bwriadu aros, ta beth, oherwydd y ferch arall, yr un yn yr angladd. Mae George wedi gofyn i mi ddod o hyd iddi, ac os taw chwaer Alys yw hi, sicrhau ei bod yn gwybod nad oedd ganddo reswm i wneud drwg iddi.'

Gallai glywed Huw'n rhochian fel mochyn, cyn iddo ei hateb.

'Isio dysgu mae o faint mae hi'n ei wbod. 'Da ti, paid â deud wrtho ble mae hi'n byw. Ella mai hi fydd nesa' os bydd hi'n gwbod gormod.'

'Mae hyn yn stiwpid,' meddai Dela'n ddiamynedd. 'O resymu fel yna, dylai George fy lladd i. Dwi'n gwbod mwy na neb hyd yma.'

'Pwy sydd i ddeud na fydd o'n rhoi cynnig arni? Cadw dy lygaid ar agor a hola'r genod eraill.'

Canodd y pips yr eiliad honno, a rhoddodd Dela'r ffôn i lawr yn ddiolchgar. Fel hyn yr oedd hi bob blwmin tro, meddyliodd yn chwyrn. Pam roedd hi'n trafferthu siarad ag ef, meddyliodd, wrth stampio allan o'r blwch ffôn.

Er iddi sefyllian yn y cyntedd wedyn, y noson honno nid oedd fawr neb i'w gweld o'r morynion arferol, ac nid oedd sôn o gwbl am Mali, ei gobaith gorau. Roedd ganddi esgus i siarad â hi ynghylch y dillad, a siomwyd hi i ddeall, pan holodd wrth y ddesg, fod ganddi ddiwrnod rhydd drannoeth a'i bod wedi gadael yn gynnar. Gallai fod wedi cymryd rhai o'r dillad yn gyfleus pe bai Dela wedi holi'n gynharach. Yn y diwedd aeth Dela i'r lownj yn ddiflas, ond yn benderfynol o ddysgu rhywbeth gan rywun, ni waeth pwy. Gwelodd fod Gwladys, Meri a Tomi ynghanol gêm o gardiau ger y ffenest fae. Ar y llaw arall roedd Mrs Pritchard yn mofyn coffi o'r bwrdd gweini, a smaliodd Dela ei bod wedi bwriadu siarad â hi ers sbel ond heb gael y cyfle rhwng popeth.

'Ro'n i moyn dweud mor falch mae'r teulu bod Modryb Harriet wedi cael y fath gyfeillgarwch gan bawb yma.'

O'r olwg syn, ddyfrllyd a gofodd yn ateb, meddyliodd iddi daro nodyn ffals, ond yna amneidiodd Mabel Pritchard.

'Byddwch chi'n mynd sha thre nawr gan fod yr angladd drosodd,' meddai, gan arllwys llaeth i'w chwpan.

'Dwi yma am wythnos arall,' atebodd Dela, gan ysgwyd ei phen, fel pe bai'r peth yn syndod llwyr iddi. 'Mae 'nghefnder George a'i dad mor garedig …'

Daeth llais Mr Pritchard uwch ei phen. Roedd e wedi ymuno â'i wraig wrth y bwrdd. Oedd hynny'n arwyddocaol, tybed?

'Ond ry'ch chi wedi gorfod gweithio am eich gwyliau. Ry'n ni wedi'ch gweld chi'n rhuthro yma ac acw. Gall hynny ddim bod yn hawdd gyda'ch coes.'

'Pris bach i'w dalu,' meddai Dela, gan wenu arno dros ei hysgwydd. 'Mae cymaint o waith bob amser ar ôl marwolaeth sydyn.'

Symudodd y tri ohonynt gyda'u diodydd at gadeiriau cyfagos a cheisiodd Dela eu holi'n ddiniwed a chyffredinol. Ar ôl deng munud nid oedd wedi dysgu mwy na'r ffaith eu bod yn dod o'r de'n wreiddiol, bod ganddynt deulu'n rhywle, ac iddynt fod yn westeion ers cryn amser. Roedden nhw'n hynod o ddi-liw a diwedws, felly pan gododd y Pritchards a dweud nos da, roedd hi'n falch eu gweld yn mynd.

Roedd hi'n synfyfyrio am hyn pan welodd bod Maisy a Dulcie'n dynesu at y ddwy gadair wag. Ar ôl dadlau ynghylch pwy eisteddai ble, trodd y ddwy eu sylw arni ac yn fuan iawn gresynai Dela nad oedd wedi medru perswadio'r Pritchards i aros yn hwy. Ar y llaw arall, llifai gwybodaeth allan ohonynt fel afon.

'Yr Hydref ar ôl i'r rhyfel ddechrau,' atebodd Maisy pan ofynnodd Dela ers pryd roeddent wedi bod yn westeion.

'Tachwedd,' gwrth-ddywedodd Dulcie'n awtomatig, ond aeth Maisy yn ei blaen.

'Ni oedd y cynta i gyrraedd o'r rhai sy'n dal 'ma nawr.'

'Nage ddim. Roedd Harriet 'ma cyn ni. Daeth y Pritchards a Gwladys y flwyddyn wedyn, a Capten Rhydderch yn *forty-four*.'

Ffromodd Maisy ar ei chwaer.

'Naddo, byth!'

'Do, 'te! Ond roedd Gwladys ar ei phen ei hunan nes i Meri ddod yn forty-three. Mae dy gof di'n dachre mynd.'

'Ro'dd gen i syniad fod Modryb Harriet wedi dod yma ar ddechrau'r rhyfel,' cynigiodd Dela.

'Falle'i bod hi,' cydsyniodd Dulcie. 'Roedd hi'n arfer dweud bod y lle'n fwy swnllyd o lawer na phan gyrhaeddodd hi.'

Cododd yn sydyn i mofyn cwpanaid arall o de a phwysodd ei chwaer yn gyfrinachol tuag at Dela.

'Taflodd eich modryb soser ati,' hisiodd, gydag ystum fel iâr yn ysgwyd ei phlu.

Roedd gwaed yn dewach na dŵr, wedi'r cyfan. Ceisiodd Dela edrych yn llawn cydymdeimlad, er y synnai nad oedd Harriet wedi taflu'r cwpan at y chwaer arall hefyd.

'Roedd hi'n gallu bod yn ddiamynedd,' meddai, gan sylwi bod yr agwedd hon ar gymeriad Harriet yn cael ei grybwyll fwyfwy.

Amneidiodd Maisy'n frwd. 'Oedd, 'te! Sai'n gwbod sawl morwyn gafodd cicowt o'i stafell – a dim ond trio rhoi help llaw iddi oedden nhw. Parodd yr Alys 'na'n hirach na lot. Galle hi fod wedi bod damaid bach yn ddiolchgar, senach chi'n meddwl?' Tawelodd yn sydyn wrth i Dulcie ddychwelyd.

Cyn eistedd roedd honno'n pipo, gorau gallai, drwy'r drws a arweiniai i'r coridor allan i'r cyntedd. 'Ma'r Pritchards ar eu ffordd mas 'to,' meddai gan godi ei haeliau.

'Mae'n noson braf,' cynigiodd Dela, 'Falle'u bod nhw'n mynd am dro.'

Anwybyddwyd hyn, yn rhyfedd iawn.

'Oedd y binocwlars gyda nhw?' gofynnodd Maisy.

'Wrth gwrs!' atebodd ei chwaer.

'Ydyn nhw'n gwylio adar?' gofynnodd Dela, gan deimlo bod yma ddirgelwch mawr, os gallai'r chwiorydd ei drafod heb gweryla.

'Nadyn!' wfftiodd Dulcie. 'Sbeis yw nhw.'

Rhaid bod syfrdandod Dela yn amlwg oherwydd brysiodd Maisy i esbonio.

'Ddim i'r ochor arall, ond i ni. Yn ystod y rhyfel ro'n nhw byth a hefyd mas ar y clogwyni.'

'Gyda'r binocwlars,' ychwanegodd Dulcie.

'Dy'n nhw ddim yn edrych fel sbeis,' meddai Dela'n llipa.

'Wrth gwrs nadyn,' atebodd Dulcie. ''Na'r pwynt!'

Ai rwdlan llwyr oedd hyn? Meddyliodd Dela am eiliad.

'Oedd 'na reswm i gredu fod rhywun yn y gwesty neu'r dre

yn sbei i'r Natsïaid, felly?' gofynnodd. 'Ai cadw llygad ar eu gweithgarwch roedd y Pritchards?'

Yn amlwg nid oedd hyn wedi taro'r chwiorydd. Edrychodd y ddwy ar ei gilydd â chyffro gweladwy. Fel pe bai rhyw arwydd cudd wedi mynd o'r naill i'r llall, roeddent ar eu traed mewn amrantiad ac yn awyddus i adael. Ffarweliodd Dela â nhw'n feddylgar. Trodd ei phen, ac yn ôl y disgwyl funud yn ddiweddarach roedd y ddwy'n cerdded heibio i'r ffenest fae tua'r dref. Bois bach, meddyliodd Dela.

'Sneb yn aros yn hir gyda chi heno,' meddai llais Tomi.

'Dwi'n amlwg yn drewi,' atebodd Dela gyda gwên wrth iddo eistedd, gan godi'r brethyn dros ben-gliniau ei drowsus. 'Fydden i wedi dod draw atoch chi ond do'n i ddim eisiau tarfu ar eich gêm.'

'Fydde dim ots 'da fi. Ond dwi'n ame na chawsoch chithe amser diddorol.'

Rhoddodd Dela fraslun o'r ddwy sgwrs iddo. Gwelodd ef yn chwerthin yn dawel.

'Cyfrifydd mewn cwmni oedd Henry Pritchard,' meddai. 'Ac fel rheol gofyn cwestiynau mae'r rheiny, nid eu hateb nhw.'

'Ond beth am y binocwlars ar y clogwyn?'

'Mm. Diniwed. Ac mae hynny'n swyddogol.' Syllodd Dela arno, ond cyn y gallai gael ei gwynt ati aeth yn ei flaen. 'Am faint mwy byddwch chi'n aros 'ma, gan eich bod chi nawr wedi cwmpo mas â'ch cefnder?'

Ochneidiodd Dela dan ei hanadl. Credai ei bod wedi cerdded yn ddigon pell o'r gwesty gyda George.

'Ro'n i'n dweud y drefn wrtho, nid cwmpo mas,' atebodd yn urddasol, ond gwenodd Tomi'n wybodus.

'Galla' i weld pam,' meddai. 'Roedd Alys yn ddigon o farn.'

Damo! Tynnodd Dela anadl ddofn, gan feddwl.

'Dwi wedi cael ar ddeall gan nifer ei bod hi'n groten fywiog iawn,' meddai'n ofalus.

'Oedd. Roedd yn rhaid i chi fod yn ofalus pa gwpwrdd

127

roeddech chi'n ei agor ar adegau. Rhywun gwahanol bob wythnos.'

Gyda theimlad o ryddhad pwysodd Dela ymlaen.

'Oedd na unrhyw un a barodd?'

'Ddim yn y gwesty,' atebodd Tomi, gan ysgwyd ei ben.

'Oedd ganddi ambell sboner yn y dref ei hun?'

'Digon posib. Ond a fydden nhw'n ddigon cefnog?'

Cododd parch Dela tuag at ei sylwgarwch.

'Dyna beth glywes inne hefyd. Roedd hi'n achosi drwgdeimlad 'mhlith y crotesi eraill.'

Amneidiodd Tomi fel pe bai'n gwybod hynny ers tro. 'Dwi ddim yn meddwl ei bod hi'n hidio, a gweud y gwir,' meddai. 'Er bod golwg ei bod wedi neidio o'r clogwyn, feddylies i 'rioed amdani fel rhywun tebygol o'i lladd ei hunan. Roedd hi'n un lwmp mawr o hunan hyder.'

Bu tawelwch am eiliad a gorffennodd Dela ei the. Daeth i benderfyniad.

'Roedd hi wedi cael ei chnoi'n gas,' meddai'n dawel.

Ciledrychodd Tomi arni, ond ni chynigiodd sylw.

'Gallwch chi feddwl am rywbeth yn y môr a allai fod wedi gwneud hynny?' ychwanegodd Dela. 'Sut ddannedd sydd gan gongren?'

Cododd Tomi ei ysgwyddau. 'Falle'i bod hi'n gallach i ofyn shwd ddannedd sy 'da George?' gofynnodd.

'Rhai gwastad – a doedd y brathiad ddim.' Pan nad atebodd mentrodd Dela ymhellach. 'Ry'ch chi'n gyfarwydd â thafarnau'r dref. Byddwch chi'n mynd i'r un lle mae'r heddlu lleol yn yfed?'

'Weithe,' cyfaddefodd. 'Dwi'n nabod un neu ddou. Falle caf i glywed rhwbeth.' Edrychodd yn ddifrifol arni. 'Mae angen i chi wbod o ba gyfeiriad mae'r gwynt yn chwythu, on'd oes e? Er mwyn tawelu meddwl eich *cefnder*.'

Wrth rwbio'r *cold crîm* i'w hwyneb yn y gwely'r noson honno, gwyddai Dela ei bod wedi ei glywed yn rhoi cromfachau lleisiol o amgylch y gair 'cefnder'. Doedd Tomi ddim yn credu ei bod hi'n berthynas i George. A fyddai'n cau ei geg ynghylch hynny? A oedd ganddi gyfaill neu elyn? A oedd wedi troi ei figwrn wrth mofyn yr heddlu? Os dweud celwydd oedd e am faglu, beth wnaeth e pan oedd hi ar y draethell? Diffoddodd y lamp a meddwl yn hir yn y tywyllwch.

Pennod 15

Ni fu ei phendroni'n llwyddiannus iawn. Drannoeth roedd hi'n dal heb wybod sut dylai fynd ati i ddarganfod rhagor. Roedd hi'n croesi'r cyntedd o'r stafell fwyta pan wenodd Thelma arni o'r tu ôl i'r ddesg.

'Popeth yn iawn yn eich stafell, Miss Williams?'

'Ydy, diolch yn fawr,' atebodd Dela.

Roedd Thelma mewn hwyliau da.

'Ro'n i'n meddwl gofyn a fydde'n well 'da chi gael eich brecwast yno, neu unrhyw brydau eraill?'

Brysiodd Dela i'w sicrhau bod popeth yn berffaith fel yr oedd. Ni allai ddeall pam roedd hi'n westai anrhydeddus mor sydyn, ond yna sylweddolodd bod ymestyn ei harhosiad wedi tawelu meddwl Thelma. Ar ôl dwy farwolaeth byddai wedi dechrau poeni am ymadawiad cyffredinol ar ran y gwesteion.

'Dylen i ddiolch i chi hefyd am y te godidog ddoe,' meddai, a enynnodd wên fach hunan fodlon. 'Roedd pawb yn ei ganmol. Ond wedyn, mae'r bwyd yma mor flasus bob amser.'

'Dyna'r peth lleiaf gallen ni ei wneud i gofio am Mrs Watts-Jenkins,' atebodd Thelma.

Ie wir, meddyliodd Dela. Roedd yn rhatach o lawer na gorfod ad-dalu'r mis olaf.

Bachodd bapur newydd oddi ar un o'r byrddau bach ac eistedd i'w ddarllen. Sifflodd drwy ei dudalennau prin heb sylwi ar lawer, heblaw am y paratoadau ar gyfer priodas y Dywysoges Elizabeth a fyddai'n digwydd ymhen deufis, oherwydd ei phrif bwrpas oedd ceisio gweld beth oedd pobol yn ei wneud bob bore. Cawsai argraff, hyd yma, fod gan y gwesteion sefydlog fywydau'n llawn oriau gwag. Doedden nhw ddim yn gweithio, coginio, golchi, smwddio, glanhau na garddio. Beth yn union, felly, oedden nhw'n ei wneud? Efallai y câi glywed clecs ar y slei heb i neb sylweddoli ei bod hi'n gwrando.

Ar ôl bron awr o wylio pobol yn mynd a dod heb ddysgu dim, roedd hi ar fin rhoi'r ffidil yn y to pan welodd Gwladys yn dod i lawr y grisiau'n araf. Roedd siaced ysgafn amdani a het wellt am ei phen. Croesodd y cyntedd a thaflodd ei hun i'r gadair nesaf at un Dela.

'Ar eich ffordd mas?' gofynnodd Dela.

Tynnodd Gwladys ei het, gan ei defnyddio i'w ffanio'i hun. Roedd hi'n goch i gyd.

'Apwyntiad gyda'r meddyg,' atebodd yn fyr. 'A bydd yn rhaid i ni gael tacsi. Galla i byth â cherdded. Roedd dod lawr y stâr yn lladdfa.'

'Mae'n ddrwg 'da fi,' meddai Dela. 'Odych chi'n teimlo'n sâl? Gaf i ofyn wrth y ddesg am wydraid o ddŵr i chi?'

Ysgydwodd Gwladys ei phen a gwthiodd un o'i choesau allan er mwyn i Dela weld y bandej arno.

'Mae angen mwy na dŵr arna i,' meddai gan alw morwyn ati, a oedd yn digwydd mynd heibio, a gofyn am sieri bach. Brysiodd honno i ffwrdd yn syth. 'Wlserau faricôs,' ychwanegodd Gwladys. 'Mae'n nhw'n wael ar hyn o bryd. Pallu gwella o gwbwl. Alla i ddim cael bath na dim.'

Gwnaeth Dela synau teimladwy.

'Falle bydd gan y meddyg ryw eli i'ch helpu chi,' cynigiodd, ond rhochiodd Gwladys yn ddiamynedd.

'Na'i gyd gaf i yw 'Collwch bwysau!' Mae Meri'n mofyn y rhestr o'r pethau dwi angen gofyn iddo.'

'Syniad da iawn,' atebodd Dela. 'Mae rhywun bob amser yn anghofio rhywbeth hanfodol, ac wedyn mae'n rhy hwyr.'

'Digon gwir.' Sniffiodd Gwladys wrth symud yn ei sedd. Yna trodd ati'n sydyn. 'A beth oedd eich barn chi am yr angladd a'r te? Cafodd eich teulu eu plesio?'

'Do,' atebodd Dela'n llyfn, 'Ro'n nhw'n ddiolchgar iawn am y blodau, a bod pawb wedi gwneud ymdrech i ddod.'

Sniffiodd Gwladys eto. 'Ond yr emyn plentynnaidd – merch fach i! Dyna chi'r Eglwys yn ei nerth. Dim syniad. Gallen nhw fod wedi dewis rhwbeth mwy addas, senach chi'n meddwl?'

'Ffefryn Modryb Harriet oedd e,' ebe Dela'n wylaidd er ei bod yn cytuno'n llwyr â Gwladys am unwaith.

'Eglwys y'ch chithe hefyd, sbo.'

'Nage, Bedyddwraig.'

'O.' Gwenodd Gwladys wrthi hi ei hun ac adrodd, 'Bedyddwyr y dŵr, yn meddwl yn siŵr, nad aiff neb i'r Nefoedd, ond Bedyddwyr y dŵr!'

Gwenodd Dela'n fwyn arni. Hi'n bendant oedd y 'ddynes fawr Fethodistaidd yr olwg' a grybwyllodd y Ficer. Dychwelodd y forwyn gyda hambwrdd yr eiliad honno a gosododd y gwydraid sieri yn ymyl Gwladys.

'Dywedwch wrtha i,' meddai Dela'n ddiniwed, 'sut y'ch chi'n dygymod â'r gorchymyn i lwyr ymwrthod â'r ddiod gadarn, sy'n rhan o gred y Methodistiaid?'

Syllodd Gwladys arni dros ben rhimyn y gwydr, ac yna'n gwbl annisgwyl gwenodd yn braf.

'Touché!' meddai. Yna edrychodd yn graff arni. 'Odych chi'n mynd i'w briodi fe?'

'Pwy?' gofynnodd Dela'n stwn. Am eiliad wyllt credodd bod Gwladys yn gwybod rywfodd am Huw, yna sylweddolodd taw George roedd hi'n ei feddwl. 'Nadw, wrth gwrs.'

'Pam, beth sy'n bod arno?' gofynnodd Gwladys. 'Dwi wedi'i weld e sawl gwaith. Mae golwg lewyrchus arno.'

'Mae e'n ddyn galluog, addysgiedig,' cytunodd Dela, 'ond dwi ddim yn credu mewn perthnasau'n priodi. Mae hynny'n gofyn am drafferth, os oes unrhyw wendid teuluol.'

Ni wnaeth y ddadl hon fawr ddim argraff ar Gwladys.

'Dy'ch chi ddim yn mynd yn ifancach,' meddai. 'Mae'n rhaid i chi gymryd beth gallwch chi. Mae'n gamgymeriad i fod yn rhy uchelgeisiol.' Taflodd gipolwg slei dros ei hysgwydd i ble roedd Thelma'n gwneud trefniadau dros y ffôn. "Na chi rywun sy wedi gadael y peth yn rhy hwyr o lawer.'

Cyn y gallai Dela holi mwy ymddangosodd Meri'n sydyn, gyda bagiau a phapurau, yn amlwg yn awyddus i godi Gwladys a mynd am yr apwyntiad. Yn ystod y ffwdan o'i pherswadio drwy'r drws blaen ar ei thraed, gan fod y feddygfa nid nepell i ffwrdd, aeth Dela nôl at ei phapur newydd er mwyn peidio â chael ei thynnu i mewn i'r cawl. Oherwydd hyn, pan gaeodd y drws o'r diwedd y tu ôl iddyn nhw, sylweddolodd ei bod wedi colli beth fu'n digwydd wrth y ddesg groeso.

'Beth, nawr?' clywodd a throi ei phen i weld bod Wilff wedi dod o'r cefn.

Beth bynnag a ddywedodd wrth Thelma, doedd hi ddim eisiau ei glywed.

'Na, dyw hi ddim yn gyfleus o gwbwl. Bydd yn rhaid iddyn nhw ddod nôl gyda'r nos. Dod â rhyw fan anniben 'ma nawr lle gall y gwesteion ei weld? Sai'n meddwl 'ny!'

Mewn llais isel parhaodd Wilff i ddadlau'r pwynt. Yn y diwedd rhoddodd Thelma ochenaid ddramatig cyn ei orchymyn i aros wrth y ddesg groeso. Gwyliodd Dela hi'n brysio i gyfeiriad y gegin yr ochr arall i waelod y grisiau a chodi'n araf, gan wybod y gallai hyn olygu dim byd mwy na derbyn cyflenwad, ond ar y llaw arall …

Crwydrodd i'r lownj fel pe bai'n bwriadu eistedd a darllen yno, ond yn lle hynny agorodd y drws i'r ardd gefn. Efallai nad oedd modd gweld na chlywed dim o'r fan honno, ond y dewis arall oedd mynd allan a cherdded o amgylch y gwesty at y feidr gyflenwi. Fel y tybiodd, o edrych drwy'r ffenest fach yn y lownj, hances boced o ardd wedi'i hamgylchynu gan fur oedd hi. Tyfai planhigion eirwg a gwyddfid dros bob modfedd o'r muriau cerrig trwchus, ond yna sylwodd bod drws yn y gornel bellaf na ellid ei weld o'r ffenest. Dynesodd ato a chlustfeinio. Deuai lleisiau o'r ochr arall. Gresynodd na feiddiai ei agor. Roedd Thelma'n uchel iawn ei chloch, a rhywun arall mwy diymhongar yn ceisio rhesymu â hi. Camodd nôl wrth i lais Thelma seinio yn ei chlust.

'Ond os nad oes gyda chi ganiatâd oddi wrth yr heddlu, gallai byth â gadael i chi glirio'r stafell! Dwi'n synnu eich bod chi mor hy â dod yma ganol dydd fel hyn!'

Paratôdd Dela i eistedd yn sydyn ar fainc gerllaw pe bai Thelma'n agor y drws. Ond yna clywodd sŵn ei sodlau uchel yn camu heibio a diflannu. Trodd y bwlyn, a safodd ennyd ar y trothwy. Roedd hen bic-yp amaethyddol gyda chefn agored yn y feidr, dyn a edrychai fel gwas fferm yn sedd y gyrrwr a dwy ddynes yn sefyll lle cawsant eu gadael gan Thelma. Roedd yr hynaf ohonynt yn ei dagrau, a'r llall, sef y ferch a welodd Dela yn angladd Harriet, yn ceisio'i chysuro. Camodd Dela ymlaen.

'Ydy popeth yn iawn? A allai helpu mewn unrhyw ffordd?' gofynnodd, yn ymwybodol o orfod troedio'n hynod ofalus.

Culhaodd y ferch ei llygaid yn ddrwgdybus, ond edrychodd y ddynes hŷn arni'n ddiolchgar. Cyn i'r ferch allu ei thywys nôl i'r pic-yp, dechreuodd esbonio taw mam a chwaer Alys oedden nhw, wedi dod i geisio mofyn ei heiddo.

'Chewn ni ddim ei gweld hi na dim byd …' meddai gan igian, 'Dim ond cael ein troi nôl y'n ni o bobman. Y steshon, a nawr fan hyn. Senan ni'n gwbod pryd cewn ni drefnu angladd iddi ac mae pawb yn siarad â ni fel 'sen ni ar fai am ofyn.'

Nid oedd angen i Dela smalio cydymdeimlad.

'Mae'n wir ddrwg 'da fi,' atebodd. 'Ry'ch chi wedi cael profedigaeth enbyd.'

'Odych chi'n gweitho 'ma?' gofynnodd y fam yn obeithiol.

'Nadw, dim ond gwestai diweddar ydw i, yma ar gyfer angladd modryb oedrannus. Doeddwn i ddim yn nabod Alys o gwbl, ond mae pawb yn y gwesty'n gweld ei heisiau'n fawr.'

'A ife'r hen ledi roedd Alys yn arfer gofalu amdani oedd honno?' gofynnodd y fam, yn llawn chwildfrydedd er gwaethaf ei galar. 'Mrs Watts-Jenkins? Roedd Alys yn dwli arni.'

Amneidiodd Dela, gan dybio mai ar arian Harriet roedd

Alys yn dwli, ond cyn iddi allu holi mwy roedd y ferch wedi gafael yn benderfynol ym mraich ei mam a'i harwain i ochr arall y pic-yp. Disgwyliodd Dela i'r ddwy ddringo i mewn wrth ymyl y gyrrwr, ond wedi setlo ei mam ar y sedd caeodd y ferch y drws, sibrydodd rywbeth drwy'r ffenest agored, ac mewn eiliad roedd y cerbyd yn bacio, braidd yn ddienaid, nôl i'r ffordd fawr. Cododd Dela law ar y fam gan wenu a chan gadw llygad ar y ferch a oedd yn martsio i ffwrdd. Doedd hi ddim yn mynd adref i gefn gwlad, felly. Bu'n rhaid i Dela aros i'r cerbyd ddiflannu cyn camu ar ei hôl. Synhwyrodd honno ei bod yn ei dilyn a throdd yn anfodlon.

'Dela Williams,' meddai Dela, gan estyn ei llaw yn gwrtais. Anwybyddwyd hynny, ond palodd ymlaen. 'Fe fydda i yma am wythnos arall. Mae pob croeso i chi gysylltu â fi os alla i fod o unrhyw gymorth i chi a'ch mam.'

Daeth gwrid goch ddig dros wyneb y ferch.

'Pam y'ch chi'n hidio?' poerodd. 'Doeddech chi ddim hyd yn oed yn nabod Alys!'

'Nac oeddwn,' cyfaddefodd Dela. 'Ond fi ac un o'r gwesteion eraill ddaeth o hyd iddi ar y traeth. Bydden i'n argymell yn gryf eich bod yn ceisio perswadio'ch mam i beidio â mynnu ei gweld. Cofiwch hi fel oedd hi.'

Gwelwodd y ferch, a theimlodd Dela'n euog am siarad mor blaen.

'Beth weloch chi?' sibrydodd. Am eiliad gorchfygwyd dicter gan alar.

Edrychodd Dela o'i hamgylch ond roedd y feidr yn wag.

'Nid dyma'r lle na'r amser,' meddai. 'Oes rhaid i chi fynd i rywle nawr, neu allwch chi gwrdd â fi yn y dre?'

'Dwi ddim digon da i ddod miwn i'r gwesty, 'te?'

'Odych, wrth gwrs, ond maen nhw'n llygaid i gyd a sdim preifatrwydd o gwbwl.'

'Os ydyn nhw fel y fenyw 'na, sai'n synnu,' meddai'r ferch yn llai heriol.

Ymddangosai ei bod yn ystyried y syniad.

'Oce 'te,' meddai. 'Caffi'r Bwthyn Bach mewn awr.' Trodd ar ei sawdl, ond yna trodd nôl. Meddyliodd Dela ei bod wedi difaru cytuno, ond roedd hi'n edrych yn lletchwith. 'Elinor ydw i,' meddai'n llai swrth. 'Gwela'i chi.'

Pan ddaeth Dela o hyd i'r caffi, roedd hi'n falch gweld bod Elinor yno eisoes ac wedi dewis bwrdd o'r neilltu. Archebodd Dela de i'r ddwy ohonyn nhw wrth y cownter cyn eistedd. Roedd osgo'r ferch yn llawn tyndra, fel rhedwr ar ddechrau ras. Un gair o'i le a byddai hi allan drwy'r drws. Felly, ceisiodd Dela sôn am bethau cyffredinol, dibwys a fesul tipyn gwelodd bod y ferch yn ymlacio, er nad oedd ei phrofedigaeth fyth ymhell o'r wyneb.

'Fferm deuluol sydd gyda chi, ife?' gofynnodd, yn ateb i sylw am waith cynaeafu.

'Ie, Mam sy'n rhedeg y lle, gyda chwpwl o weision. Buodd 'nhad farw sbel nôl. Mae'n gobeitho y bydd un o'r ddwy 'no ni'n priodi rhywun sy'n fodlon ffarmo.' Daliodd ei hun wrth sylweddoli ei bod wedi sôn am ei chwaer fel pe bai'n fyw, a gwenodd yn brudd. 'Doedd 'na ddim gobaith i Alys droi'n wraig ffarm. Roedd hi ar bige'r drain isie gadael ers blynyddoedd.'

'Roedd hi'n uchelgeisiol, felly?' gofynnodd Dela'n llyfn.

'Twtsh!' atebodd Elinor. 'Roedd hi'n gweld man gwyn man draw drw'r amser. Ond dim ond morwyn mewn gwesty wedd hi.'

'Beth oedd ei gobeithion? Gweithio'i ffordd lan i fod yn rheolwraig?'

'Nage, sownd! Ei syniad oedd y bydde rhyw ddyn cefnog yn sylwi arni a mynd bant â hi i ryw fywyd gwych. A'r llynedd wedd hi'n meddwl ei bod hi wedi bachu rhywun, ond aeth e gatre gyda'i deulu a doedd dim sôn amdano wedyn. Crwt wedd e ta beth, medde hi, ar fin mynd i'r coleg heb reolaeth dros ei fywyd ei hunan. Gallen i fod wedi gweud hynny wrthi o'r dachre.'

'Roedd hi'n trafod ei syniadau gyda chi, felly.'

Gwnaeth Elinor rhyw ystum bach diflas.

'Dim ond nawr ac yn y man. Ar ôl hwnnw, penderfynodd nad oedd cryts yn werth y drafferth.'

'Cafodd hi unrhyw lwyddiant 'mhlith dynion hŷn? Unrhyw westeion?'

'I radde, ond neb wedd 'na am fwy na phythewnos.'

'Oedd hi'n mynd yn isel o feddwl nad oedd hi'n gwneud cynnydd?'

Deallodd Elinor yn syth ac ysgydwodd ei phen yn bendant iawn. Gwyddai Dela nad oedd hi, hyd yma, wedi datgelu beth a wyddai'n llwyr. Tybed a fyddai'n cyfaddef y gwyddai am George? A fyddai ei hawydd i wadu bod Alys wedi'i lladd ei hun yn gryfach na'i greddf i gelu'r wybodaeth honno?

'Ddim yn ddiweddar – roedd hi'n llawn cyffro. Wedd sawl haearn yn y tân 'da hi.'

Edrychodd yn feddylgar ar Dela gan bwyso a mesur. Daeth i benderfyniad. 'A gweud y gwir, wedd hi'n siarad lot am eich teulu chi. Dywedodd hi bod mwy nag un ffordd o flingo cath.'

'Os nad Harriet, yna George,' mwmialodd Dela, a gwelodd y ferch yn tynnu wep.

'O'ch chi'n gwbod, 'te?'

Amneidiodd Dela arni dros ei chwpan de, heb gynnig sylw.

Brysiodd Elinor ymlaen yn gyflym. 'We'n i ddim yn credu hynny am eiliad, cofiwch. Mae e'n gyfreithiwr, er mwyn dyn! Pregethes i nes bo' fi'n biws iddi beidio â meddwl y bydde fe'n ei phriodi os oedd hi'n disgwyl babi.'

Ystyriodd Dela hyn am eiliad.

'Mae'n edrych fel pe bai hi wedi gwrando arnoch chi am unwaith,' meddai. 'Roedd hi'n ofalus iawn ynghylch hynny, nôl George.'

Syllodd Elinor arni gydag olwynion ei meddwl yn troi'n weladwy.

'Wel, dyna beth fydde unrhyw ddyn yn ei ddweud, sbo,'

ychwanegodd Dela, 'ond dwi'n dueddol o'i gredu. Ro'n i'n grac iawn pan ofynnes i'r cwestiwn. Mae hynny wastod yn help. Dwi'n credu y gallwch chi fod yn dawel eich meddwl nad oedd hi'n disgwyl plentyn gyda George.'

Rhoddodd Elinor ryw chwerthiniad bach, ac yna edrychodd yn ddifrifol, gan bwyso ymlaen yn gyfrinachol.

'Mae hynny'n rhyw gysur, sbo. Buodd hi bron â chael ei dal gan y crwt na'r llynedd, ch'weld, ond buodd hi'n lwcus. Collodd hi'r plentyn ar ôl bwti chwech wthnos, neu ddaeth ei mislif yn hwyr iawn, sai'n siŵr p'un. Bydde Mami wedi mynd off 'i phen tase hi'n gwbod.'

Meddyliodd Dela ei bod yn haws o lawer i Alys gadw George ar hyd braich na bachgen llawn nwyd. Roedd George yn ddiolchgar am y sylw lleiaf.

'Ife George wedd yn y fynwent?' gofynnodd Elinor.

'Ie, gyda'i dad.'

'Galla i weld pam roedd Alys yn ei hoffi fe. Mae golwg mor lewyrchus arno fe ac mae 'da fe wyneb neis.'

Gwenodd Dela arni.

'Bydda i'n cofio dweud wrtho,' meddai. 'Mae e'n drist iawn am hyn. Doedd e ac Alys ddim wedi bod ar fas o gwbwl. Roedd e'n meddwl llawer ohoni.'

'Ond doedd e ddim yn meddwl amdani fel gwraig, oedd e?' gofynnodd Elinor yn siarp.

'Mae'n anodd dweud. Falle bydde fe'i hunan wedi bod yn fodlon, ond wedyn pwy a ŵyr a fyddai ei deulu agos wedi cytuno?'

Amneidiodd Elinor arni'n wybodus. Tybiai Dela'n dawel fach y byddai George wedi priodi Alys gyda llawenydd mawr, ac yna difaru gwneud, ond roedd Elinor yn amlwg wedi penderfynu bod ymgyrch ei chwaer yn sicr o fethu. Gwelodd hi'n edrych ar ei watsh.

'Dwi'n gwneud cwrs teipio a llaw fer ar hyn o bryd,' esboniodd. 'Bydd yn rhaid i fi fynd whap.'

'Mae gyda chithau obeithion, felly,' sylwodd Dela.

'Wes, 'te. Cael swydd lân neis mewn swyddfa sy'n gorffen am bump y nos a chael eich talu am wyliau!' Dechreuodd gasglu ei phethau at ei gilydd a sylweddolodd Dela nad oedd hi wedi gofyn rhywbeth pwysig.

'Cyn i chi fynd,' meddai, 'oedd 'na unrhyw un arall roedd Alys yn cymryd diddordeb ynddyn nhw?'

Newidiodd wyneb Elinor. Amneidiodd, ond gallai Dela weld ansicrwydd.

'Dwi'n ame bod rhwbeth 'da hi ar y gweill,' meddai o'r diwedd, 'Ond mae'n anodd gweud achos o'n i ddim wastod yn gwbod am beth wedd hi'n sôn. Wedd hi'n wherthin wrthi'i hunan am rywbeth yn ddiweddar, ond chês i ddim clywed y manylion. Fel 'se hi wedi whare tric ar rywun.'

'Sboner un o'r morynion eraill, falle?'

'Galle fod, sbo, ond dim ond mas o sbeit bydde hi wedi'i ddwyn e.' Cododd ar ei thraed a thynnodd bâr o fenig cotwm am ei dwylo. 'Sena' i'n bwriadu gweud dim wrth yr heddlu am shwd wedd hi'n casglu dynion.' Syllodd yn syth i lygaid Dela, gyda'i cheg yn gweithio. 'Bydda i'n gwadu bod Alys wedi gweud dim wrtha i. Gadewch iddi gael tamed o ddigniti ar ôl marw. A ta beth, bydde gwbod am yr holl gambyhafio'n lladd Mami.' Gwenodd a chododd ei bag llaw. 'Mae George yn lwcus iawn eich bod chi'n gefen iddo.'

On'd yw e, meddyliodd Dela, wrth ei gwylio'n camu'n bwrpasol at y drws.

PENNOD 16

Cerddodd Dela'n araf nôl i'r gwesty gan ddadansoddi'r hyn roedd hi wedi'i glywed. Mor wahanol oedd y ddwy chwaer. Dymunai'r ddwy ddianc o'r fferm, ond tra oedd Alys wedi dewis y llwybr o ddibynnu'n llwyr ar ei harddwch, roedd Elinor yn dilyn y llwybr o hunan-welliant addysgol. Roedd Dela'n parchu hynny, wrth reswm, a'i hagwedd stoicaidd ynghylch parhau â'i chwrs teipio, ond ai mater o ddewis oedd e, mewn gwirionedd? Pan oedd ar fin troi i'r chwith am y prom gafaelwyd yn sydyn yn ei braich. Neidiodd mewn braw a throdd. Tomi oedd yno, yn pipo'n ofnus o'i amgylch a haenen o chwys yn sgleinio ar ei dalcen.

'Beth sy'n bod?' gofynnodd Dela'n syn. Gollyngodd ei braich.

'Ddim fan hyn,' hisiodd. 'Dilynwch fi.'

Cerddodd i ffwrdd yn gyflym i gyfeiriad gatiau mawr y parc cyhoeddus. Collodd Dela ef am eiliad rhwng y llwyni, ond yna trodd y gornel a gwelodd ei fod wedi dewis eistedd ar fainc allan o olwg y stryd. Roedd e'n taro diwedd ei ffon yn rhythmig ar y llwybr, ac yn syllu'n syth o'i flaen. Eisteddodd Dela gan adael bwlch rhyngddynt. Cerddodd un neu ddau heibio iddynt cyn iddo siarad.

'Dylen ni fod yn iawn fan hyn am sbel fach,' meddai'n dawel.

Arhosodd Dela iddo esbonio. Ymddangosai ei fod yn ei chael yn anodd.

'Oes rhywbeth wedi digwydd, Tomi?' gofynnodd o'r diwedd.

Amneidiodd ef yn araf.

'Dwi wedi tynnu nyth blwmin cacwn am ein pennau ni,' meddai. 'Mae'r hwch drw'r siop. Mae'r Excelsior dan ei sang a'r heddlu a phawb yn cael eu holi.'

Synnai Dela at ei adwaith, ac am y ffaith ei fod yn beio'i hun am hyn.

'Mae off co 'te,' meddai'n ddigyffro.

'Jiawl, ody! Mae Thelma'n goch fel twrci a Gwladys wedi chwyddo fel broga. Maen nhw'n gweld y peth fel sarhad personol. Ar y llaw arall, mae Maisy a Dulcie fel dwy groten fach mewn parti pen-blwydd.'

'Wel,' meddai Dela, 'mae'n edrych yn debygol fod y postmortem wedi dangos bod Alys wedi'i lladd yn fwriadol. Brathiad dynol oedd e wedi'r cyfan.'

Syllodd Tomi'n gymeradwyol arni.

'Buoch chi'n glou fanna,' meddai.

Chwarddodd Dela'n dawel. Roedd syniad yn dechrau ffurfio yng nghefn ei hymennydd.

'Cerwch o 'ma,' meddai, 'roeddech chithe'n ame bod rhywbeth mawr wedi digwydd i Alys. Roedd fel petaech chi'n disgwyl dod o hyd i gorff. Pam fy llusgo i ben pellaf y traeth fel arall?' Pan nad atebodd Tomi, aeth Dela yn ei blaen. 'Daethoch chi o hyd iddi'r diwrnod cynt, on'dofe? Moyn tyst o'ch chi.'

Ni wadwyd ei chyhuddiad. Gwnaeth Tomi ryw ystum bach amwys.

'Roedd hi ar y traeth yn y tonnau bach,' atebodd ar ôl saib. 'Ro'n i'n hanner gobeithio y bydde rhyw ymwelydd wedi dod o hyd iddi rhwng pnawn Sadwrn a'r dydd Sul. Ond dyw'r jiawled ddim yn cerdded yn ddigon pell.'

'Gobeithio na adawsoch chi unrhyw olion pan lusgoch chi hi i'r pwll bas o'r môr,' meddai Dela.

Dyfalu oedd hi, ond o'r tawelwch dilynol, gwyddai ei bod yn gywir.

'Gallen i ddweud yr un peth amdanoch chi pan fuoch chi'n potsian â'r corff,' atebodd Tomi.

Roedd hi'n falch o weld ei fod yn araf adennill ei hyder.

'Lwcus bod gen i'ch ffon chi – dyna ei gwir bwrpas, ontefe?' meddai Dela'n sgyrsiol. 'Rhag ofn byddai'n rhaid i ni lusgo'r corff i rwle. Ond pan weloch chi gymaint o ddiddordeb oedd gen i ynddi, meddylioch chi y byddai'n syniad da rhoi cyfle i fi edrych. Roeddech chi hydoedd yn mofyn yr heddlu.' Taflodd gipolwg ato a'i weld yn tynnu wep. 'Pan dynnoch chi hi o'r dŵr ar y Sadwrn roeddech chi'n gobeithio eich bod wedi gwneud digon. Dyna pam roedd darganfod Alys yn gymaint o sioc i chi. Doedd hi ddim lle gadawsoch chi hi.'

'Dwi'n difaru trafferthu,' meddai Tomi. 'Ffws a ffwdan diddiwedd fydd hi nawr gyda'r heddlu. A byddwch chithe eisiau gweld fy nannedd i. Rhai dodi yw nhw, gyda llaw. Prin y galla i gnoi uwd.'

'Dwi'n gwbod,' meddai Dela.

Aeth dwy fam ifanc heibio iddyn nhw gan wthio pram anferth bob un a chlebran tra syllai'r ddau faban yn ddifrifol ar ei gilydd. Gwenodd Dela ar yr olygfa.

'Pam y'ch chi yma?' gofynnodd Tomi'n sydyn

'Chi'n gyntaf,' atebodd Dela, er mwyn cael eiliad i feddwl.

'Dwi'n byw 'ma.'

'Pam?'

Gwelodd ef yn tynnu ei gâs sigarennau. Cynnodd un cyn ateb. 'Gwnes i dipyn o waith i'r llywodraeth yma yn ystod y rhyfel a phenderfynes aros.'

'Y Pritchards?' A allai ensyniadau Maisy a Dulcie fod yn wir, wedi'r cyfan?

'Nhw a'u bath. Dim byd mawr. Pathetig, a dweud y gwir. Dwi wedi mynd yn rhy hen a dieffaith iddyn nhw roi unrhyw waith pwysig i fi. Roedd trefi glan môr yn fregus, ch'weld. A thrwy mod i'n Gymro Cymraeg, dyma lle rhoddwyd fi. Gwell na Skegness, sbo. Eich tro chi nawr.'

Cnôdd Dela ei boch, cyn dod i benderfyniad. Rhoddodd fraslun cryno iddo o'i gorchwyl yn Abergorwel. Gwelodd ef yn ysgwyd ei ben.

'Ond ry'ch chi'n wanllyd,' meddai'n syn. 'Pam chi, o bawb?

Er, o'ch nabod chi, mae'n amlwg pam ddewisodd George chi hefyd.'

'Mae gen i hanes,' atebodd Dela, 'a gallai George ddim meddwl am neb gwell. Dwi'n wanllyd oherwydd yr anafiadau ges i'r tro diwethaf es i ar drywydd llofruddiaeth lawr yng Nghwm y Glo.'

'Wrth gwrs!' Slapiodd Tomi ei ben-glin. 'Yr achos dros yr haf. Roedd e yn y papurau.' Pwyntiodd ati'n arwyddocaol. 'Ry'n ni'n dal i gadw llygad yn agored amdano, chi'n gwbod.'

'Falch o glywed, ond peidiwch â dal eich anadl.'

Bu tawelwch rhyngddynt am eiliad, a Tomi'n edrych yn feddylgar ar flaen ei ffon.

'Ife dim ond am ei fodryb roedd George yn pryderu?' gofynnodd yn sydyn.

'Na'r cwestiwn, ontefe.' atebodd Dela, er y gwyddai'r ateb.

'Oedd e'n gwbod bod Alys ar goll pan ofynnodd e i chi ddod i Abergorwel?'

'Doedd hi ddim wedi cysylltu ag e ers rhai diwrnodau. Pryd yn union fuodd Harriet farw ar y dydd Mawrth hwnnw?'

'Yn y prynhawn. Wedd hi'n iawn amser cinio.'

'A phryd aeth Alys ar goll?'

'Ar ôl nos Fawrth,' atebodd Tomi'n syth, 'achos dwi'n cofio ei gweld hi'n sibrwd gyda'r morynion eraill pan ddaeth y trefnwr angladde i mofyn y corff.' Crychodd ei dalcen. 'Ch'mod, dwi'n credu taw Alys ddaeth o hyd iddi. Falle bo fi'n rong, cofiwch.'

'A ddigwyddodd unrhyw beth arwyddocaol ar y dydd Mawrth? Mae'n rhyfedd bod Harriet yn y lownj ar ei phen ei hunan, heb i neb sylwi.'

Bu'n rhaid i Tomi feddwl am hyn.

'Do,' meddai'n fuddugoliaethus. 'Buodd 'na gyngerdd band pres yn y pafiliwn yn y parc yn ystod y prynhawn. Aeth rhai o'r regiwlars i'w glywed dwi'n credu, ond roedd annwyd trwm ar Harriet. Ro'n i mas yn cerdded fel arfer. Felly, sdim syndod nad oedd neb yn y lownj. Odych chi wedi dod o hyd i unrhyw beth ynghylch ewyllys?'

'Dim – ac mae'r angladd heibio. Sbosib na fyddai rhywun wedi ymddangos erbyn hyn, trwy gyfreithiwr, falle.'

'A alle Harriet fod wedi dweud wrth rywrai eu bod yn ei hewyllys, a nhwythe wedi meddwl ei bod hi wedi gwneud un newydd, ond dim ond siarad oedd hi? Wedd y cyfreithiwr yn dod i'r gwesty bob nawr ac yn y man ar fusnes. Wedd e 'na bwti pythefnos cyn iddi farw.' Gallai Dela weld i ba gyfeiriad roedd ei syniadau'n mynd.

'Roedd gan Alys obeithion, nôl ei chwaer,' meddai. 'Ond wedyn, os Alys lladdodd hi, pwy laddodd Alys a pham?'

'Lladdwyd 'rhen Harriet 'te?' gofynnodd gan godi ei aeliau. 'Ody hynny'n deffinêt?'

'Nadi, ond dwi'n credu 'ny.'

'Shwd?'

'Ei mogi â chlustog.'

Chwibanodd Tomi dan ei anadl.

''Na chi le peryglus i ddewis. Rhy gyhoeddus o lawer. Ody'r glustog 'na byth?'

'Dwi ddim wedi cael cyfle i'w ddwyn. Mae'r lle dan ei sang bob amser.'

'Mae'n rhy hwyr nawr,' meddai Tomi'n sych. 'Dyna lle mae'r heddlu'n holi pawb.'

'Mm. Mae hynny'n rhyfedd ynddo'i hun, oherwydd roedden nhw'n wylaidd iawn cyn hyn.'

'Dim rhagor,' meddai Tomi. 'Mae tîm llofruddiaeth wedi cyrraedd o Abertawe. Rhyw hen Uwch-arolygydd yn cyfarth fel ci ar bawb. Dim ond trwy lwc y jenges i a dod i chwilio amdanoch chi.'

Suddodd calon Dela fel plwm ac ochneidiodd yn uchel. Trodd Tomi ati'n gysurlon.

'Sdim isie i chi boeni, o feddwl am y peth. Doeddech chi ddim yno pan fuodd Harriet farw na phan ddiflannodd Alys.

Fyddan nhw ddim eisiau'ch cyfweld chi, 'blaw am fynd dros y ffaith i chi ddod o hyd i gorff Alys. A gallwch chi wadu eich bod wedi rhoi bys arni. Fyddan nhw ddim callach.'

Ni chredai Dela hynny am eiliad.

'Gwedwch,' meddai, 'oes ffordd arall i mewn i'r gwesty?' Edrychodd Tomi arni'n stwn a brysiodd i esbonio pam. 'Er mwyn i fi allu cyflwyno fy hunan fel rhywun gwanllyd dros ben, ac annhebygol o allu lladd neb. Os ydw i'n cerdded miwn yn harti, fyddan nhw ddim yn fy nghredu i.'

Tynnodd Tomi anadl ddofn gan edrych yn feddylgar arni.

'Wes,' meddai, 'ond dwi'n amheus y gallwch chi ddod i ben ag e'.

'Bydd yn rhaid i fi,' meddai Dela, gan godi ar ei thraed.

Daethant allan o'r parc trwy allanfa arall a roddai olygfa dda iddynt o'r prom a'r stryd ymyl yn arwain at y feidr gyflenwi i'r gwesty. Safai dau gar mawr du'r heddlu gerllaw, a chrynodd Dela ryw fymryn.

'Odych chi'n dechrau ailfeddwl?' meddai Tomi.

'Nadw. Atgofion annymunol, dyna'i gyd,' atebodd Dela, cyn rhoi ei llaw ar ei fraich i'w atal rhag mynd ymhellach.

O gornel ei llygad roedd hi wedi gweld nad oedd y fynedfa i'r feidr yn wag. Pwysai Deio yn erbyn y wal gerrig uchel yn ysmygu.

'Deio o'r trefnwyr angladdau yw hwnnw,' sibrydodd yn betrus, 'Beth mae e'n ei wneud 'ma?'

Synnwyd hi i glywed Tomi'n rhoi chwerthiniad bach.

'Cewch chi weld nawr.'

Ar y gair ymddangosodd Thelma o'r feidr â bag papur brown yn y naill law a bwndel o lythyrau yn y llall. Oedodd ennyd cyn camu i'r palmant, ac ar yr eiliad honno saethodd llaw Deio allan a throsglwyddwyd y bag papur iddo. Ni ddywedodd y naill yr un gair wrth y llall, a cherddasant i gyfeiriadau gwahanol fel pe baent heb weld ei gilydd o gwbl.

Chwythodd Dela aer drwy ei dannedd.

'Perthyn, ch'weld,' sibrydodd Tomi, 'Mae hi'n rhoi bwyd o storfa'r gwesty iddyn nhw.'

'Sneb yn sylwi?'

'Mae hi wedi'i wneud e ers blynyddoedd,' meddai Tomi. 'Tun o ham un tro, potel o ddiod dro arall. Cacenni neu dorth fowr y tro hwn, weden i. Byth gormod. Cadw Anti Nansi'n felys yn y gobaith o ennill Fictor.'

'Sda fe ddim i'w ddweud am y peth?' gofynnodd Dela. 'O beth weles i ohono galle fe gael ei ddewis o ferched y dre.'

'Llo swci yw e,' meddai Tomi. 'A gweud y gwir, sena i'n siŵr a yw Fictor yn cymryd lot o ddiddordeb mewn merched.' Chwinciodd arni. 'Ond mae angen iddo whare'r gêm er mwyn etifeddu'r busnes. Mae Nansi Martin yn organyddes yn Siloam. Parchus iawn.'

'Arian yw popeth, felly,' mwmialodd Dela.

'Wrth gwrs. Reit, mae'n bryd i ni roi cynnig arni. Cadwch eich llyged ar agor. Sdim dal pwy fydd yn y gegin, ond mae digon o fannau i ni gwato.'

Roedd calon Dela yn ei gwddf wrth iddi ei ddilyn ar draws y stryd. Pan bipodd i lawr y feidr bu bron iddi gael haint o weld heddwas yn sefyll a'i gefn atynt y tu allan i'r drws i'r ardd fach. Arafodd Tomi ei gamau a stopio nes iddo ei weld yn mynd i mewn drwy'r drws a'i gau y tu ôl iddo, yna rhuthrodd y ddau i lawr y feidr, heibio i'r drws ac i mewn i'r iard lle cedwid y biniau. Gadawodd Tomi hi yno cyn rhedeg, bron yn ei gwrcwd, i edrych drwy ffenestri'r gegin. Rhaid ei bod yn wag, oherwydd chwifiodd ei law i alw Dela ato.

Gwibiodd y ddau drwy'r drws cefn a heibio i'r cownteri a'r ffyrnau. Dim ond rhyw argraff o arwynebau ac offer coginio gafodd Dela. Tynnwyd ei sylw, fodd bynnag, gan bair anferth yn ffrwtian ar stôf lydan. Cawl cynffon bustach, meddyliodd. Byddai cinio'n hwyr, neu efallai na fyddai cinio o gwbwl. Ble'r oedd pawb?

Wrth droi cornel i fath o rodfa gallent glywed lleisiau allan yn y cyntedd. Rhoddodd Tomi ei fys ar ei wefusau'n rhybuddiol, a sylweddolodd Dela bod yr holl staff wedi gorfod ymgynnull yno. Dilynodd ef i ben pellaf y rhodfa lle roedd basgedi mawr o ddillad golch yn eu rhwystro. Ni allai Dela weld ffordd allan o'r fan hon, a gallai staff y gegin ddychwelyd unrhyw bryd, ond yn gwbl hyderus agorodd Tomi ddrysau cwpwrdd yn y wal. Gwnaeth ryw ystum doniol fel *maitre d'hotel* yn dangos eu bwrdd i ryw westeion pwysig. Syllodd Dela ar y bwlch bach. Lifft nwyddau. Trwy 'stumiau a sibrwd, deallodd taw'r bwriad oedd iddi fynd i'r llawr cyntaf lle roedd ei stafell. Gallai anfon y lifft nôl i'r llawr hwn wedyn.

Ar yr olwg gyntaf ni chredai Dela bod modd iddi ffitio yn y lifft, ond roedd yn amlwg bod Tomi wedi'i ddefnyddio yn y gorffennol. Gyda chryn anhawster gwthiodd ei phen-ôl i mewn yn gyntaf a thynnu ei choesau at ei gên. Gwenodd Tomi arni cyn cau'r drysau. Ni feddyliodd erioed y byddai'n dioddef o glawstroffobia, ond yn wir roedd hwn yn lle tu hwnt o gyfyng a thywyll. Ni ddigwyddodd dim byd i ddechrau, a dechreuodd bryderu fod ei phwysau'n ormod i'r mecanwaith, ond yna teimlodd y lifft yn codi'n araf, araf. Croesodd ei bysedd na fyddai'n gwichian yn glywadwy.

Roedd mor falch pan arhosodd o'r diwedd yn ei unfan, a bu bron iddi wthio'r drysau ar agor yn syth, ond clywodd leisiau a thynnodd ei bysedd nôl. Anwybyddodd guriad ei chalon a chlustfeiniodd. Oedden nhw'n dynesu? Oedden nhw wedi clywed y lifft yn symud ac wedi dod i weld pam? Nac oeddent, roedd y synau'n diflannu wrth i'r siaradwyr fynd am y grisiau. Wedi cyfrif ugain, mentrodd agor y drws ryw fymryn. Roedd y rhodfa'n wag. Disgynnodd yn ofalus o'r lifft gan deimlo iddi fod ynddo am oriau yn hytrach nag eiliadau, caeodd y drysau ac yna anfonodd ef i lawr eto. Brysiodd i'w stafell, gan fendithio'r ffaith iddi lwyr anghofio nad oeddech i fod i fynd ag allwedd eich stafell o'r gwesty. Roedd hi'n dal ym mhoced ei siaced ers iddi fynd o'r llwybr cefn i'r caffi i weld Elinor. Cyn belled ag y gwyddai'r staff, doedd hi ddim wedi gadael y lle drwy'r bore. Clodd y drws y tu ôl iddi'n ddiolchgar, cyn tynnu ei siaced ac eistedd yn y gadair yn swp o chwys. Paid ag ymlacio, dwrdiodd ei hun. Roedd yn rhaid iddi geisio meddwl am rywbeth i'w ddweud wrth yr heddweision os gelwid hi.

Neidiodd pan ddaeth cnoc sydyn ar y drws. Nid oedd ei lloches wedi para dwy funud. Cododd yn ffwndrus gan dynnu ei sgarff, cicio'i hesgidiau oddi ar ei thraed a gwneud ei gwallt yn anniben. Roedd hi ar fin mynd at y drws pan gofiodd chwipio'r cwrlid nôl a'i adael yn bentwr dros waelod y gwely cyn gwneud pant yn y gobennydd.

'Helô?' meddai'n gysglyd, wrth agor y drws. Cyfarfu ei llygaid â thiwnig iwnifform. Edrychodd i fyny a gwelodd heddwas yn syllu i lawr yn ddrwgdybus arni.

'Gnoces i fan hyn hanner awr nôl,' meddai, gan swnio'n ddig. 'Ble'r o'ch chi?'

'Mae'n ddrwg 'da fi,' meddai Dela mewn llais egwan. 'Mae'n rhaid mod i'n cysgu. Dwi ddim wedi bod yn dda'.

'Lwcus nad oedd hon 'da fi pwr'ny, ontefe?' meddai'r heddwas gan ddangos allwedd feistr iddi.

Herciodd Dela'n ffug boenus o'r drws ond synhwyrodd ei fod yn meddalu tipyn.

'Mae'n rhaid i fi'ch 'styrbo chi, mae arna'i ofon,' meddai. 'Ry'n ni'n gorfod chwilio'r holl westy.'

Amneidiodd Dela fel pe na bai yn ei phethau'n llwyr. Chwifiodd law wanllyd i'w wahodd i mewn. Mewn gwirionedd roedd ei meddwl yn rasio. Diolchodd i'r drefn iddi roi'r cerdyn post i George, ond roedd llawer o ddillad Harriet yn dal yno a'r tsieina. Hwyrach ei bod yn ormod i obeithio y gallai esgus taw hi oedd eu piau. Damo, beth am yr amlen gydag enw a chyfeiriad Alys arno yn ei bag llaw? Am eiliad o banig llwyr, ni allai weld ei bag yn unman. Ble roedd wedi ei roi pan gyrhaeddodd y stafell? Wrth i'r heddwas fynd drwy ddrorau'r bwrdd gwisgo, ceisiodd Dela bipo'n llechwraidd i fannau tebygol. Nid oedd sôn amdano ger y gadair nac ar y bwrdd addurnol ger y drws. Roedd yr heddwas wedi symud i'r wardrob erbyn hyn, ond roedd yn amlwg na chuddiwyd dim yn ei wacter eang ar wahân i'w dillad a phâr o esgidiau, felly caeodd y drysau. Er gwaethaf ei phryder am y bag, sylwodd mai chwiliad brysiog oedd hwn. Doedd e ddim yn disgwyl darganfod dim o bwys. Gweithiodd yr hercian poenus. Pwyntiodd yr heddwas at y bocsys yn y gornel gan godi ei aeliau.

'Dillad a tsieina'n perthyn i hen fodryb i fi. Ro'n i yma ar gyfer ei hangladd,' esboniodd Dela. 'Dwi ddim wedi cael amser i feddwl beth i'w wneud â phopeth eto. Maen nhw'n llawn hen bethe ffwr, ych y fi.'

Cystal iddi swnio mor bathetig ag y gallai. Gwelodd ef yn agor y bocs a ddaliai'r llygaid milain, gan gymryd cam yn ôl. Taflodd olwg o gydymdeimlad ati, cyn cau'r bocs olaf.

'Galla i roi help llaw i chi ddod lawr y stâr,' meddai, 'er sai'n credu bod unman i chi ishte erbyn hyn.' Meddyliodd ennyd. 'Caf i air â'r bos. Falle fydd e'n fodlon cyfweld â chi 'ma yn eich stafell.'

'Bydda i'n iawn, diolch yn fawr i chi,' meddai Dela'n ddewr. 'Ry'ch chi'n siarad â phawb, sbo, hyd yn oed y rhai gyrhaeddodd yn ddiweddar.'

'Ers pryd y'ch chi 'ma, 'te?' gofynnodd yr heddwas.

'Dim ond ers nos Wener,' meddai Dela.

Gwelodd ei fod yn ystyried hyn a gobeithiodd yn daer y câi ei diystyru oherwydd hynny.

Ffarweliodd â hi'n gwrtais, ac wrth iddi gau'r drws clywodd ef yn tynnu ei allwedd feistr er mwyn agor y drws nesaf. Cyn belled ag y gwyddai hi nid oedd neb wedi bod yn aros yno drwy gydol ei hymweliad.

Byddai'r heddwas wedi cael sioc aruthrol i'w gweld yn rhuthro'n wyllt o amgylch y stafell yn chwilio am ei bag llaw. Ceisiodd wthio'i thraed i'w hesgidiau wrth wneud hynny. Beth oedd hi wedi'i wneud ag ef? Oedd e'n dal yn y lifft a anfonodd nôl i'r llawr gwaelod? Yn reddfol taclusodd y gwely, gan dynnu'r cwrlid nôl drosto. Teimlodd rywbeth yn cafflo yn y deunydd, ac er mawr ryddhad iddi sylweddolodd taw ei bag ydoedd. Rhaid ei bod wedi'i ollwng wrth waelod y gwely a'r cwrlid wedi'i orchuddio'n llwyr. Gafaelodd ynddo a'i gofleidio. Gorfododd ei hun i anadlu'n ddwfn a syllodd ar ei hadlewyrchiad yn nrych y bwrdd gwisgo. Nawr am greu argraff ymhlith y gwesteion sefydlog. Dim lipstic, felly, ond ailosododd y sgarff am ei phen yn ofalus. Sâl, ond gwrol, meddyliodd, wrth wisgo ei siaced.

Daeth i lawr y grisiau'n araf iawn, yn ymwybodol fod llygaid pawb yn y cyntedd arni. Roeddent wedi trefnu'u hunain mewn grwpiau, a'r gwesteion sefydlog wedi meddiannu'r cadeiriau, y gwesteion tymhorol yn sefyllian ger y blwch ffôn, a'r staff yn eu hiwnifformau amrywiol ger y ddesg groeso. Edrychai pawb yn anfodlon iawn, ond yma ac acw credodd y gallai weld ofn ar rai wynebau hefyd, yn enwedig ymhlith y gweithwyr. Daeth symudiad sydyn o adran y gwesteion sefydlog a gwelodd Meri'n dynesu. Gwladys oedd wedi ei hanfon. Estynnodd Meri ei braich iddi, a chymerodd Dela hi. Arweiniwyd hi fel claf oedrannus draw at y soffa, lle gwnaeth Gwladys le iddi.

'Beth ddigwyddodd?' hisiodd honno o gornel ei cheg, ond roedd Dela wedi penderfynu beth i'w ddweud o flaen llaw.

'Fy mai i fy hunan,' atebodd. 'Plyges i'n rhy gyflym a straenio fy nghoes.' Ysgydwodd ei phen. 'Mae'n rhaid i fi fod yn fwy gofalus, oes wir.' Edrychodd ar y lleill. 'Beth yw'r holl ffws hyn? Ro'n i'n stwn pan ddywedodd yr heddwas wrtha i fod pawb yn cael eu holi.'

Roedd hynny'n ddigon i annog pawb i ddechrau cwyno'n uchel. Atgoffwyd Dela o eiriau Tomi, sef bod llawer ohonynt yn ystyried y peth yn sarhad, cyn sylweddoli nad oedd e gyda nhw. Ni chrybwyllodd hyn, ond dyfalai wrth amneidio'n ddoeth i bob sylw pam nad oedd e'n bresennol. Gyda chwilfrydedd a oedd bron yn anweddus, gwyliodd pawb y staff yn cael eu galw i'r lownj bob yn un.

'Byddech chi'n meddwl taw ni fyddai gyntaf,' meddai Mrs Pritchard, a ddywedodd fwy yn y deng munud a aeth heibio nag a glywsai Dela hi'n yngan erioed.

'Falle'u bod nhw'n gwbod taw aelod o'r staff sy'n debygol

o fod yn gyfrifol,' meddai ei gŵr. 'Fel 'na mae'r pethau hyn yn digwydd, ontefe?'

'Dylen ni fod yn ddiolchgar eu bod nhw'n cael eu rhyddhau nôl i'w gwaith.' cynigiodd Gwladys. 'Mae gobaith am ginio hwyr.'

Roedd hi'n gywir. Diflannodd amryw o weithwyr y gegin eisoes nôl i'r cefn. Gallai Dela weld nifer o'r gwesteion tymhorol yn edrych ar eu watshis ac yn ochneidio. Fel pe bai rhywun yn y lownj yn ymwybodol o hyn oll ymddangosodd heddwas o'r pasej gan glirio'i wddf, i fynnu tawelwch.

'Gaf i'ch sylw chi am eiliad, os gwelwch yn dda?' galwodd yn uchel. 'Gall pawb nad oedd wedi dod i aros yn y gwesty tan brynhawn dydd Mercher diwethaf fynd.' Roedd e'n dal rhestr yn ei law, a dechreuodd ddarllen enwau ohoni. Hwyrach ei fod yn gobeithio y byddai pobol yn gadael yn dawel, ond daeth nifer ato i holi beth a olygai gan brynhawn. Gwelodd Dela ef yn edrych yn galed ar ddyn mewn siwt patrwm siec, ac anfonwyd ef yn ôl i'w le ger y blwch ffôn yn grintachlyd iawn. Cliriodd yr heddwas ei wddf eto.

'I osgoi camddealltwriaeth,' meddai, 'trwy ddweud prynhawn Mercher, dwi'n golygu ar ôl hanner dydd.' Cyfeiriodd at y rhestr yn frysiog, 'Heblaw am … Miss Dela Williams.' Edrychodd o'i amgylch a chododd Dela ar ei thraed. 'Cewch chi fynd i mewn nesaf.'

Pan agorodd yr heddwas y drws i'r lownj, gwelodd Dela bod y dodrefn wedi'u haildrefnu eto, fel bod bwrdd wedi'i osod o flaen y piano yn y gornel i weithredu fel desg. Sibrydodd yr heddwas wrthi am eistedd ar y stôl galed o'i flaen. Herciodd hithau ati heb edrych i'r chwith na'r dde. Gwyddai fod y Prif Blismon yn sefyll gan syllu allan drwy'r ffenest fae. Clywodd ef yn chwythu ei drwyn. Heb edrych dros ei ysgwydd, meddai, 'Edwards, trefnwch y lleill yn ôl pryd daethon nhw a rhifau eu stafelloedd. Mae gyda chi'ch rhestr. Cofiwch wirio'r llyfr cofrestrau i sicrhau eu bod nhw'n gweud y gwir.'

Clywodd Dela'r drws yn cau'n dawel a daliodd ei hanadl. Yna trodd Gwyn Reynolds ati gan sniffio.

'Beth ddiawl y'ch chi'n 'neud 'ma dan enw ffug, Miss Arthur?' gofynnodd.

Pennod 18

'Beth y'ch chi'n feddwl, 'Ymchwiliadau preifat'?' cyfarthodd Gwyn Reynolds, gan wthio'i hances fudr nôl i'w boced yn ôl ei arfer. O leiaf roedd e wedi troi a'i hwynebu, er ei fod yn sefyll yn fygythiol â'i goesau ar led. 'Smo chi mewn cyflwr i whilo am whannen. Pwy fuodd yn ddigon twp i'ch cyflogi chi?'

Roeddent wedi ymadael â'i gilydd ar delerau digon hynaws ryw ddeufis ynghynt, meddyliodd Dela. Credodd fod ganddo ryw fymryn o barch tuag ati bryd hynny. Ochneidiodd yn ddistaw.

'A alla i hawlio cyfrinachedd rhwng ymchwilydd a'i chwsmer?' gofynnodd yn obeithiol. Clywodd ef yn rhochian.

'Na 'llwch, sownd,' meddai'n ddiamynedd, 'Athrawes ysgol elfennol y'ch chi, nid *Private Eye* yn Hollywood.'

Felly, gan ddewis ei geiriau esboniodd Dela wrtho am fodryb George Williams ac am ofnau'r teulu fod ewyllys newydd yn mynd i ymddangos er nad oedd hynny wedi digwydd. Gadawodd Reynolds iddi ddod i'r diwedd cyn symud at y ddesg ac eistedd o'i blaen.

'Ond os nad oes ewyllys arall, pam y'ch chi'n dal i fod 'ma?'

Pwysodd nôl yn erbyn cefn ei gadair a syllodd yn heriol arni, fel pe bai heb gredu gair.

'Dwi ddim wedi gorffen gyda Harriet eto,' atebodd Dela. 'Yn enwedig nawr bod Alys wedi cael ei lladd.'

Sniffiodd yr Uwch-arolygydd eto, gan shifflan papurau.

'Ie, wrth gwrs. Chi ddaeth o hyd iddi. Pwy alle fod wedi rhagweld hynny?'

Roedd ei wep yn awgrymu iddi drefnu'r peth yn fwriadol. Pe bai ond yn gwybod ...

'Mm. Faint oedd oedran yr hen fenyw?'

Ceisiodd Dela beidio â dangos syndod at y newid sydyn hwn mewn trywydd, ond roedd hi'n falch hefyd o weld nad oedd e fymryn yn llai siarp.

'Roedd hi'n tynnu am ei deg a phedwar ugain.'

'Odd hi'n ffaeletig?'

'Oedd, ac yn gorfod cael help gan y morynion i ymolchi a gwisgo. Alys oedd yn gweini arni ran amlaf. Roedd hi hefyd yn llawn annwyd pan fuodd hi farw.'

'Ond dy'ch chi ddim yn credu iddi farw o achosion naturiol.'

Datganiad oedd hwn yn hytrach na chwestiwn. Ystyriodd Dela.

'Nadw, ddim mewn gwirionedd erbyn hyn, er nad oes gen i dystiolaeth gadarn. Des i o hyd i edefyn coch y tu ôl i'w chlust.' Arhosodd iddo gynnig sylw ynglŷn â sut oedd hi wedi llwyddo i wneud hyn, ond ar wahân i godi ei olygon i'r nenfwd ni ddywedodd air. Aeth Dela yn ei blaen. 'Tase Alys heb gael ei lladd, falle fydden ni ddim mor amheus. Ond y peth yw, mae'r edefyn yn matsio clustog â llysnafedd arno o'r stafell hon, ond nid clustog o gadair Harriet oedd hi.'

'Chi 'di dwyn y glustog, sbo?'

'Nadw, dwi ddim wedi cael cyfle. Mae hi wedi'i stwffio i lawr y tu ôl i glustogau eraill'.

Cododd y ddau ohonynt ac aeth Dela draw at y soffa o dan y ffenest. Tynnodd y clustogau, ond nid oedd sôn am yr un goch. Gwthiodd ei bysedd i lawr rhwng y cefn a'r sedd ond nid oedd yno. Edrychodd yn resynus ar Reynolds.

'Falle aeth un o'r morynion â hi i'w golchi – neu falle ddim.'

Gwelodd ef yn meddwl.

'Mm. Gwedwch, pam na roesoch chi stop ar angladd y fenyw os o'ch chi'n amheus?'

'Ar ba sail?' gofynnodd Dela'n rhesymol. 'Ond dim ond dydd Mawrth y claddwyd hi. Gallech chi orchymyn datgladdiad.'

'Ddim thenciw fowr. Ddim os nad oes yn rhaid i fi'.

Aethant nôl at y ddesg, a Dela'n diawlio ei hun yn ddistaw am fod mor araf.

'Nawr te,' meddai Reynolds, gan dynnu ychydig o dudalennau o'r pentwr o'i flaen, 'ambwytu'r corff ar y traeth.' Chwifiodd ddatganiad gwreiddiol Dela dan ei thrwyn. 'Faint o hwn sy'n wir?'

'Pob gair ohono,' atebodd Dela. 'Falle galle fe fod damed yn … llawnach, ond 'blaw am hynny …'

'Llawnach shwd?' gofynnodd Reynolds, yn anramadegol.

Tywysodd Dela ef drwy'r digwyddiad, ond yn wahanol i'w chyfweliad gyda'r heddwas yn swyddfa Thelma rhoddodd holl fanylion ei chwiliad brysiog iddo.

'Ro'n i'n ofni na fydden i'n gallu cadw gafael ynddi nes i'r heddlu ein cyrraedd,' esboniodd. 'Roedd y llanw mor gryf, galle hi fod wedi diflannu am wythnosau. Ta beth, hyd yn oed o'r cipolwg ges i arni, doeddwn i ddim yn credu taw hunanladdiad oedd e.'

'Nage wir,' meddai Reynolds.

Crafodd ei ben a sylweddolodd Dela fod Reynolds wedi cael ei siglo gan y farwolaeth hon. Chwaraeodd ennyd â phensel.

'Peth cas iawn. Nacwy 'di gweld gwylltineb fel na ers blynyddodd, ddim hyd 'noed pan laddwyd eich lojiar chi, Lena Protheroe.' Edrychodd i fyny i fyw ei llygaid. 'Odych chi wedi clywed yr ymadrodd 'sadydd rhywiol'?' Arhosodd iddi amneidio. 'Odd y mes rhyfedda arni. 'Na pam dwi a'r tîm 'ma.' Distewodd yn sydyn, fel pe bai delweddau erchyll yn gwibio ar draws ei feddwl.

'Ydy'r awdurdodau'n ofni taw dim ond y cyntaf yw Alys?' gofynnodd Dela'n dawel. Cododd yntau ei ysgwyddau.

'Pwy sy i weud? Ond nid rhyw gwmpo mas rhwng cariadon oedd hyn. Roedd e'n fwriadol ac yn systematig.'

'Dyna'r argraff ges i hefyd. Allen i ddim gweld llawer, ond roedd 'na resi o farciau ac, wrth gwrs, y brathiad ar ei bron.

Roedd ei blows wedi'i botymu'n anghywir, hefyd. Roedd hynny'n ddiddorol.'

Syllodd Reynolds arni'n ddifynegiant.

'Chi moyn gweld y corff 'to, on'd y'ch chi?' meddai.

Llamodd calon Dela, ond nid oedd am ymddangos yn rhy eiddgar.

'Os y'ch chi'n fodlon, Mr Reynolds. A'r dillad, os gwelwch yn dda.'

'Chi a'ch blwmin dillad,' cwynodd Reynolds ond ni swniai'n ddig. 'Cystal i chi wbod cyn dachre nage dim ond natur y farwolaeth sy'n broblem fan hyn. Ma' nhw 'di hala rhyw blentyn mas o'r coleg i fod yn batholegydd. Smo i'n credu bod e wedi gweld dim byd gwaeth na damwen car cyn hyn.'

'Ond mae wedi cael ei hyfforddi?' gofynnodd Dela.

'Mae e'n sytifficets o'i ben i'w draed. Ond ody e'n ddigon hen i adnabod drygioni llwyr? A fydd e'n gallu darllen yr arwyddion? Na'r cwestiwn, ontefe?' Cododd ar ei draed. 'Cerwch i gael cino nawr. Bydd sbel fach 'to cyn i fi bennu fan hyn.'

Cododd Dela, ond nid oedd Reynolds wedi gorffen eto. Wrth iddo ei hebrwng at y drws, trodd ati.

'Bydda i 'da chi drw'r amser, Miss Arthur,' meddai'n rhybuddiol. 'A dwi'n erfyn clywed eich holl syniadau a'ch amheuon chi, sdim ots pa mor dwp.'

'Wrth gwrs,' atebodd Dela, gan dderbyn wep hyll ganddo'n ateb.

Byddai wedi cytuno i unrhyw amodau'r eiliad honno. Ond tybed am faint y gallai barhau i beidio â chrybwyll cysylltiad George ag Alys, dan ei lygaid barcud?

Gyda'i law ar y bwlyn edrychodd Reynolds i lawr ar ei choes.

'Peidiwch ag anghofio hercan,' meddai, gyda gwên wybodus.

Roedd y cyntedd yn fwy gwag o lawer nag o'r blaen, oherwydd roeddent i gyd yn y stafell fwyta. Aeth Dela i eistedd wrth ei bwrdd arferol, yn ymwybodol o lygaid pobol arni. Bu'n ddoeth i ganiatáu i'r gwesteion gael cinio. Roedd pobol ddig yn un peth, ond roedd pobol ddig ar eu cythlwng yn waeth o lawer. O gornel ei llygad gwelodd Dela nifer o'i chyd-westeion yn cael eu galw allan bob yn un a dau. Collodd y Pritchards ddwy saig, a gallai Dela weld bod Gwladys a Meri, wrth y ffenest, yn disgwyl cael eu galw'n fuan oherwydd aethant drwy eu pryd ar ras wyllt. Nid oedd sôn am Tomi o gwbl. Bwytodd Dela'n fwriadol o araf. Roedd eisiau gweld adwaith pobol cyn mynd i'w cyfweliadau ac wrth ddychwelyd. Daeth y dyn yn y siwt siec nôl yn chwysu, ac roedd yn amlwg fod Maisy a Dulcie mor llawn cyffro byddai Dela wedi synnu pe bai Reynolds wedi llwyddo i gael un gair call allan ohonynt. Trwy'r holl fynd a dod sibrydai pawb, gan daflu golygon chwilfrydig at ei gilydd.

Daeth Dela i'r canlyniad fod dwy set o gyfweliadau'n cael eu cynnal. Rhannwyd y gwaith er mwyn ei gyflymu. Erbyn iddi orffen ei phwdin nid oedd Gwladys wedi dychwelyd, ond pan ddaeth allan i'r cyntedd roedd Meri eisoes yn loetran yn anesmwyth ger y rhodfa i'r lownj yn aros amdani. Eisteddodd Dela mewn sedd lle gallai ei gwylio. Pam oedd hi mor bryderus, tybed? Gwasgai ei dwylo at ei gilydd yn ddi-baid. Oedd hi'n bryderus ar ei rhan ei hun, neu'n poeni am yr hyn allai Gwladys fod yn ei ddweud? Pan ymddangosodd Gwladys gan bwyso'n drwm ar ffon, rhuthrodd Meri ati i'w thywys draw at y cadeiriau yn ymyl Dela.

'Wel!' meddai Gwladys wedi pwdu'n llwyr. 'Rhwng y meddyg a hwnnw ... sôn am ddi-wardd! Sdim gwŷr bonheddig i gael rhagor.'

Ar fin cydymdeimlo er mwyn clywed y manylion, gwelodd Dela fod Reynolds ei hun yn sefyll yn y rhodfa a'i het yn ei law. Roedd e'n trafod rhywbeth gyda heddwas arall mewn dillad cyffredin. Efallai taw Gwladys ar gefn ei cheffyl gwyn a barodd iddo roi'r ffidil yn to. Os felly, roedd Dela'n ddiolchgar iddi. Cododd ar ei thraed a gwelodd ef yn rhoi'r amnaid lleiaf tuag ati cyn brasgamu at y drws.

Roedd hi ar fin ei ddilyn, pan afaelodd Gwladys yn ei llawes. Roedd yn ormod i obeithio na fyddai hi wedi sylwi ar yr amnaid. Plygodd Dela i glywed beth oedd ganddi i'w ddweud.

'Peidiwch â gadael iddyn nhw eich bwlio chi!' hisiodd Gwladys. 'Daliwch eich tir!'

Pennod 19

Gwthiodd Reynolds y drws i'r corffdy a syllu o'i amgylch yn ddiamynedd o'i weld yn wag. Dilynodd Dela ef, gan gofio'r tro diwethaf iddi fod mewn corffdy yn ei gwmni. Edrychai'r lle hwn yn lanach o gryn dipyn, ac er gwaethaf y tywydd poeth roedd y ffenestri wedi'u cau'n dynn. Gallent glywed tap yn rhedeg i fwced yn y stafell gefn, a chyn y gallai Reynolds agor ei geg daeth ton anferth o ddŵr poeth gyda sawr cryf diheintydd drwy'r drws ac ar draws y llawr tuag atynt. Dilynwyd hyn gan sŵn brwsio diwyd.

'Roberts!' gwaeddodd Reynolds, gan neidio o'r ffordd. 'Beth wyt ti'n drio'i 'neud, w? Ein boddi ni?'

Fel cwningen o dwll, gwelodd y ddau ohonynt ben yn cael ei hwpo drwy'r adwy. Roedd e'n ifanc iawn, meddyliodd Dela, gyda wyneb hir difrifol a sbectol gron. Nid oedd yn syndod fod Reynolds wedi caniatàu iddi ddod i weld y corff. Gwthiodd y bachgen y sbectol i fyny ar bont ei drwyn.

'Mae'r lle 'ma fel twlc o fochedd!' meddai'n grac, cyn iddo weld Dela.

Pesychodd yn sydyn a rhoddodd y brwsh mawr i sefyll yn erbyn y drws. Sychodd ei ddwylo'n frysiog ar liain, cyn troedio'r llawr gwlyb tuag atynt. Estynnodd ei law i Dela.

'Doctor Emlyn Roberts,' meddai. 'Mae'n ddrwg iawn 'da fi am eich profedigaeth chi.'

Credodd Dela iddi glywed Reynolds yn mwmial 'Yffach gols!' dan ei anadl cyn iddo gymryd yr awenau.

'Ddim perthynas yw hi, Roberts. Miss Dela Arthur yw hon. Mae'n arbenigo mewn ...' Yn amlwg ni allai feddwl mewn beth yn hollol, felly gorffennodd, 'mewn pethe fel hyn.'

Ysgydwodd Dela law y patholegydd ifanc a gwenodd yn galonogol arno.

'Dwi'n hynod falch i gwrdd â rhywun sy'n deall pwysigrwydd amgylchfyd di-haint,' meddai o eigion calon.

Syllodd y bachgen arni fel tylluan wedi'i syfrdanu, ac yna edrychodd yn nerfus ar Reynolds.

'Ry'n ni wedi cael tamed o lwc,' esboniodd Reynolds yn gelwyddog. 'Mae Miss Arthur yn digwydd bod yn aros yn y dref, ac ar ben hynny, roedd hi'n un o'r rhai ddaeth o hyd i'r groten.' Gwingodd, fel pe bai hyn yn peri poen iddo. 'Blaw am Miss Arthur bydde 'da ni ddim corff o gwbwl.'

Chwifiodd Dela ei llaw arno'n ddiymhongar.

'Oes angen help arnoch chi i orffen y diheintio?' gofynnodd.

'Ym, nac oes, diolch i chi am gynnig,' atebodd Emlyn Roberts. 'Y llawr oedd y peth olaf.' Edrychai'n nerfus iawn nawr. 'Sda fi ddim lot i ddangos i chi 'to. Dim ond darganfyddiadau cychwynnol, a sai'n gwbod faint o werth yw'r rheiny o ystyried cyflwr y lle 'ma.'

'Dangos y corff iddi, w!' Roedd Reynolds wedi syrffedu ar fân siarad.

Camodd y patholegydd draw at fwrdd ar olwynion yng nghornel y stafell. Er nad oedd unman yn oer, sylwodd Dela ei fod wedi gosod y bwrdd i ffwrdd o olau'r ffenest, a phan wthiodd ef atynt roedd sawr y diheintydd yn llethol. Siomwyd hi, pan tynnwyd y gorchudd, i weld bod Alys eisoes yn noeth. Gobeithiodd yn daer nad oedd ei dillad wedi cael eu torri oddi arni, ond ni chrybwyllodd hynny am y tro. Brysiodd y patholegydd draw at fwrdd arall i mofyn llith o nodiadau. Taflodd Dela gipolwg ar Reynolds. Roedd e'n sefyll a'i ddwylo yn ei bocedi unwaith eto, ond ni allai ddirnad o'i wyneb swrth pa obeithion oedd ganddo.

'Merch ifanc, pum troedfedd a phedair modfedd, yn pwyso wyth ston ac wyth pwys, rhywle rhwng ei harddegau hwyr a'i hugeiniau cynnar, wedi'i datblygu'n dda, ac ôl gofal arni,' darllenodd y meddyg.

Edrychodd i fyny arnynt, ac er bod Dela yn ymdrechu i beidio â dangos beirniadaeth ar ei hwyneb ac yn llawn diddordeb, roedd yn amlwg fod Reynolds yn edrych fel y gŵr drwg, oherwydd palodd y bachgen ymlaen yn syth.

'Hynny yw, doedd hi ddim wedi byw bywyd anghenus, a doedd 'na ddim arwyddion o gamfaethiad fel diffyg twf neu'r llech.'

'Gwbod 'ny,' rhochiodd Reynolds. 'Alys Morgan, ugain oed, merch ffarm, morwyn mewn gwesty.'

'Iawn,' meddai'r patholegydd yn frysiog gan droi'r dudalen. 'Mae'r anafiadau ar ei chorff yn helaeth, fel y gwelwch chi. Mae hi wedi cael ei chwipio'n ddilywodraeth â rhyw fath o gansen. Mae'r marciau'r un peth ar ei chefn ac ar gefn ei choesau.'

Trodd ei lyfr nodiadau tuag atynt. Roedd wedi darlunio holl gorff Alys mewn pensel ddu ar ddwy dudalen, gan nodi pob anaf yn fanwl.

'Oes gyda chi fenig rwber sbâr?' gofynnodd Dela gan wenu.

Am y tro cyntaf gwenodd yntau cyn estyn pâr iddi. Gwisgodd Dela nhw cyn mynd at yr anafiadau. Canolbwyntiodd ar stumog y ferch. Roedd y marciau'n rhyfedd ac yn amrywio. Dilynodd drywydd rhes o gleisiau bach ar wahân. Gwyliodd y patholegydd hi'n ofalus.

'Math o gansen denau?' gofynnodd, gan wthio'i sbectol i fyny eto.

'Falle wir,' atebodd Dela. 'Ond cansen arw oedd hi – rhywbeth a dorrwyd o'r clawdd. Sneb wedi naddu'r chwyddiadau bach i ffwrdd a achosodd y cleisiau amrywiol hyn. Eto, mae rhai o'r marciau eraill yn llyfn.'

Amneidiodd Emlyn Roberts yn gymeradwyol cyn mynd nôl at ei nodiadau.

'Nid dyna'r unig anafiadau sy'n anghyson. Mae'r anafiadau mewnol yr un mor amrywiol.'

Taflodd gipolwg gyflym tuag ati fel pe bai'n ansicr a ddylai fanylu mwy. Roedd Dela'n syllu ar y brathiad, ac yn ceisio rhoi ei siâp anwastad ar gof. Gan nad oedd hi'n edrych arno, cafodd hyder i fynd yn ei flaen.

'Rhwygiadau i'r wain ac i'r anws allanol. Fydda i ddim yn gwybod pa mor ddwfn ydyn nhw nes gwneud archwiliad pellach, ond mae 'na arwyddion o ymestyniad i'r meinwe yn y ddau le. A lot o gleisiau.'

'Gydag erfyn siarp neu heb fin arno?' gofynnodd Dela.

Ysgydwodd y meddyg ei ben. 'Y ddau, weden i, ar hyn o bryd.'

'A dwy gansen,' ychwanegodd yr Uwch-arolygydd yn bendant. 'Ddim ar ben y clogwyn wnaeth y llofrudd hyn i gyd. Cymerodd y jiawl ddigon o amser wrthi.'

'Systematig, fel y dywedoch chi, Mr Reynolds,' cytunodd Dela. Pwyntiodd at y brathiad. 'Dim ond un o'r rhain sydd yma?'

'Ie.' Crychodd Emlyn Roberts ei drwyn. 'Bydden i wedi disgwyl mwy, oherwydd mae'r anafiadau eraill yn dangos y fath wylltineb. Fel rheol mae'r ddwy fron yn cael eu cnoi. Mae hwn yn ansicr o'i gymharu.'

'Fel rheol?' gofynnodd Reynolds. 'Ble welest ti shwd beth o'r blaen?'

'Pan o'n i'n fyfyriwr lan yn Llunden, bues i'n ddigon ffodus, os dyna'r gair hefyd, i fod mewn darlith a roddwyd ynghylch y math hwn o lofruddiaeth. Roedd Neville Heath newydd gael ei grogi am ladd dwy ferch.'

'O ie, hwnnw,' meddai Reynolds, fel pe bai'n hen gyfarwydd â'r achos. 'Oedd hi ar ddi-hun pan wnaeth e hyn iddi?'

'Mae'n anodd dweud yn iawn a oedd hi hyd yn oed yn fyw, oherwydd iddi dreulio amser yn y dŵr. Tase hi wedi bod ar dir sych, bydde faint o waed gollodd hi o'r anafiade'n rhoi syniad i ni. Ond mae hynny i gyd wedi'i olchi bant. Sach 'ny, pan edrycha i ar yr ysgyfaint bydda i'n gwybod ai boddi wnaeth hi, neu ai hyn a'i lladdodd hi.'

Cododd ben Alys a'i droi i un ochr, er mwyn iddynt weld briw mawr ar gefn ei phenglog. Chwalwyd yr asgwrn i'r graddau fod meinwe ymennydd i'w weld mewn mannau.

'Nawr, ai ergyd fwriadol oedd hon, neu a darodd hi ei phen ar rimyn o graig ar y ffordd lawr?'

Plethodd Reynolds ei wefusau.

'Paid â gweud dy fod ti'n meddwl fod posibilrwydd taw hunanladdiad odd e?' Llusgodd hi'i hunan i'r clogwyn do fe? Dwi'n ame 'ny!'

Sgleiniodd y golau o'r ffenest ar wydrau sbectol Emlyn Roberts gan orchuddio'i lygaid. Am eiliad edrychai'n ddieithr iawn.

'Mae pobol wedi dod drwy waeth,' meddai'n dawel. 'Ond heblaw am yr ergyd i'w phen sdim arwydd allanol arall sut na phryd fuodd hi farw.' Lledaenodd groen ei gwddf â'i fysedd. 'Ch'weld, sdim marciau tagu, a nes gwela i'r organau mewnol sdim modd gwbod a gafodd hi ei phwno mor galed fel bod asen wedi'i thorri, er enghraifft, a thrywanu'r ysgyfaint neu'r galon.'

'Ond tase hi'n fyw pan gafodd hi'r ergyd i'w phen, bydde hynny wedi'i lladd hi, on' bydde fe?' gofynnodd Dela.

'Bydde'n bendant, yn y pen draw. Bydde hi'n anymwybodol o hynny 'mlaen, ta beth. Ond falle taw boddi wnaeth hi. Mae'n dibynnu'n llwyr pryd gafodd hi'r ergyd.'

Gallai Dela weld na phlesiwyd Reynolds o gwbl gan y dadansoddiad hwn. Cyn iddo ddechrau arthio ar y bachgen, edrychodd Dela o'i hamgylch.

'Oes 'na unrhyw arwydd o'i dillad a'i heiddo a allai fod o help?' gofynnodd.

Brysiodd y meddyg draw at fwrdd arall wedi'i orchuddio gan liain. Tynnodd ef ymaith. Roedd wedi gosod yr holl ddillad allan yn daclus.

'Pwy ddadwisgodd hi?' gofynnodd Dela.

'Fi,' meddai'r patholegydd yn betrusgar.

'Diolch byth,' meddai Dela'n gyflym. 'Sdim rhaid i ni mofyn neb arall a gofyn iddyn nhw.' Gwenodd i fyny arno. 'Cysondeb wrth drafod y corff yw'r peth pwysig, ontefe?' Arhosodd iddo amneidio. 'Nawr 'te, beth sylwoch chi am y dillad pan oedden nhw amdani?'

Edrychodd Emlyn yn frysiog ar ei nodiadau a sylwodd Dela fod Reynolds yn gwenu'n ddirgel wrtho'i hun. Gobaith Dela oedd na stripiwyd Alys heb sylwi ar ddim yn y brys i weld yr anafiadau.

'Reit …' meddai Emlyn o'r diwedd, gyda thinc diamheuol o ryddhad ei fod wedi dod o hyd i rywbeth i'w ddweud. 'Roedd y flows yn ddiddorol. Cafodd ei botymu'n anghywir. Falle na fydde hynny'n arwyddocaol ynddo'i hun, ond dim ond un *hook and eye* oedd wedi'i fachu ar ei bronglwm hefyd. Felly, gwisgodd hi ar frys rhywbryd. At hynny mae un esgid ar goll yn llwyr, ac roedd yr hosan ar y goes arall wedi dod yn rhydd o'r *suspender belt*. Dim ond y ffaith bod yr esgid arall yn dal am y droed hon a'i hataliodd rhag cael ei golchi bant. '

'Sdim byd yn rhyfedd am hynny,' rhochiodd Reynolds.

'Mae'n rhaid i fi anghytuno,' ebe'r bachgen. 'Os edrychwch chi ar yr esgid sydd gyda ni, fe welwch fod ganddi strap a botwm sy'n ffitio'n eitha tyn.'

Cododd yr esgid a dangosodd iddynt mor anodd oedd gwthio'r botwm i'w dwll priodol.

'Mae'n awgrymu i fi bod rhywun arall wedi rhoi ei hesgidiau nôl am ei thraed ond na lwyddodd i wthio'r botwm yr holl ffordd drwodd. Pe bai hi wedi gwneud hyn ei hunan a cherdded mwy nag ychydig gamau, bydde'r esgid wedi dod yn rhydd. A pheth arall,' meddai, wedi magu hyder, 'roedd yr hosan ar y goes heb esgid yn dal wrth y belt. Ond chi'n gwbod shwd mae menywod yn troi top hosan i lawr er mwyn iddi ddal yn dynnach yn y bechingalw bach ar y belt? Roedd yr un ddaliodd heb gael ei throi lawr. Ar ben hynny, o ystyried ei hanafiadau a lle buodd hi cyhyd, bach iawn o rwygo oedd ar y dillad.'

'Ac i ba ganlyniad ddaethoch chi am hyn oll?' gofynnodd Dela.

Roedd e wedi bod yn drylwyr, a gobeithiai'n daer y gallai ddod i gasgliadau call.

Meddyliodd Emlyn, gan daflu cipolygon tuag at Reynolds. Daeth i benderfyniad.

'Dwi ddim yn credu ei bod hi'n gwisgo'r dillad pan gafodd hi'r anafiadau. Naill ai tynnodd hi nhw o'i gwirfodd neu gorfodwyd hi i wneud. Nawr, galle hi fod wedi ailwisgo'i hunan, ond dwi'n tueddu i feddwl taw rhywun arall ailwisgodd hi, ar frys, ac yn esgeulus.'

'Dwi'n cytuno'n llwyr,' meddai Dela'n llyfn. 'Mae 'na ormod o gamgymeriadau. Hyd yn oed wedi'i chwipio a'i brathu, os oedd hi'n gallu gwisgo bydde Alys wedi gwneud rhai pethau'n reddfol – fel clymu ei bronglwm yn gywir. Mae'r peth yn awtomatig. A naill ai bydde hi wedi gwisgo ei sanau yn ei ffordd arferol neu wedi eu tynnu'n gyfan gwbl.'

Trodd at yr heddwas, a oedd wedi bod yn gwylio hyn oll yn sur.

'Ry'ch chi'n gwybod fy marn i am ddillad pobol, Mr Reynolds,' meddai. 'Maen nhw'n adrodd cyfrolau am eu cymeriad a'u gobeithion ar y diwrnod tyngedfennol.'

Nid arhosodd iddo ateb, ond camodd at y bwrdd a dechreuodd archwilio'r dillad yn fanwl.

'Mae'r sanau'n rhacs, yn ôl y disgwyl, ond dyw nhw ddim wedi eu trwsio yn y mannau gwan fel y sawdl. Mae'r rhan fu o fewn ei hesgid heb arwydd o draul o gwbl. Felly pâr o sanau newydd ydyn nhw. Y môr a'r creigiau wnaeth y rhwygiadau hyn. Mae'r ffaith ei bod hi'n gwisgo sanau o gwbl yn y tywydd hwn yn awgrymu ei bod hi'n dymuno edrych fel ledi, neu efallai fod pwy bynnag roedd hi'n cwrdd ag ef yn hoffi ei gweld yn eu tynnu. Mae'r dillad isaf yn ffansi iawn – sy'n atgyfnerthu hynny. Wedi'r cyfan, pam fyddech chi'n trafferthu os nad oes neb yn mynd i weld eich ymdrechion?'

Gwyddai fod y ddeuddyn yn gwrando'n ddistaw arni, felly palodd ymlaen. Cododd y nicer Ffrengig gan edrych ar y gyset. Bu gwaed arno ond golchwyd llawer ohono ymaith. Trueni am hynny.

'Y môr yw'n gelyn pennaf ni fan hyn,' ychwanegodd dan ei hanadl.

Daliodd y sgert i fyny, gan edrych draw ar gorff Alys.

'Roedd y sgert hon yn ei ffitio fel ail groen,' meddai. 'Sidan ffug yw'r flows binc. Dillad rhad wedi'u prynu o siop yw'r ddau yn hytrach na'u gwnïo gartref neu gan wniadwraig. Roedd ffasiwn yn bwysig iddi ac roedd hi wedi gwisgo er mwyn dangos ei chorff.'

Edrychodd yn fanylach ar y sêm a gysylltai lawes y flows â'r corff.

'Mae'r pwythau wedi'u tynnu fan hyn – yn yr ymdrech i'w rhoi nôl yn ei dillad, falle? Gan ei bod hi'n gwisgo'i dillad yn dynn, byddai ei hailwisgo, os oedd hi'n anymwybodol neu'n farw, wedi bod yn dasg. Ar y llaw arall, mae'n bosibl taw fi wnaeth i'r pwythau hollti wrth ei bachu i'w chadw o'r tonnau.' Edrychodd i fyny arnynt. 'Nid dyma ymddygiad arferol llofrudd sy'n sadydd rhywiol.'

'Nage 'te,' cytunodd Reynolds. 'Maen nhw'n gadel y druan fach yn borcyn ac yn yfflon. Dyw hi'n ddim iddyn nhw rhagor.'

Crychodd Emlyn ei dalcen am rai eiliadau.

'Pam aeth y llofrudd i'r drafferth, 'te?' gofynnodd. 'Oedd e'n difaru?'

'Pwff!' meddai Reynolds, 'Eisiau gwneud i'r peth edrych fel hunanladdiad oedd e. Mae e'n un cyfrwys.'

Erbyn hyn roedd Dela'n teimlo ym mhocedi'r got ysgafn, ond nid oedd dim ynddynt.

'Oedd ganddi emwaith?' gofynnodd.

'Watsh tsiep a dim ond un clustdlws yn dal yn ei le,' atebodd Emlyn.

Estynnodd ddesgl fach iddi a gwelodd Dela taw hen strap lledr oedd ar y watsh. Archwiliodd y glustdlws ac yna syllodd draw ar Reynolds.

'Mae 'na bosibilrwydd nad y môr olchodd y llall i ffwrdd. Mae'r bachyn yn un sownd iawn, a sgriw i'w dynhau o'r cefn. Bydde'n wahanol tase'r clustdlws yn un â chlip – maen nhw'n syrthio allan drwy'r amser.' Pendronodd ennyd am hyn. 'Tase hi wedi 'matryd o'i gwirfodd, a fydde hi wedi tynnu ei chlustdlysau? Rhai bach ydyn nhw.' Aeth draw at y corff ac edrychodd ar fysedd y ddwy law. 'Sdim marc modrwy o gwbl, ac fe fydde un oherwydd gallwch weld stribyn goleuach ar ei braich lle roedd hi'n arfer gwisgo'i watsh.'

Am y tro cyntaf dangosodd Reynolds ddiddordeb gwirioneddol.

'Cadwodd e glustdlws, chi'n meddwl?'

'Digon posib,' amneidiodd Dela. 'Fel gwobr i'w atgoffa o'r pleser a gafodd.'

'Pam na chadwodd e'r watsh, 'te?' gofynnodd Emlyn.

'Rhy gyffredin,' atebodd Reynolds yn syth. 'Tase hi'n watsh bert ...' Prociodd y gemwaith yn y ddesgl. 'Dyle fe fod wedi cymryd y ddau glustdlws. Falle fydden ni ddim wedi sylwi ar hynny.'

'Beth am ei bag llaw?' gofynnodd Dela.

'Dim sôn amdano'n unman mor belled,' meddai Reynolds. 'Mae'n bosibl y daw e i'r golwg 'to, er falle iddo gael ei daflu i'r môr. Os oedd e'n bwriadu rhoi'r argraff o hunanladdiad, roedd hynny'n fistêc mawr.' Gwenodd fel blaidd arnynt. 'Pwy sy'n neidio dros glogwyn a'u bag llaw am eu braich?'

Roeddent wedi neilltuo stafell fach i Reynolds, ac aeth Dela ac ef i mewn i roi heddwch i'r patholegydd ifanc fynd at ei waith. Pwysodd Reynolds ei ddwy benelin ar y ddesg a chynnau mwgyn.

'Pryd sylweddoloch chi fod Alys ar goll?' gofynnodd.

'Pan ddaeth dau heddwas i'r gwesty,' atebodd Dela. 'Ar gais y teulu oedd hynny, mae'n debyg. Aeth Thelma Martin â nhw lan i'w stafell hi ar y llawr uchaf ar y nos Wener. Clywes i nhw'n mynd heibio pan o'n i yn y stafell ymolchi. Roedd Thelma'n grac iawn.'

Meddyliodd Reynolds am hyn gan amneidio.

'Daethoch chi o hyd i unrhyw beth yn ei stafell hi?'

Ni thrafferthodd Dela wadu iddi fod yno.

'Dim ond sylwi ar un botel o bersawr ac un sgarff ddrud ymysg yr holl rai tsiep.'

Sniffiodd Reynolds wrth fyseddu'r adroddiad o'i flaen. Tybiodd Dela nad oedd yr wybodaeth honno ynddo. Rhoddodd fraslun i'r heddwas o'r hyn roedd wedi'i ddysgu'n gyffredinol, heb grybwyll George, gan bwysleisio'r farn gyffredinol bod Alys wedi bod yn chwilio am sboner cyfoethog o blith y gwesteion.

'Buodd hi'n fishi, on'dofe?' mentrodd Reynolds gan chwythu mwg o gornel ei geg.

'Nôl y chwaer, ro'dd hi'n sant, ond o siarad â'r morynion rwy'n ame hynny'n fawr. Odych chi wedi meddwl mwy am unrhyw gysylltiad rhyngddi â'r hen fenyw?'

'Dim byd pendant,' ebe Dela. 'Mae 'da fi syniad bod Alys wedi gweld rhywbeth ynghylch marwolaeth Harriet a dyna pam roedd yn rhaid i hithau gael ei lladd.'

Tynnodd Reynolds wep amheus.

'Ond os lladdwyd nhw gan yr un person, mae'n od fod y dull yn gwbl wahanol. Oedd yr hen ddynes yn gleisie?'

'Nac oedd, ond cofiwch, cafodd y llofrudd ddim preifatrwydd i ladd Harriet o gwbl. Tase amser gyda fe, falle bydden ni weld gweld pethe tebyg.' Gwnaeth Dela geg gam. 'Dwi'n cael yr argaff fod angen gwaredu Harriet yn gyflym am ryw reswm, ond yn achos Alys ...' Chwiliodd ei meddwl am ffordd i fynegi hyn. 'Y gwahaniaeth, sbo, yw rhwng lladd heb gynllunio ac ar ôl cynllunio. Roedd llofruddiaeth Harriet ar fyrfyfyr, ond roedd e wedi edrych ymlaen at ladd Alys ac wedi meddwl am beth y dymunai ei wneud.'

Syllodd Reynolds arni'n ddwys. Er gwaethaf ei agwedd swrth, gwyddai Dela fod marolwaeth Alys, a'r dull o'i gyflawni, fel dant poenus iddo. Cythryblwyd ef ddigon gan ei oblygiadau nes caniatáu iddi hi roi ei bys yn y brywes. Ac er bod hynny'n fath o ganmoliaeth, golygai ei chysylltiadau â George y byddai'n rhaid iddi gerdded y cortyn tyn hwn yn dra gofalus.

Pennod 20

Er i Reynolds gynnig ei chludo nôl i'r gwesty yn y car, roedd Dela wedi gwrthod gyda diolch, gan ddweud y byddai'n well ganddi gerdded. Camodd ar hyd y palmentydd gan deimlo gwres haul y prynhawn yn boeth ar ei chefn, ac yn falch o glirio drewdod y corffdy o'i ffroenau. A hithau'n ddiwrnod gwaith, roedd y dref yn brysur a faniau nwyddau'n dosbarthu i'r siopau. Bu'n rhaid iddi gamu i'r naill ochr wrth i ddyn mewn côt wen waedlyd, gyda hanner mochyn dros ei ysgwydd, groesi o'i blaen i mewn i siop gigydd cyfagos.

Cludiant, meddyliodd Dela'n sydyn. Oni fyddai angen car neu fan o ryw fath ar y llofrudd? Byddai hynny, ynddo'i hun, yn cau nifer fawr o bobl allan o'r ymchwiliad. Roedd gan George gar mawr gyda digon o le yn y gist i gelu corff. Ond doedd gan George ddim unman heblaw'r car i gyflawni'r gwaith anllad, oni bai ei fod wedi lladd Alys allan yn yr awyr agored yn eu man cyfarfod arferol, a'r car wedi'i barcio gerllaw. Cofiodd am y gansen arw ac aeth rhyw gryndod bach drwyddi. Hi ei hun a'i disgrifiodd fel pren wedi'i dorri'n gyflym o'r clawdd. Ym mha ffordd arall allai'r llofrudd fod wedi taflu Alys i'r môr? Roedd ystod eang o draeth i ddewis ohono. A gawsai ei chario'n gwbl agored drwy'r dref, fel darn o gig, dros ysgwydd y sawl a'i lladdodd, a'i thaflu i'r môr o'r traeth? Ond ni fyddai hynny wedi'i chario allan i'r môr mawr fel y dymunai'r llofrudd. Yr unig ffordd o sicrhau na châi ei darganfod yn syth oedd mynd â hi mewn cerbyd i fan anghysbell ar y penrhyn ganol nos a'i gwaredu fel sachaid o sbwriel. O'r fan honno gallai'r llanw fod wedi'i chario gryn bellter. Gresynodd nad oedd yn adnabod yr arfordir yn well. A oedd modd prynu map manwl yr Arolwg Ordnans a roddai syniad gwell iddi o'r mannau tebygol?

Os gallai ddod o hyd i Tomi, efallai y gallai ef awgrymu ble i fynd i chwilio. Tarawodd hi ei bod yn rhyfedd ei fod mor gyndyn i gael ei holi. Beth oedd ganddo i'w guddio, tybed? A pham nad oedd e wedi rhoi gwybod am gorff Alys pan ddaeth o hyd iddo'r tro cyntaf? Pam oedd angen tyst arno? Ai er mwyn dargyfeirio amheuaeth gyfiawn oherwydd mai fe oedd yn gyfrifol? Gallai fod wedi rhoi gwybod i'r heddlu'n anhysbys o flwch ffôn cyhoeddus. Eto, nid oedd wedi ymddwyn yn annaturiol yn swyddfa fach Thelma o flaen yr heddwas. Roedd y peth yn benbleth llwyr. Doedd hi ddim eisiau meddwl am George na Tomi fel llofruddwyr, ac roedd yn amlwg nad un o'r ddau frathodd Alys. Ai brathiad dynol oedd e wedi'r cyfan?

Cyrhaeddodd y prom ac eisteddodd ar fainc wag. Roedd y traeth yn dal yn llawn ymwelwyr. Draw ger ymyl y môr cerddai pobol yn hamddenol, a chodai ambell i blentyn gastell tywod. Dylent fod yn yr ysgol, meddyliodd Dela. Cysgododd ei llygaid â'i llaw rhag yr haul a gwyliodd un bachgen llond ei groen yn twthian o'r môr â bwced llawn dŵr ar gyfer amffos ei greadigaeth. Roedd ei gerddediad yn gyfarwydd, ond gyda'r haul yn ei llygaid ni allai ei weld yn iawn. Ymunodd dau oedolyn ag ef i edmygu'r castell, ei rieni'n amlwg, o faint y tad, ac yn ôl eu stumiau. Yn sydyn sylweddolodd Dela pwy oedden nhw. Aneurin Plisman, ei wraig Mari a'u mab Gerwyn, un o'i disgyblion yn Nant yr Eithin. Yn ei brys i godi a dianc disgynnodd ei bag llaw ar y llawr, gan arllwys peth o'i gynnwys. Rhegodd Dela dan ei hanadl a phlygu i geisio stwffio popeth nôl, ond roedd ei lipstic wedi rholio o dan y fainc a bu'n rhaid iddi ymestyn amdano.

'Wel, wel,' meddai llais. 'Shwd y'ch chi, Miss Arthur fach?'

Cododd Dela ei phen yn anfodlon a gorfodi ei hun i wenu. Wrth gwrs byddai Aneurin wedi'i gweld o bell. Roedd ei lygaid bob amser ym mhobman.

'Bois bach!' meddai'n gwbl annilys. ''Na neis i'ch gweld chi i gyd. Ydych chi'n manteisio ar y tywydd braf?'

'Odyn,' ebe Aneurin. 'Meddwl we'n ni bydde fe'n gwneud lles i Gerwyn achos 'i fod e'n sâl.' Chwinciodd arni'n gynllwyngar.

'Oes 'na lot o salwch yn yr ysgol ar hyn o bryd, 'te?' gofynnodd Dela'n ffug ddiniwed.

Sugnodd Aneurin ei ddannedd.

'Imbed,' meddai. 'Epidemig parod. O leiaf hanner y plant bant. Synnen i fyth na fydd yn rhaid iddyn nhw gau'r ysgol a galw'r *fumigators* miwn.' Edrychodd arni'n graff. 'Ma' isie carthu'r lle mas yn ddifrifol.'

Yn unol â'i disgwyliadau, roedd rhieni plant yr ysgol wedi adweithio i ymerodraeth greulon Dorcas Morus yn eu ffordd ddistaw ond penderfynol eu hunain. Amneidiodd Dela'n ddoeth.

'Ddaethoch chi lan ar y trên?' gofynnodd.

'Naddo, cethon ni reid 'da Mr Richards, ond byddwn ni'n gorfod dal y trên nôl am bump. Mae'r Gweinidog yn bwriadu aros am gwpwl o ddwrnode. A nawr dwi'n gwbod pam ...' gorffennodd, gan chwincio eto.

'Ydy e bwti'r lle?' gofynnodd Dela. Nid oedd am ddangos bod hyn yn newyddion syfrdanol a digroeso.

'Aeth e i ofyn amdanoch chi yn y gwesty draw fanna,' meddai Aneurin gan bwyntio bys tew draw i gyfeiriad yr Excelsior. 'Ma' dysgu plant bach yn talu'n well na we'n i'n feddwl,' ychwanegodd yn fyfyrgar.

Trodd Dela'n wyllt ond gwelodd fod Huw'n croesi'r stryd tuag atynt. Gwenodd pan welodd nhw.

'Peth da i fi ddod â phlismon efo fi, 'te?' galwodd Huw. 'Dyma chi wedi dod o hyd iddi'n syth.'

'*Cherchez la femme*,' meddai Aneurin yn gwbl annisgwyl. 'Reit, dwi'n credu bod y siop tsips yn galw.'

Taflodd gipolwg draw i ble'r oedd ei wraig yn ceisio cael perswâd ar Gerwyn i adael ei waith adeiladu, cyn gweiddi, 'Tsips ac eis-crîm, Ger!' mewn llais fel taran. Yn amlwg, dyna'r geiriau hud.

'Diolch yn fowr i chi am y reid,' meddai Aneurin, cyn dechrau ymlwybro at ei deulu. 'Fyddwn ni ddim yn bell o'r traeth drw'r prynhawn.'

Gwyliodd Dela a Huw y teulu bach yn mynd ar eu hynt. Ni ddywedodd yr un ohonynt air nes na allai hyd yn oed clustiau ystlum Aneurin eu clywed.

'Paid â dechra rwan,' mwmialodd Huw, ond roedd Dela'n rhy grac i ymatal.

'Am bwy ofynnest ti yn y gwesty?' hisiodd.

'Neb,' atebodd Huw. 'Mae'r lle dan ei sang â'r glas.'

'Diolch i'r drefn am hynny. Pam ar y ddaear wyt ti yma, a pham ddest ti ag Aneurin o bawb gyda ti?'

Nid oedd Huw'n edrych yn edifeiriol o gwbl. Tywysodd hi i'r cyfeiriad arall.

'Meddwl o'n i ella bod gynno fo ffordd i ti gael gweld corff yr hogan, neu adroddiad y patholegydd,' meddai'n dawel. Ciledrychodd arni i weld ei hadwaith. 'Mae o neu'i wraig yn perthyn i bob heddwas rhwng fa'ma ac Aberystwyth. Sut wyt ti'n mynd i wneud cynnydd fel arall?'

'Newydd fod yn ei gweld hi ydw i,' atebodd Dela'n fuddugoliaethus. Clywodd ef yn tynnu anadl ddofn. 'Gwyn Reynolds sy'n arwain yr achos. Ces i'n 'nghludo i'r corffdy'n unswydd.'

'Y Comiwnydd diawl hwnnw eto,' chwyrnodd Huw, ond yna meddalodd. 'O leiaf cest ti ei gweld hi.'

'Ac fe ga'i weld yr adroddiad hefyd, mwy na thebyg. Crwt bach neis iawn yw'r patholegydd, Emlyn Roberts. Mae Reynolds yn ei drin fel plentyn, ond mae e'n addawol tu hwnt.'

Rhoddodd Huw roch o gefn ei wddf. 'Be wyt ti rwan – ymgynghorydd arbenigol ar batholegwyr yn ogystal â chyrff meirw? Esgob, sôn am hy!'

Gallai Dela weld ei fod yn brwydro i dderbyn na fu angen ei gymorth arni, a phenderfynodd fod yn drugarog.

'Mae'r achos hwn yn poeni Gwyn Reynolds am resymau da,' meddai'n llai heriol. Rhoddodd ddisgrifiad cryno ond diflewyn ar dafod o'r corff.

'Mm,' meddai Huw, wedi iddi orffen. 'O ble'r aeth hi i'r dŵr, tybad?'

'Dyna beth o'n i'n pendroni yn ei gylch. Ond y broblem yw nad ydw i'n adnabod yr ardal yn ddigon da i allu dweud. A fyddai'n werth mynd i chwilio am bysgotwyr, neu bobol debyg, sy'n gyfarwydd â'r llanw?'

'Pysgotwyr!' wfftiodd Huw, gan chwilota ym mhoced ei gôt.

Tynnodd rywbeth ohoni a gwelodd Dela mai map yr Arolwg Ordnans o'r ardal ydoedd. Unwaith eto, synnwyd hi gan ei allu i feddwl yn ymarferol ac o bellter.

'Dwi yma am ddeuddydd ac mae'r car gin i,' ychwanegodd. 'Sylweddoles i'n reit sydyn fod angan cludiant arnat ti. Fedri di ddim cerddad y bryniau.'

Rwyt ti yma i fusnesan, meddyliodd Dela.

'Dwi'n credu taw yn y bae bach hwn oedd hi,' meddai Dela, gan gyfrif tri brigiad o'r prif draeth. Roedd y map fel rhyw gynfas anystywallt dros eu pengliniau yng ngofod cyfyng y car bach. Rhythodd Huw ar y fan a chododd ei ysgwyddau.

'Wrach y medra hi fod wedi disgyn o'r brig – yli ar y llinellau agos i'w gilydd. Mae'n hen le digon serth.'

'Paid â sôn,' atebodd Dela. 'Bues i'n styc ar y draethell am hanner awr. Heblaw fod 'na un silff tua phedair troedfedd lan o'r brigiad, sdim ffordd dringo o afael y tonnau. Ddim os nad y'ch chi'n fynyddwr, ta beth.'

'Ond dwyt ti'm yn credu mai o fanno y taflwyd hi,' meddai Huw.

'Nadw, a dweud y gwir. Mae e'n rhy agos i'r traeth a'r holl ymwelwyr.' Dilynodd y llwybr â'i bys. 'Drycha, dyw'r dref ddim yn gorffen nes fan hyn. Hyd yn oed ganol nos bydde gormod o berygl i rywun weld. Dwi'n credu iddi gael ei chludo i rywle anghysbell mewn cerbyd, ond dim ond llwybrau troed y galla i eu gweld.'

'Oedd gan dy ffrind Tomi unrhyw syniada? Mae o'n gerddwr mawr, dydy?'

'Tasen i'n gallu dod o hyd iddo, bydden i'n gofyn iddo,' atebodd Dela'n anesmwyth. 'Does dim sôn wedi bod amdano ers iddo fy rhybuddio i am ddyfodiad yr heddlu'r bore 'ma.' Gwelodd fod Huw'n syllu arni. 'Doedd e'n bendant ddim eisiau cael ei gyfweld ganddyn nhw, hwyrach am mai fe ddaeth o hyd i gorff Alys ar ei ben ei hunan ar y dydd Sadwrn. Holl bwynt y daith gerdded ar y pnawn Sul oedd dod o hyd iddi eto, ond gyda thyst annibynnol.'

'Oeddat ti'n gwbod hynny ar y pryd?'

'Nac oeddwn! Ond dwi'n dal i bendroni pam roedd e mor nerfus, pam wnaeth e esgus troi ei figwrn, a pham gymerodd e hydoedd i mofyn rhywun?'

'Gan dy adael di mewn perygl,' ychwanegodd Huw.

'I fod yn deg, dwi ddim yn credu fod hynny'n rhan o'r cynllun. Ond hoffwn i wybod i ble diflannodd e am ugain munud dda. Ar y llaw arall, doedd dim gorfodaeth arno i'm rhybuddio o gwbl am yr heddlu'r bore 'ma, ac fe aeth i gryn drafferth i'n smyglo i mewn i'r gwesty dan eu trwynau cyn diflannu.'

'Sut wnaeth o hynny?'

'Yn y lifft nwyddau pitw bach o'r gegin. A phaid ti â meiddio chwerthin!'

Ond doedd 'na ddim arlliw o wên ar wyneb Huw. Yn hytrach, edrychai braidd yn lletchwith.

'Beth wyt ti'n ei ŵybod amdano?' gofynnodd Dela. 'Buest ti'n gwneud ymholiadau, on'dofe? Nefoedd wen, sut wyt ti'n gallu 'neud hynny bob tro? Dwi'n rhedeg fel ffŵl o un man i'r llall yn trio darganfod pethau, a dyna'i gyd sy'n rhaid i ti 'neud yw codi'r ffôn.'

Lledaenodd Huw ei ddwylo.

'Mae isio i ti wbod pwy i'w ffonio, on'does? Mae un o'm ffrindiau o'r fyddin yn gweithio erbyn hyn yn y swyddfa gofnodion ganolog. Roedd yr unig Thomas Rhydderch o'r oedran brasgywir yn Is-gorporal yn y *Pioneer Corps* ac fe gafodd ei ollwng o'r fyddin yn ddianrhydedd am ffugio enw rhywun arall ar siec. A dim ond yng Nghatraeth y buodd o.'

'Doedd e ddim yn Gapten yn y Rhyfel Mawr, felly,' meddai Dela'n siomedig. 'Er y galla i ddeall pam oedd e'n esgus bod. Bydde gan Gwladys a'i chriw ddim parch at rywun fu'n cloddio tai bach. Pam est ti ar ei drywydd e'n arbennig?'

Cododd Huw ei ysgwyddau. 'Oherwydd bod angan ymchwilio i gefndir holl ddynion y gwesty.'

'Wyt ti wedi dysgu unrhyw beth am y Pritchards? Mae Maisy a Dulcie'n credu eu bod yn sbeis.'

'Dwn i'm am hynny. Ond buodd yn rhaid iddo ymddcol yn gynnar, mae'n debyg, oherwydd rhyw draffarth efo arian. Ac nid y dynion yn unig sy'n ddiddorol. Mae gin Hogan o'r enw Meri Mitchell hanas, tasa Reynolds yn trafferthu chwilio amdano.'

'Meri?' Ni wyddai Dela sut i adweithio i hyn. 'Wir? Beth wnaeth hi?'

'Ella na wnaeth hi ddim byd, ond buodd ei modryb a'i mam farw o fewn naw mis i'w gilydd. Meri fu'n gofalu am y ddwy.'

'Ces i'r argraff ganddi iddyn nhw fod yn wanllyd am sbel.'

'Hm. Os felly, pam fu'n rhaid cynnal cwest ar y fam?'

'Ddaethpwyd o hyd i unrhyw beth?'

'Naddo, ond dydy hynny ddim yn golygu nad oedd dim i'w ddarganfod. Gin i syniad fod gan rywun amheuon. 'Wrach mai dwy farwolaeth yn dilyn ei gilydd yn reit sydyn gododd fraw ar y meddyg teulu.'

Afraid holi o ble dysgodd Huw hyn. Tybiai Dela ei fod yn defnyddio rhwydwaith eang o'i gydnabod, a'i fod yn hen law yn y gwaith o chwilio drwy hen rifynnau papurau newydd a chofnodion Tŷ Somerset yn Llundain.

'A beth am George? Wyt ti wedi bod yn holi amdano fe?

'Yndw. Ond mae o cyn wynnad â'r eira o safbwynt ei yrfa.' Dywedai ei oslef ei fod wedi gobeithio darganfod rhywbeth amheus.

'Ond nid o safbwynt ei fywyd preifat,' meddai Dela.

Ymatebodd Huw'n syth.

'Neidiodd o arnach chdi? O'n i'n gwbod bod gan y cena rwbath ar waith!'

'Naddo! Ac ar ôl y sgwrs gawsom ni ar y prom, fi yw'r fenyw ola y bydde fe'n neidio arni.'

Esboniodd yn gryno beth roedd wedi dod o hyd iddo yn stafell Alys. Am unwaith edrychodd Huw'n gwbl syn.

'Pwy fasa'n meddwl?' mwmialodd. 'Wyt ti wedi deud wrth Reynolds?'

'Nadw,' cyfaddefodd Dela. 'Rhoies i'r cerdyn post i George.'

'Wnest ti be?!'

Parodd i'w ebychiad sydyn i ddynes a gerddai heibio'r car neidio a syllu am ennyd arnynt drwy'r ffenest agored. Weindiodd Huw'r ffenest i fyny i'r hanner gan wgu arni.

'Mae gwendid yn dy ben di yn ogystal â dy goes,' meddai'n chwyrn. 'Ymyrryd â thystiolaeth yw hynny.'

'Dwyt ti erioed wedi gwneud dim o'r fath, wrth gwrs,' atebodd Dela'n sarcastig. Pan na ddaeth ateb ychwanegodd, 'Cadwes i'r amlen. Yr un sgrifen sydd ar y ddau.'

Synhwyrodd rywfaint o newid yn yr awyrgylch.

'Gest ti wybod i ble'r aeth o ar ôl dy adael di yma?' gofynnodd Huw'n sydyn.

'Do.'

Wrth iddi roi crynodeb iddo, gwyddai mai chwilio am dyllau yn yr hanes yr oedd e.

'Dyna ddywedodd e, ta beth,' gorffennodd.

'Ia siŵr, ond fedri di ddim cymryd gair George fel gwirionedd am ddim rwan.'

Ochneidiodd Dela'n dawel. 'Os galli di roi dy elyniaeth o'r

neilltu am eiliad, pa fath o lofrudd sy'n mynd i'r drafferth o roi rhywun yn y fan a'r lle i ddarganfod beth ddigwyddodd i'r eneth mae wedi'i llofruddio?'

'Un deallus,' atebodd Huw'n swrth. 'Os wyt ti yma, sdim angan iddo ddangos ei wynab, ond mae o'n cael gwbod pob dim sy'n digwydd. Sefyllfa ddelfrydol.'

Cyn i Dela allu protestio roedd e wedi tanio'r injan a gollwng y brêc.

Ni wellodd tymer y ddau wrth sylweddoli nad oedd unman y gellid bod wedi taflu corff Alys i'r môr. Roeddent wedi nodi tri lle i fyny ar y penrhyn, ond roedd pob un naill ai'n llwybr troed rhy gul i gerbyd, neu'n lletach ond yn arwain yn syth i gae llawn gwartheg gyda chlawdd uchel yn wynebu'r môr.

'Cystal i ni fynd nôl i'r dre ar hyd ochr ogleddol y penrhyn,' meddai Huw. 'Er mi dybia y bydda'r corff wedi cael ei gario allan i'r môr mawr tasa hi 'di mynd i'r dŵr o fanno.'

'Falle dyna obaith y llofrudd,' atebodd Dela. 'Ond dywedodd un o'r heddweision wrtha i bod y cerrynt yn gwneud pethau rhyfedd.'

Prin roedd wedi gorffen ei brawddeg pan drodd Huw drwyn y car yn ddisymwth i fwlch yn y cloddiau. Gan fod Dela'n syllu'n ddwys ar y map, ni welodd y bwlch. Roeddent mewn man llydan er mwyn i gerbydau barcio oddi ar y ffordd i fwynhau'r olygfa.

'Mae'r map 'ma'n hen,' meddai Dela. 'Sdim sôn am hwn arno.'

'Ella na ddylat ti ei ddarllan o wynab i waerad,' atebodd Huw gan ddringo allan.

Plygodd Dela'r map cyn ymuno ag ef, ond roedd e eisoes yn brasgamu i gyfeiriad y dibyn. Doedd neb arall yno, ond hwyrach fod atyniadau'r dref ei hun ar ddiwrnod braf yn gyfrifol am hynny. Ymlwybrodd Dela ar ei ôl gan sylweddoli nad oedd y dibyn yn dechrau'n union o'r maes parcio.

Disgynnai llwybr i lwyfan bach lle roedd mainc, gan droi i'r chwith wedyn am dipyn. Roedd ffens hynod dila'r olwg wedi'i gosod ar hyd y rhan hon, ac erbyn i Dela eistedd ar y fainc roedd Huw'n ysgwyd y ffens ac yn pwyso drosti'n frawychus. Cnôdd Dela ei thafod. Canolbwyntiodd yn lle hynny ar y fainc a'r llawr oddi tani. O'r papurau losin a'r bonau sigarennau, roedd hwn yn fan poblogaidd.

'Wyt ti'n meddwl bydde'r lle 'ma'n ddigon unig ganol nos?' galwodd. 'Galla i ddychmygu llond lle o gariadon yma ar ôl iddi nosi.'

Treiglodd bws heibio'n araf ar y ffordd fawr. Dim ond ei do y gellid ei weld uwch ben y clawdd. Syllodd Huw arno a dechreuodd ddringo nôl tuag ati.

'Ddim ar ôl i'r bws ola' fynd,' atebodd. 'Basa'n breifat neis am dri o'r gloch y bora. Mae'n anodd hyd yn oed yng ngolau dydd i weld pwy sy wedi parcio yma. Dewis da i awgrymu hunanladdiad.'

'Ond os taw hynny oedd ei fwriad, a feddyliodd y llofrudd sut allai Alys fod wedi cyrraedd y fan hon? Byddai'n daith gerdded o filltiroedd, os na ddefnyddiodd hi'r bws. Ac os daeth hi yma ar y bws, byddai rhywun yn siŵr o'i chofio. Yr eiliad y sylweddolodd yr heddlu na chafodd hi mo'i gweld ar droed nac ar gludiant cyhoeddus, byddai'r syniad o hunanladdiad yn edrych yn amheus.'

'Hwyrach taw penderfyniad ar frys oedd o. Bydda'r llofrudd yn awyddus i gael gwarad ar y corff yn syth bin,' meddai Huw gan sefyll yn hamddenol â'i gefn at y dibyn, a anfonodd ysgryd drwy Dela.

Edrychodd draw i'r dde, lle roedd y clogwyn yn ymwythio i'r môr a'r tonnau'n berwi dros greigiau duon, ond doedd hynny ddim mymryn gwell.

'Ond buodd o'n lwcus,' parhaodd Huw yn gwbl ddifater. 'Dros y ffens yw'r lle cyfleus i daflu corff, ond mae 'na lethr llawn tyfiant islaw. Basa angan cryn nerth arno i daflu'r pwysau hwnnw er mwyn osgoi'r llethr a chyrraedd y môr. Gallai'r corff fod wedi dal ar y drysni'n hawdd. Bydda clywad y sblash wedi bod yn rhyddhad mawr.'

'Falle na chlywodd e ddim byd,' atebodd Dela. 'Hyd yn oed ar ddiwrnod fel heddiw, mae'r môr yn rhuo. Os oedd hi'n dywyll, falle na welodd e'n union i ble'r aeth corff Alys. Galle hi fod wedi gorwedd yno am gryn dipyn cyn i bwysau ei chorff ei thynnu i lawr. Os felly, mae'n bosibl fod olion anifeiliaid neu bryfed arni yn ogystal â man ar y llethr sy'n dangos bod corff wedi gorwedd yno. Bydd yn rhaid i fi roi gwybod i Emlyn y patholegydd.'

'O ia. Dy ffrind newydd.'

Cerddodd y dau nôl i'r car yn feddylgar.

PENNOD 21

Nôl yn y gwesty sylwodd Dela fod yr heddweision yn dal yno ond bod y cyfweliadau wedi dod i ben am y tro. Mewn ffordd roedd hi'n falch bod Huw wedi ei gollwng ar y stryd gan ddweud bod angen iddo fynd â'i gês i'w lojin. Roedd hi wedi cynnig swper iddo yn y gwesty ond gwrthododd.

'Bydd pobol yn meddwl dy fod ti'n hel dynion,' meddai. 'Basa'n destun siarad.'

Yn yr hwyliau hynny ni fyddai swper yn ei gwmni wedi bod yn gysurus.

'Miss Williams!' Roedd Thelma'n gwneud stumiau arni o'r ddesg a chamodd draw ati. 'Daeth llythyr i chi yn y post hwyr,' meddai'n ymddiheurol, 'ond rhwng popeth …'

Gwenodd Dela'n gysurlon arni. 'Dwi'n deall yn iawn. Mae wedi bod yn ddiwrnod anodd.'

Yn ei stafell ciciodd ei sgidiau oddi ar ei thraed ac eisteddodd yn y gadair freichiau i ddarllen y llythyr oddi wrth George. Adnabu ei ysgrifen yn syth, wrth reswm, ond nid oedd am ddangos hynny o flaen Thelma. Hwyrach ei fod wedi newid ei feddwl ac yn dweud wrthi am ddod o'r Excelsior. Synnwyd hi, felly, i weld siec wag ond wedi'i harwyddo, yn ogystal â llythyr yn gofyn iddi fynd i dalu'r trefnwr angladdau. Roedd e wedi cael yr anfoneb drwy'r post ac yn dymuno holi am un neu ddau o'r eitemau arni. Os byddai hi gystal â gwneud yr ymholiadau ar ei ran, gallai hi wedyn lenwi'r siec a thalu, os oedd hi'n fodlon â'r esboniad. Cyfreithiwr i'r carn, meddyliodd Dela, ond byddai'n rhaid i hynny aros tan drannoeth.

Roedd hi wedi trefnu cwrdd â Huw eto yn y dref wedi swper, felly aeth i lawr i'r stafell fwyta'n gynnar. Nid oedd sôn am

Tomi, ac nid Dela'n unig a welodd ei eisiau, oherwydd galwodd Gwladys hi draw at ei bwrdd ar ôl iddi orffen.

'Odych chi'n cofio i'r Capten ddweud unrhyw beth am fynd bant?' gofynnodd yn isel. Swniai'n bryderus.

'Dim gair,' atebodd Dela'n ddilys.

Amneidiodd Gwladys i gyfeiriad y cyntedd. Tra oeddent yn cael swper roedd Gwyn Reynolds wedi ymddangos, a safai nawr wrth y ddesg yn holi Thelma.

'Bydd yr hen un swrth 'na'n siŵr o feddwl y gwaethaf,' meddai Gwladys, ac yna, gan gofio i Dela adael y gwesty yng nghwmni Reynolds yn gynharach, ychwanegodd, 'Drychwch fel y cawsoch chi eich trin, dim ond achos i chi ddigwydd dod o hyd i'r corff! Buoch chi mor hir lawr yn yr orsaf, ro'n ni i gyd yn ofni eich bod wedi cael eich arestio, on'd o'n i Meri?'

Amneidiodd Meri'n frwd. Ni wyddai Dela a fyddai o fantais iddi dawelu neu gynhyrfu'r dyfroedd. Ar ôl clywed darganfyddiadau Huw am orffennol Tomi, hwyrach mai amwysedd oedd y llwybr doethaf.

'Roedd e'n ddigon cwrtais, beth bynnag,' atebodd.

Cyrhaeddodd y weinyddes â'r pwdin a dihangodd Dela'n ddiolchgar.

'Mae'n iawn i rai,' ebe Reynolds, pan gyfarchodd Dela ef yn y cyntedd, 'Brecwast, cino a swper. Sieri yn y lownj. Bydda i'n lwcus i gael pecyn o tsips heno.' Cydiodd yn ei braich i'w harwain o glyw'r ddesg flaen.

'Ry'ch chi'n torri 'nghalon i,' atebodd Dela. 'Oedd 'na rywbeth roeddech chi eisiau'i drafod?'

'Eich ffrind, Capten Rhydderch,' mwmialodd, 'Pryd gweloch chi e ddwetha?'

'Bore 'ma,' meddai Dela, 'ond dim sôn ers hynny. Dim ond gynne fach ro'n i'n gofyn i rai o'r gwesteion eraill amdano.'

'Dwi newydd ofyn am yr allwedd wrth y ddesg. Oes whant arnoch chi weld ei stafell e?'

Pam oedd e'n gofyn hyn iddi?

'Ro'n i'n credu fod pob un o'r stafelloedd wedi cael eu chwilio eisoes?' atebodd.

'Maen nhw. Ond falle'i fod e wedi dod nôl i mofyn pethe cyn ei baglyd hi.'

Nid oedd yn hawdd dod o hyd i stafell Tomi. Yn wahanol i stafell Dela, bu'n rhaid iddynt ddilyn nifer o goridorau bach cyn dod at ddrws di-nod a'r rhif cywir. Aeth Reynolds i mewn o'i blaen. Safodd y ddau am eiliad gan syllu ar y dodrefn rhad a gwacter cyffredinol y lle.

'Naill ai mae e wedi clirio'i holl stwff, neu sda fe ddim lot o ddim byd,' meddai Reynolds. 'Nag o'n i'n erfyn hyn.' Agorodd ddrysau'r wardrob. 'Cewn ni weld nawr a yw e wedi pacio'i ddillad'.

Yn hytrach na'i ddilyn camodd Dela at y gwely sengl a throdd y cwrlid yn ôl. Roedd pâr o byjamas wedi'u plygu'n daclus ar y gynfas. Pipodd dan y gwely. Roedd cês bach tila wedi'i wthio i'r tywyllwch oddi tano.

'Drychwch ar y rhain,' meddai Reynolds heb edrych arni.

Trodd Dela a gweld ei fod yn dal nifer o deis yn ei law.

'Prynes i ddau dei iddo yn y jymbl yn ddiweddar, ond weles i mo'r rheiny o'r blaen.'

'Smo i'n synnu. *Coldstream Guards* yw hon, ta beth, a dwi'n ame bod un o'r lleill yn *Royal Artillery*. Mae teis gyda fe o dair neu bedair catrawd wahanol fan hyn. Galle fe ddim bod wedi gwasanaethu gyda'r cwbwl lot. Beth yw ei gêm fach e, gwedwch?'

'Gwneud argraff dda mewn lle crand?' awgrymodd Dela, er ei bod mewn cyfyng gyngor ynghylch faint i'w ddatgelu.

Rhochiodd Reynolds ac ailosod y teis y tu ôl i'r drws.

'Ody fe'n Gapten hyd 'noed?' gofynnodd.

'Gyda chi mae'r modd i ddarganfod y gwir am hynny,' atebodd Dela'n llyfn.

Ciledrychodd Reynolds yn graff arni o ymyl y drws a thynnodd wep.

'Chi'n gwbod yn barod, on'd y'ch chi?' meddai. Cliciodd ei fysedd i'w hannog i siarad.

Tynnodd Dela anadl ddofn. 'Falle dylech chi wneud ymholiadau'n gyntaf gyda'r *Pioneer Corps*,' meddai.

Chwarddodd Reynolds yn uchel.

'Bydde'n werth gweld wyneb y fenyw Gwladys Llewelyn 'na tase hi'n cael gwbod hynny!'

Gwenodd Dela arno. 'Peidiwch â chredu eich bod yn symud ymhlith y cyfoethogion, Mr Reynolds. Dyw pob un ohonyn nhw ddim mor gefnog ag y byddech chi'n ei feddwl. Dylech fod wedi'u gweld nhw yn y jymbl sêl.'

Roedd Reynolds yn byseddu gweddill dillad Tomi ac yn edrych yn ddifrifol ar goleri ag ôl traul arnyn nhw.

'Sdim dime goch 'da hwn, ta beth,' meddai. 'Bydd isie i fi holi a yw e'n talu ei filiau.'

Roedd hwnnw'n syniad da, meddyliodd Dela, ond roedd yn annifyr meddwl taw Tomi fyddai prif ffocws yr ymholiadau o hyn ymlaen. Pe bai'n dweud wrth Reynolds fod Tomi wedi dod o hyd i gorff Alys ar ei ben ei hun ar y dydd Sadwrn, ni fyddai'n edrych am neb arall. A barnu wrth ei dlodi a'r ffordd roedd e'n byw, deallai y gallai ddymuno celu llawer o bethau yn ei fywyd. Ni ellid dadlau, chwaith, nad oedd e'n gyfrwys. Byddai angen iddo fod o hyn ymlaen yn bendant, oherwydd roedd e wedi gadael yn waglaw.

Pan adawodd Dela'r gwesty o'r diwedd er mwyn cwrdd â Huw, roedd hi'n hwyr. Daeth o hyd iddo'n eistedd ar fainc ym mhen pellaf y prom.

'Ble buost ti?' gofynnodd Huw.

Esboniodd Dela am ei hymweliad annisgwyl â stafell Tomi.

'Oedd 'na rwbath diddorol yno?'

'Sda fe ddim,' atebodd Dela, ''blaw am hanner dwsin o

deis lluoedd arfog nad oes ganddo'r hawl i'w gwisgo. Ac mae'r stafell yn fwy llwm nag un Alys.'

'Ar beth mae o'n byw, tybad?'

'Dyna'r cwestiwn. Caf i wybod gan Reynolds os yw e'n hwyr yn talu ei fil yn y gwesty, ond falle taw Gwladys fydde'r un orau i ofyn iddi am fywyd Tomi. Mae hi'n gweld ymhellach na rhai o'r gweddill.' Tarawyd hi gan syniad sydyn. 'Dyw hi ddim wedi lladd neb neu ddwyn arian ydy hi?'

'Ddim cyn belled ag y gwn i,' atebodd Huw gyda gwên. Meddyliodd am eiliad. 'Ddudist ti rwbath y pnawn 'ma yn y car am glustdlws coll oddi ar gorff Alys.'

Amneidiodd Dela. 'Cofia, falle taw'r môr oedd yn gyfrifol, ond roedd Reynolds yn hoffi'r syniad bod y llofrudd wedi ei gymryd.'

'Meddwl o'n i ella y galla ti ofyn i Gwladys am emwaith Harriet. Mae'n bosibl fod rhwbath ar goll.'

Teimlodd Dela fel pe bai rhywun wedi taflu bwcedaid o ddŵr oer drosti. Agorodd ei cheg a syllodd Huw arni.

'O'r nefoedd wen!' meddai o'r diwedd. 'Roeddet ti'n iawn pan ddwedest ti fod gwendid yn fy mhen i! Shwd allen i fod mor dwp? Doedd 'na ddim blwch gemwaith yn eiddo Harriet o gwbwl!'

'Be? Dim? Does bosib nad oedd gan ddynas gefnog ryw fwclis a broitshis a ballu?'

'Wrth gwrs! Byddai ganddi fodrwy briodas a watsh o leiaf.' Eisteddodd Dela'n brudd gan feddwl. 'Gallai'r trefnwyr angladdau fod wedi tynnu'r rheiny a'u rhoi i George ar ddiwrnod yr angladd, sbo. Doedd 'na ddim byd ar ei chorff. Ond mae'n rhaid bod ganddi fwy na hynny. Modrwy ddyweddïo, er enghraifft.'

'Dydy George ddim wedi crybwyll blwch gemwaith?'

Wfftiodd Dela. 'Sda George ddim syniad am bethau fel 'na. Drycha beth wnaeth e â'r tsieina.'

'Llwgrwobr i ti oedd y rheiny,' mwmialodd Huw, ond cyn

y gallai Dela brotestio aeth yn ei flaen. 'Mae isio i ti fynd ar drywydd hyn. Gofyn i bob hogan yn y lle. Mae genod yn sylwi ar emwaith. Fatha piod.' Eisteddodd yn fwy syth. 'Doedd 'na'm blwch gemwaith drud yr olwg wedi'i guddio yn stafell Alys, nacoedd?'

'Ddim i fi weld. Dyw'r heddlu ddim wedi dweud gair am un – a buon nhw drwy'r stafell ddwywaith, dwi'n credu. Tase un wedi dod i'r golwg dwi'n siŵr y bydde Gwyn Reynolds wedi sôn amdano. Roedd jinglêrs Alys ar y bwrdd gwisgo i gyd. Ac ro'n i'n edrych am fodrwyon costus, cred fi! Doedd 'na ddim o dan y gwely lle roedd y cerdyn post oddi wrth George yn y bag gyda'r cadachau misglwyf brwnt.'

'Ew!' meddai Huw. 'Be wnaeth i ti edrach y fanno?'

'Am ei fod yn lle da i guddio pethau.'

'Oedd o'm yn ddigon i godi cyfog arnat ti?'

Edrychodd Dela arno'n bitïol. 'Y broblem fydd crybwyll y gemwaith wrth Mali a'r morynion eraill heb arlliw o gyhuddiad. Mae gweithwyr gwesty'n hawdd eu cyhuddo os aiff unrhyw beth ar goll.'

'Dylat ti ffonio George rwan,' meddai Huw, gan godi ar ei draed.

'Do,' meddai George, rai munudau wedyn. 'Rhoddodd y trefnwr angladdau ei fodrwy a'i watsh i fi ar ddiwrnod yr angladd.'

Cododd Dela ei bawd ar Huw, a oedd yn sefyll y tu allan i'r blwch ffôn. Ymatebodd yntau drwy wneud siâp bocs â'i ddwylo a chodi ei aeliau.

'Odych chi'n cofio unrhyw emwaith arall, George?' gofynnodd. 'Dwi'n gofyn am mod i wedi sylweddoli nad oedd blwch gemwaith ymhlith ei heiddo.'

Bu tawelwch am eiliad. 'Sda fi ddim cliw. Bydd yn rhaid i fi ofyn i'n 'nhad.'

Rhoddodd ei law dros y derbynnydd ac ni allai Dela glywed dim ond rhyw furmur. Yna dychwelodd ati.

'Nôl 'nhad, roedd broits ar ei chardigan pan aethon ni mas â hi am ginio hanner dydd y tro diwethaf. Roedd e'n werthfawr, medde fe, opalau a diamwntau mewn aur. Anrheg oddi wrth ei gŵr.'

'Diolch i'r drefn am hynny,' atebodd Dela. 'Rhywbeth pendant y galla i holi amdano. Os bydd eich tad yn cofio am unrhyw ddarn arall, rhowch wybod i fi. Yn enwedig rhywbeth fel ei modrwy ddyweddïo. Bydde honno'n werthfawr hefyd, mwy na thebyg.'

Allan ar y stryd rhoddodd fraslun i Huw o'r sgwrs. Sniffiodd ef.

'Mae'r hen foi dipyn yn siarpach na'i fab,' meddai'n sych.

'Mae ofn ar George,' meddai Dela. 'Mae ymdrin ag achosion pobol eraill yn bur wahanol i fod yn destun amheuaeth eich hunan. Bydd yn rhaid i fi fynd nôl i'r gwesty nawr os ydw i am holi'r morynion,' ychwanegodd yn ymddiheurol. Edrychodd i fyny arno. 'Mae croeso i ti ddod i mewn am sieri bach yn y lownj.'

Hyd yn oed ar ôl iddi ffarwelio ag ef, roedd hi'n dal i wenu am yr olwg ar ei wyneb.

Ni pharodd ei gwên yn hir. Galwyd hi draw i'r ffenest fae yn y lownj yr eiliad yr ymddangosodd wrth y drws, a bu'n rhaid iddi ymuno mewn gêm o whist gyda Gwladys a Meri. Gallai fod yn waeth, meddyliodd, gan geisio cofio beth oedd *trumps*. Gallent fod wedi gofyn i Maisy a Dulcie ymuno â nhw. Roedd Gwladys yn chwarae cardiau fel pe bai mewn gêm ryngwladol, ac ni synnwyd Dela pan gododd Meri ar ddiwedd rownd gan ddweud ei bod yn bryd iddi drefnu potel dŵr poeth a rhwymynnau Gwladys at ei choesau. Arhosodd Gwladys nes iddi ddiflannu drwy'r drws cyn troi at Dela. Gostegodd ei llais.

'Mae pawb yn synnu nag ych chi'n gwbod ble mae Capten Rhydderch,' hisiodd.

'Synned fel y mynnon nhw,' atebodd Dela. 'Newydd ddyfodiad ydw i, ond dwi'n dechrau poeni amdano, a dweud y gwir.'

'Roeddech chi'n ffrindiau mawr,' meddai Gwladys yn arwyddocaol. 'Dwi ddim yn ei gofio'n cymryd at rywun fel 'na o'r blaen. Gwnaethoch chi ei wrthod?'

'Beth? Tomi? Cerwch o 'ma!'

Ni chywilyddiwyd Gwladys. 'Call iawn. Sdim arian 'na, ch'weld. Chafodd e ddim siwt newydd ers iddo fe gyrraedd, a dwi'n amau nad yw e'n ei chael hi'n hawdd talu ei fil misol. Dwi wedi gweld Thelma Martin yn ei alw i'w swyddfa fwy nag unwaith.'

Gan fod Gwladys wedi ateb y prif gwestiwn am Tomi, calonogwyd Dela i symud ymlaen.

'Dwi wedi bod yn meddwl gofyn i chi,' cychwynnodd, 'ydych chi'n cofio am unrhyw emwaith oedd gan Modryb Harriet.'

Trodd Gwladys ei phen i un ochr, fel pe bai heb ddisgwyl hyn.

'Roedd ganddi loced aur,' meddai'n feddylgar, 'ac wrth gwrs y froits bert 'na oddi wrth ei gŵr. Doedd hi ddim yn gwisgo clustdlysau. Mae gen i frith gof am gadwyn o berlau hefyd. Saffir a diamwnt oedd ei modrwy ddyweddïo. Doedd hi ddim yn gwisgo lot o emwaith ond roedd popeth yn dda.' Disgleiriodd ei llygaid wrth iddi sylweddoli byrdwn yr holi. 'Oes unrhyw beth ar goll, 'te?' gofynnodd.

'Popeth,' atebodd Dela, 'heblaw am ei modrwy briodas a'i watsh. Doedd 'na ddim sôn am flwch gemwaith o gwbl, nac am un o'r darnau rydych chi wedi'u crybwyll.'

Agorodd Gwladys ei llygaid yn fawr ac yna siglodd ei phlu.

'Alys,' meddai'n bendant. 'Roedd honno miwn a mas o'i stafell bob gafael, fel wenci.'

'Ces i ar ddeall fod Alys yn ei helpu yn y boreau.'

'Hy! Helpu'i hunan. Gallwch chi fentro dyna pam lladdwyd

hi. Roedd hi'n dwyn ac wedyn yn ceisio gwerthu'r pethau i giang o ladron a ffenswyr ac, wrth gwrs, aeth pethau'n gas. Croten farus ym mhob ystyr y gair.'

Er y credai Dela mai o'r sinema y deuai syniadau Gwladys am ffawd Alys, gofynnodd, 'Ydych chi wedi colli rhywbeth, felly?'

'Fydde hi ddim wedi cael cyfle i ddwyn dim oddi wrtha i. Dwi'n cadw 'mhethau gorau yn sêff y gwesty.'

'Welsoch chi Alys gyda dyn erioed o amgylch y dref?'

'Roedd ganddi rywun gwahanol bob wythnos,' rhochiodd Gwladys.

'Ond neb penodol yn ddiweddar? Sboner rhywun arall, falle, neu rywun annhebygol?'

'Dwi ddim wedi bod allan cymaint yn ddiweddar, oherwydd fy nghoesau. Rhoddodd hi gynnig ar Gapten Rhydderch sbel nôl. Doedd hi ddim mor gall â chi. Roedd hi'n meddwl fod unrhyw westai'n siŵr o fod yn gefnog. Ond wedyn, roedd hi'n hynod o bert.' Edrychodd Gwladys yn hiraethus am eiliad. 'Dyw'r chwaer yn ddim ond cysgod ohoni.'

'Mae 'na chwaer?' ebe Dela'n ddiniwed.

'Oes. Gweles i nhw gyda'i gilydd sawl gwaith. Croten fach sych-dduwiol yw hi. Buodd hi a'i mam yma heddiw tra oeddech chi mas, gyda rhyw was ffarm brwnt yr olwg yn casglu pethau Alys. Dywedodd Meri eu bod nhw wedi parcio rhyw gerbyd enbyd yn y feidr gefn. Mae'n rhaid bod yr heddlu wedi rhoi caniatâd iddyn nhw wneud hynny.'

Nid oedd hyn yn newyddion da. Rhegodd Dela'n ddistaw. Dyna gyfle arall a gollodd.

PENNOD 22

Nid oedd dod o hyd i Mali'n hawdd. Holodd nifer o forynion a deall ei bod yn dal ar ddyletswydd. Gallai fod rywle, meddyliodd Dela gan ymlwybro nôl i'r lownj. Yfodd gwpanaid o goffi ar ei thraed wrth y bwrdd gweini, gan nad oedd yn dymuno cael ei chaethiwo mewn sgwrs gyda neb. Roedd yn ffodus iddi wneud, oherwydd o gornel ei llygad gwelodd ffigwr cyfarwydd mewn iwnifform morwyn yn sleifio drwy'r ardd â brwsh a rhaw yn ei llaw cyn diflannu drwy'r drws yn y gornel.

Gorffennodd Dela ei choffi mewn un llwnc a gadael y lownj gan ddefnyddio'r drws cyfleus. Daeth o hyd i Mali'n cynnau sigarét yng nghysgod y mur. Neidiodd y groten pan welodd hi, ond yna ymlaciodd.

'Diolch byth!' meddai Dela'n harti, 'Dwi wedi bod yn chwilio amdanoch chi.' Ceisiodd feddwl yn gyflym am neges ddiniwed.

'Sdim byd o'i le ar eich stafell chi, oes e, Miss?' gofynnodd Mali.

'Nac oes. Ro'n i eisiau dweud wrthoch chi i beidio â phoeni os nad ydw i yn y stafell pan fyddwch chi eisiau dechrau cario'r dillad adref. Wedi'r cyfan, bydd yn rhaid i chi wneud o leiaf ddwy daith.'

Gwenodd Mali. 'Bydd Mam mor falch,' meddai, gan lapio un fraich o amgylch ei chanol. 'Neis mynd gatre â newyddion da am unwaith. Mae wedi bod yn ofnadw 'ma'n ddiweddar.'

'Anodd iawn,' cytunodd Dela. 'Ond mae'n edrych fel pe bai'r cyfweliadau gyda'r heddlu ar ben am sbel fach, ta beth.'

Crynodd Mali. 'We'n i'n meddwl eu bod nhw'n mynd i'n

191

arestio i yn y fan a'r lle,' sibrydodd. 'Pan ddaeth Gwyneth mas yn llefen, we'n i moyn rhedeg bant!'

'Druan o Gwyneth,' meddai Dela. 'Ond fe ddaethoch chi drwyddo. O'n i'n gwbod byddech chi'n iawn. Gofynnon nhw unrhyw gwestiynau anodd?'

'Naddo!' atebodd Mali'n syn. Meddyliodd am eiliad. 'Falle achos bo fi'n byw gatre. We'n nhw ddim yn disgwyl i fi wbod dim am beth wedd Alys yn 'i 'neud yn ei stafell. Buon nhw'n grilo Gwyneth am ei bod hi'n byw ar yr un coridor. Cystal siarad â'r wal. Bydde honno ddim wedi sylwi tase mwnci 'da Alys yn y wardrob.' Trodd yn gyfrinachol at Dela. 'Mae lot mwy o glem 'da chi ynghylch beth i'w ofyn.'

'Diolch,' atebodd Dela, gan obeithio fod Mali wedi adfer ei hwyliau digon iddi ofyn y cwestiwn nesaf. 'Gwedwch wrtha i,' meddai'n ofalus, 'odych chi'n gwbod pwy gliriodd stafell Mrs Watts-Jenkins? Ai Alys fuodd wrthi?'

Amneidiodd Mali. 'Fi ac Alys,' atebodd.

'Ro'n i'n meddwl bod rhywun gofalus wedi pacio'r tsieina,' meddai Dela. 'A ddigwyddodd unrhyw beth pan oeddech chi'n gwneud hynny? Oedd hi dan eich llygad chi drwy'r amser?' Gwelodd fraw'n neidio'n sydyn i lygaid Mali a brysiodd i esbonio. 'Ry'n ni'n credu fod Alys wedi dwyn rhywbeth wrth bacio, a wedyn wedi ceisio'i werthu.'

Bu ffantasi Gwladys o ddefnydd wedi'r cyfan.

'Beth ddygodd hi?' gofynnodd Mali.

'Blwch gemwaith. A weloch chi unrhyw beth tebyg wrth glirio?'

Ystyriodd Mali. 'Sai'n cofio dim fel'na ...' dechreuodd, yna goleuodd ei hwyneb. 'Ond galwodd Miss Martin fi mas i fynd â thywelion glân i stafell ar lawr arall. Pan ddês i nôl wedd hyd yn oed y dillad yn y wardrob wedi'u pacio. Dwi'n cofio meddwl bod Alys wedi dihuno'n sydyn tra mod i mas, achos dim ond potsian a byseddu pethe wedd hi cyn hynny.' Edrychodd yn ymddiheurol ar Dela. 'Bydde syniad gwell 'da Alys na fi o beth wedd Mrs Watts-Jenkins yn berchen arno, ch'weld. Hi oedd arfer ei helpu i wisgo'n y bore.'

'Oes gyda chi unrhyw gof o gwbl o'r gemwaith oedd ganddi?'

Ysgydwodd Mail ei phen ond yna sythodd. 'Ch'mod, nawr i chi weud, ar y dwrnod buodd yr hen ledi farw, dwi'n cofio mynd i'r lownj gyda gwydraid o ddŵr ar ôl cino iddi allu cymryd ei thabledi. Wedd hi'n shigledig iawn a sarnodd hi damed ohono. Helpes i hi sychu blaen ei chardigan. Wedd hi'n gwisgo broits neis pwr'ny.'

Tynnodd Dela wep. 'Mae'r froits honno wedi diflannu, a nifer o bethau eraill.'

Safodd y ddwy'n ddistaw wrth i Mali ddamsiel bonyn ei sigarét dan wadn ei hesgid.

'Alys ddaeth o hyd i gorff eich modryb,' meddai Mali'n isel o'r diwedd.

'Odych chi'n siŵr?'

'Odw,' atebodd Mali. 'We'n i yn y gegin yn 'neud dished dwym i Mrs Watts-Jenkins bwti dri o'r gloch, fel arfer, a daeth y fan londri i'r cefen. Peth nesa wedd Alys wedi gafel yn yr hambwrdd a bant â hi. Ar y pryd feddylies i taw ffordd Alys o jiengyd o drefnu'r londri wedd hynny, ond ar ôl iddi ddod o hyd i Mrs Watts-Jenkins, we'n i'n falch.'

'Ydy'r heddlu'n gwybod taw Alys ddaeth o hyd i Modryb Harriet?'

'Dwi'n ame 'ny. Gofynnon nhw ddim byd i fi am eich modryb.'

Gallai Dela weld o'i hwyneb nad oedd hi'n dymuno dod i gysylltiad â Reynolds a'i griw eto.

'Peidiwch â phoeni,' meddai, 'Fe ddyweda i wrthyn nhw.'

Nôl yn ei stafell, gwisgodd Dela ei siaced a chodi ei bag llaw. Ei bwriad oedd siarad â Reynolds, ond sylweddolodd yn sydyn na wyddai sut i gael gafael arno. Roedd yn tynnu at naw o'r gloch erbyn hyn. Nid oedd wedi gweld heddwas ers cwrdd â

Reynolds ar ôl swper. Tybed a fyddai Reynolds wedi gadael ei gyfeiriad a'i rif ffôn yn y dref gyda'r ddesg flaen?

I lawr yn y cyntedd roedd Thelma hefyd ar fin gadael. Pan ddynesodd Dela at y ddesg roedd hi'n chwilota yn ei bag. Gwenodd Dela'n fwyn arni yn y gobaith y byddai hynny o gymorth.

'Miss Martin!' meddai'n hwyliog. 'Dwi mor falch nad y'ch chi wedi mynd. Sgwn i a gaf i ofyn cwestiwn? A oes gyda chi unrhyw syniad ble mae tîm yr heddlu o Abertawe'n aros yn y dre?'

Gwibiodd amryw o emosiynau dros wyneb Thelma, gyda chwilfrydedd yn eu mysg. Meddyliodd am ennyd.

'Dwi'n credu,' meddai gyda sniff bach, 'taw yn Sunnyside maen nhw'n aros. Lle bach plaen yw e, ond mae e'n eitha glân. Ro'n i'n ofni y bydde nhw'n disgwyl cael aros fan hyn.'

Amneidiodd Dela, fel pe bai'n deall yn llwyr.

'Gadawodd yr Insbector rif ffôn, efallai?' gofynnodd.

'Naddo. Oeddech chi am siarad ag e ar frys?' Roedd y chwilfrydedd yn noeth nawr.

'Mae'n anodd gwybod,' meddai Dela, gan feddwl yn gyflym. 'Rhyw fanylion na feddylies i amdanyn nhw ar y pryd wrth roi fy natganiad. Falle nad y'n nhw'n bwysig, ond pwy a ŵyr?'

Arbedwyd hi rhag gorfod ateb mwy o gwestiynau gan ymddangosiad un o'r morynion gyda chwestiwn i Thelma. Manteisiodd Dela ar y cyfle i ddianc.

Allan ar y stryd, sylweddolodd nad oedd fymryn callach ynghylch lleoliad Sunnyside ac mai ei hunig ddewis nawr oedd galw yng ngorsaf yr heddlu, os allai gofio ble'r oedd honno.

Er mawr ryddhad iddi, ar ôl dilyn y ffordd a gymerwyd pan gludwyd hi yno'n gynharach, tynnwyd ei sylw gan gryn dipyn o fynd a dod o flaen adeilad mawr. Yn wir, wrth ddringo'r grisiau a gorfod osgoi heddweision yn carlamu i lawr yn gwisgo'u helmedau, dechreuodd amau fod rhywbeth arall difrifol wedi digwydd. Fodd bynnag, y tu mewn roedd pethau'n fwy tawel. Safai Sarjiant canol oed y tu ôl i'w ddesg ynghanol trafodaeth gymhleth gyda dyn lled feddw a chwifiai fag oelcloth i bwysleisio pob pwynt. Eisteddai nifer o bobl ar gadeiriau caled yn erbyn y mur wrth aros eu tro, a sleifiodd Dela i un bron o'r golwg yn y gornel nesaf at ddynes a ddaliai hances i'w hwyneb. Syfrdanwyd hi pan dynnodd y ddynes yr hances i ffwrdd yn sydyn gan afael yn ei braich a dechrau igian wylo.

'Chi yw'r ledi ...' dechreuodd cyn i bwl arall ddod drosti.

Syllodd Dela arni a sylweddolodd taw mam Alys ac Elinor oedd hi.

'Mrs Morgan!' meddai, 'Mae'n ddrwg 'da fi ond wnes i ddim eich nabod chi am eiliad.'

Gwnaeth y ddynes ymdrech i sychu ei llygaid dagreuol.

'Sdim syndod,' mwmialodd, 'a'r fath olwg sy' arna i. Ond wir, sai'n gwbod ble i droi na beth i'w 'neud nawr.'

Aeth drwy feddwl Dela ei bod wedi mynnu gweld corff ei merch a fyddai'n ddigon i dorri calon unrhyw fam.

'Ydych chi wedi bod yma'n hir?' gofynnodd.

Amneidiodd Mrs Morgan.

'Ers awr a mwy. Sneb isie gwbod. Sneb yn gwrando.'

'Fe wrandawa i,' meddai Dela'n syth. 'Smo i'n gwbod faint o help fydda i ond ...'

Nid oedd angen iddi dweud mwy. Tynnodd Mrs Morgan anadl ddofn.

'Mae Elinor ar goll,' meddai.

Syllodd Dela arni. Roedd hyn yn gwbl annisgwyl.

'Ers pryd?' gofynnodd.

'We'n i'n ei disgwyl hi nôl o'i chwrs ar y bws hanner awr wedi pump, ond ddaeth hi ddim. Erbyn saith, we'n i bwti mynd yn ddwl. Daeth John â fi miwn yn y pic-yp. Wedd yr adeilad lle mae'n gwneud y cwrs yn dal ar agor at ddosbarthiade nos, ac es i miwn i ofyn. Nôl yr athrawes, fuodd hi ddim 'na o gwbwl heddi.' Ysgydwodd ei phen. 'Ond 'na lle wedd hi'n mynd amser cino pan ddethon ni nôl i'r gwesty i ofyn am bethe Alys 'to.'

'Gawsoch chi nhw'r tro hwn?'

'Do, achos we'n i wedi cael caniatâd cyn mynd. We'n ni ddim yn bwriadu bod na'n hir – dim ond towlu popeth i sache a mynd – gyda'r fenyw Thelma na'n edrych arnon ni fel 'se ni'n faw. Aeth John a fi â'r pethe gartre, ond roedd yn rhaid i Elinor fynd i'w chwrs. Alla i ddim deall pam nad aeth hi. Mae'n 'neud mor dda, ch'weld. Dyw pawb ddim yn cael mynd ar y cwrs hwnnw – mae e'n *advanced*.'

Druan â hi, meddyliodd Dela. Roedd cwrs teipio Elinor cystal â doethur aruchel iddi. Un ferch oedd ganddi ar ôl, ac roedd meddwl am ei cholli hithau'n annioddefol. Beth allai fod wedi achosi i Elinor beidio â mynd i'w chwrs? Yn eu sgwrs yn y caffi ymddangosai bod Elinor yn llwyr ymroddedig iddo fel ei hunig gyfle i ddianc o'r tir. Beth oedd wedi digwydd ers hynny? Cyn belled ag y gwyddai, dim byd ond y gorchwyl prudd o glirio stafell Alys. A gafodd Elinor syniad wrth wneud hynny? Tybed a ddaeth hi o hyd i rywbeth na welodd Dela wrth chwilio? Melltithiodd yr amgylchiadau a olygodd fod chwilio trylwyr yn amhosibl bryd hynny, ond wedyn roedd hi yn y tywyllwch ym mhob ystyr y gair. Byddai Elinor, ar y llaw arall, wedi bod yno yng ngolau dydd ac yn gyfarwydd ag arferion ei chwaer, ac oherwydd hynny, yn fwy tueddol o weld arwyddocâd rhywbeth.

'Odych chi'n credu,' dechreuodd, gan sylweddoli bod Mrs Morgan yn pendroni ynghylch ei distawrwydd, 'y gallai Elinor fod wedi gweld neu ddarganfod rhywbeth yn stafell Alys a roddodd gliw iddi beth oedd wedi digwydd?'

Edrychodd y fam arni'n syn am eiliad cyn meddwl.

'Sai'n gwbod,' meddai. 'Bues i wrth y drws, ch'weld, am sbel, yn dadle gyda Thelma Martin taw Alys oedd yn berchen y garthen ar y gwely ac nid y gwesty, tra oedd Elinor yn pacio pethe ar ras.' Ystyriodd yr olygfa yn ei meddwl. 'Dwi fel 'se'n i'n cofio Elinor yn tynnu'r gwely bant o'r wal am fod y garthen wedi cafflo yn y dillad gwely. Cwmpodd rhwbeth yn bendant. A phan glywodd hi hynny aeth Thelma'n gasach fyth a gweud y bydde'n rhaid i ni dalu am unrhyw ddifrod.' Goleuodd ei hwyneb am eiliad. 'Wel, os dofe! Troiodd Elinor arni a rhoi llond ceg iddi – chlywes i 'rioed shwd beth – am sut we'n nhw'n trin eu gweithwyr mewn lle mor grand, gyda'r hen gelfi siabi. Wedd un o goesau'r gwely'n fyrrach na'r lleill a drws y wardrob ddim yn ffitio – wedd hi fel cyfreithwr! A'r olwg ar wyneb Thelma! Fel 'se Alys wedi dod nôl yn fyw a'i chyhuddo – achos dyw Elinor fel rheol ddim hanner y sbarcen oedd Alys.'

Teimlodd Dela'n falch fod ffrwydrad Elinor wedi ei dyrchafu yn llygad ei mam. Pwysodd yn agosach.

'Beth ddigwyddodd wedyn? Pob manylyn os gwelwch yn dda. Gallai fod yn bwysig.'

Cafodd yr un olwg feddylgar gan y fam eto. Gwelodd hi'n amneidio.

'Wedd Elinor yn iawn pan wedodd hi eich bod chi'n gwrando. Tase'r heddlu wedi gofyn y cwestiynau iawn i fi bydden i wedi dweud hyn i gyd wrthyn nhw.'

'Cewch chi gyfle,' addawodd Dela.

Cam wrth gam disgrifiodd y fam y ddwy ohonynt yn cario'r sachau i lawr y grisiau ac allan i'r pic-yp. Elinor aeth â'r sachau a'r cesys cyntaf. Erbyn i'r fam ddod roedd y rheiny yn y cefn.

'Beth oedd Elinor yn ei wneud pan ddaethoch chi allan i'r feidr?' gofynnodd Dela.

'Plygu i roi tarpolin drostyn nhw, achos mae cefen y pic-yp yn agored.'

Amheuai Dela fod Elinor wedi lapio beth bynnag a ddarganfu yn y garthen ac yna'u trosglwyddo'n gyflym i'w bag llaw. Efallai iddi sylweddoli mai eiddo rhywun arall oedd e ac nad oedd eisiau i'r heddlu ddod o hyd iddo. Nid oedd Dela ei hun na'r heddlu wedi dod o hyd iddo oherwydd bod y gwely mor anniben a'r carthenni blith drafflith. Pwy fyddai'n meddwl fod unrhyw beth wedi'i guddio'n ofalus yno a bod yr annibendod yn sgrin fwg?

Y tu ôl i'r ddesg flaen roedd y Sarjiant ar ddyletswydd yn edrych yn chwilfrydig arnyn nhw'n sgwrsio'n ddwys. Daliodd Dela ei lygad gan godi ar ei thraed yn bwrpasol.

'A yw'r Uwch-arolygydd Gwyn Reynolds ar gael, os gwelwch yn dda?' gofynnodd yn y llais a defnyddiai i ofyn pam nad oedd un o'i disgyblion wedi gwneud ei waith cartref.

'Nadi,' atebodd yn ddiserch. 'Mae e wedi mynd adre am y nos.'

'I Sunnyside?'

Crychodd yr heddwas ei aeliau. Ni fyddai'n dweud wrthi os oedd modd osgoi hynny.

'Galle fod,' atebodd gan esgus edrych ar y llyfr mawr o'i flaen.

'Allwch chi gysylltu ag e?'

'Ddim os nad yw'n argyfwng.'

'Ydy Dr Emlyn Roberts yma?'

Ochneidiodd yr heddwas, fel cydnabyddiaeth ei bod yn rhaid iddo wneud rhywbeth cyn galw draw i'r cefn.

Os nad oedd y Sarjiant ar ddyletswydd eisiau ei gweld, gwnaeth adwaith Emlyn Roberts i'w phresenoldeb yn iawn am hynny.

'Dewch drwodd!' meddai, gan ychwanegu pan gododd y Sarjiant ei aeliau arno, 'Dyma'r arbenigwraig mae'r Uwch-arolygydd yn ei defnyddio.'

Wrth iddi fynd heibio iddo clywodd Dela'r Sarjiant yn mwmial 'Honno?' yn anghrediniol. Roedd gan Emlyn gwtsh bach roedd wedi'i lunio ei hunan yn nhyb Dela, yng nghornel y stafell lle gwnaeth y post-mortem.

'Mae'n rhaid eich bod chi seicig,' meddai'n awyddus, gan godi adroddiad o'r ddesg. 'Dwi newydd ei orffen.'

Estynnodd y dalennau iddi a thynnodd gadair wag yn nes er mwyn iddi eistedd.

Ni allai ei holl drylwyrder manwl na'r ymadroddion meddygol guddio erchylltra'r wybodaeth oddi mewn. Llyncodd Dela wrth i'r geiriau am yr ymosodiad rhywiol a ddioddefodd Alys nofio o flaen ei llygaid. Yn sydyn roedd hi nôl mewn ale gefn yng Nghwm y Glo, a gwthiodd y ddelwedd i ffwrdd yn benderfynol. Palodd Dela drwyddo gan geisio cau'r darlun o'r ferch bert, heini allan o'i meddwl a chanolbwyntio ar ddim ond y ffeithiau. O bryd i'w gilydd bu'n rhaid iddi ofyn cwestiwn y gobeithiai na fyddai'n dangos ei hanwybodaeth i'r meddyg ifanc, ond roedd e uwch ben ei ddigon yn esbonio. Roedd o gymorth ei fod mor hoff o dynnu llun o bopeth. Daliwyd ei llygad gan enwau Lladin y credai ei bod yn eu hadnabod.

'Bues i lan ar y penrhyn gyda ffrind heddiw,' meddai. 'Tarawodd fi yn y fan honno y gallai'r corff fod wedi dal ar ddrysni am sbel cyn cwympo trwy ei bwysau ei hun i'r môr.'

Goleuodd llygaid Emlyn y tu ôl i'w sbectol ac amneidiodd yn eiddgar.

'Dyna'r rheswm dros y cynhron! Fel y gwelwch chi, ro'n i'n amau iddi gael ei chadw rywle yn yr awyr agored cyn ei thaflu dros y dibyn. Ro'n i'n meddwl falle mewn rhyw sied y tu fas, ond aiff cynhron i bobman. Oedd lle buoch chi ar y penrhyn yn rhywle y galle hi fod wedi cael ei thaflu ohono?'

'Oedd.'

Roedd e eisoes wedi gosod map mawr o'r arfordir ar y mur a chododd Dela i geisio dangos iddo. Gan bwyntio eglurodd mai hwn oedd yr unig le hawdd mynd ato. Gwthiodd Emlyn ei sbectol nôl cyn lloffa ar y ddesg am siartiau.

'Mae hynny'n ddiddorol,' meddai pan ddarganfu beth roedd e'n chwilio amdano. 'Drychwch ar gyfeiriad y llif ar ochr ogleddol y penrhyn. Dyle fe fod wedi'i thaflu hi o'r ochr ddeheuol.'

'Alle fe ddim,' atebodd Dela. 'Dwi wedi edrych, a dim ond llwybrau troed neu dir amaethyddol gyda chloddiau uchel sydd yno. Ond mae'n hawdd gweld pam fydde fe'n dewis yr ochr ogleddol, ta beth. Mae greddf yn dweud taw o'r ochr honno aiff pethau allan i Fôr Iwerddon os nad yw rhywun yn gyfarwydd â llifau rhyfedd yr ardal hon.'

Gwenodd Emlyn arni.

'Dwi'n gweld pam mae gan yr Uwch-arolygydd feddwl uchel ohonoch chi. Peth cyntaf bore fory caiff rhywun fy ngyrru i draw 'na. Gyda lwc bydd arwyddion i'w gweld. Mae'r wybodaeth yn gwneud gwahaniaeth i amser y farwolaeth, ch'weld, a threfn y digwyddiadau. Ro'n i'n amau na fuodd hi yn y dŵr cyhyd ag y byddai ei diflaniad yn ei awgrymu.'

'Doedd 'na ddim dŵr yn yr ysgyfaint,' meddai Dela, er mwyn dangos ei bod wedi deall cymaint â hynny.

'Nac oedd. Pe bai heb gael ei churo o gwbwl, byddai hynny'n ddigon i greu amheuaeth ynghylch sut, pam a phryd aeth hi i'r dŵr. Ac ar ben hynny mae'r cynrhon yn gadarnhad ei bod hi eisoes yn farw ar dir sych pan gafodd ei thaflu.'

'Mae rhywbeth ofnadwy ar waith yma'n amlwg,' meddai Dela. 'Oeddech chi'n gwbod bod Elinor, chwaer Alys, wedi diflannu heddiw? Mae eu mam yn y dderbynfa, wedi cyrraedd pen ei thennyn.'

Pwffiodd Emlyn i glywed hyn a brysiodd Dela i esbonio am ei sgwrs gyda Mrs Morgan.

'Mae'n bwysig fod Mr Reynolds yn clywed am hyn,' ychwanegodd. 'Mae gen i syniad fod Elinor, wrth glirio stafell Alys, wedi gweld rhyw gysylltiad ac wedi mynd ar ei drywydd. Yn anffodus dyw'r heddweision yma yn yr orsaf ddim fel pe bae arnyn nhw frys i drosglwyddo gwybodaeth.'

Ysgydwodd Emlyn ei ben.

'Peidiwch â sôn!' meddai'n deimladwy. 'Maen nhw'n grwbanod un ac oll. Os galla i, fe siarada i â Gwyn. Druan o Mrs Morgan – dim ond heno cafodd corff Alys ei ryddhau.'

Gwyn, ife, meddyliodd Dela. Tybed a oedd y crwtyn yn meiddio ei alw wrth ei enw cyntaf i'w wyneb? Hoffai fod yno i weld ei adwaith i hynny.

Pennod 23

Gadawsant y Sarjiant yn mwmial dan ei anadl ac yn codi'r ffôn wrth lygadu Mrs Morgan yn ddrwgdybus. Roedd Emlyn wedi'i siarsio i gymryd datganiad oddi wrthi ac i gysylltu'n syth â Reynolds. Roedd Dela wedi ychwanegu ei phwt gan ddweud y gallai Reynolds ei ffonio hi yn y gwesty.

'Reit,' meddai Emlyn wrth iddynt ddod i lawr y grisiau i'r stryd. 'Gallwn ni gerdded gyda'n gilydd ran o'r ffordd i'r Excelsior.'

'Odych chi'n credu y gwnaiff y Sarjiant gysylltu â Mr Reynolds?'

'Os gall e. Arhoses i yn yr orsaf i orffen yr adroddiad. Mae gweddill y tîm wedi mynd i chwilio am fwyd. Dwi ddim yn credu y bydd Gwyn yn ei lojin eto, ond bydd y Sarjiant wedi awgrymu tafarnau lleol lle gallan nhw gael pei a pheint. Falle bydd yn rhaid iddo ffonio rownd, a fydd hynny ddim yn plesio. Y broblem yw eu bod nhw'n gyndyn i gydnabod difrifoldeb beth sydd ganddyn nhw ar eu dwylo, ac yn chwerw bod dieithriaid wedi cymryd yr awenau. Gweles i hyn o'r blaen. Mae angen croen fel rheino arnoch chi yn y swydd hon!'

Roedd Emrys yn gallach na hi ynghylch cynllun y dref. Roedd wedi nosi erbyn hyn, a dilynodd ef ar hyd nifer o strydoedd cefn cul a llwybrau llygad nad oedd yn eu hadnabod. Pan grybwyllodd hynny, chwarddodd Emlyn.

'Os aethoch chi i'r Coleg yn Llunden fel fi, mae gweld patrwm strydoedd tref fel Abergorwel yn hawdd.'

Estynnodd ei fraich iddi i groesi stryd arbennig o dywyll. Dim ond goleuadau car yn teithio'n araf y tu ôl iddynt oedd i'w gweld. Arhosodd hwnnw wrth y palmant cryn bellter i ffwrdd a thybiodd Dela efallai fod y gyrrwr yn chwilio am rif tŷ penodol. Yr adeg hon o'r nos ychydig o draffig oedd ar y ffordd. Cerddasant ymlaen gan drafod yn hwyliog.

'Dy'ch chi ddim yn aros yn Sunnyside 'te?' gofynnodd Dela.

'Nadw, gwaetha'r modd. Mae'r dre'n llawnach o lawer nag y mae fel arfer ym mis Medi. Doedd 'na ddim lle yn Sunnyside i fi. Dwi mewn rhyw gwtsh dan y grisiau yn Bide a While.' Tynnodd wep ddoniol i ddangos ei farn am y lle a'i enw.

Erbyn hyn roeddent mewn stryd gwbl ddieithr iddi. Arhosodd Emlyn yn ei unfan.

'Dyma'n stryd i ar y dde,' meddai. 'Dy'ch chi ddim yn bell o'r prom nawr. Trowch ddwywaith i'r chwith ac wedyn i'r dde.' Cododd ei law arni cyn mynd ar ei hynt.

Edrychodd Dela o'i hamgylch. Gyda rhywun mor hyderus ag Emlyn yn ei thywys nid oedd wedi sylwi cymaint ag y dylai ar ble'r oedd hi. Ni wyddai ble y bwriedid iddi fynd i'r chwith. Dewisodd y troad cyntaf ond arweiniwyd hi ymhellach fyth o'r strydoedd cyfarwydd. Nid oedd siop i'w gweld ac roedd y tai'n mynd yn fwyfwy unffurf. A hithau'n gyndyn i fynd nôl i'r stryd lle gadawyd hi aeth i'r chwith eto, cyn sylweddoli nad oedd allanfa i'r ffordd hon. Agorai gweithdai ac adeiladau tebyg yn syth i'r palmant gyda chryn dipyn o annibendod wedi'i bentyrru o flaen eu drysau. Codai cefn llydan rhyw adeilad mawr diffenest ar y pen gan lwyr amddifadu'r stryd o olau. Twpsen, meddyliodd, gan ochneidio.

Wrth iddi droi ar ei sawdl, dallwyd hi'n sydyn gan oleuadau car, ac er mawr fraw iddi sylweddolodd ei fod yn cyflymu. Yn wir, roedd yn dod ati ar ras. Taflodd Dela ei hun at y mur agosaf, gan faglu dros rywbeth caled a chwympo. Teimlodd gnoc boenus ar ei phenelin a chlywodd sŵn prennau'n disgyn fel dominos o'i hamgylch. Cododd ei breichiau dros ei phen yn amddiffynnol gan obeithio y byddai'r prennau'n ei chysgodi. Sgrechiodd brêcs y car a'r peth nesaf roedd yn bacio allan yn wyllt o'r stryd.

O'i safle ar y llawr arhosodd Dela i sŵn ei injan ddiflannu'n llwyr cyn meiddio codi ei phen. Curai ei chalon yn ei chlustiau ac roedd ei hanadlu'n fas. I ble'r aeth y car? Yn y tywyllwch gwthiodd y prennau i'r naill ochr a chodi'n simsan ar ei thraed. Yn reddfol teimlodd am ei bag llaw, ond roedd wedi'i daro oddi ar ei braich, ac yn ei ffordd arferol wedi agor led y pen gan chwydu llawer o'i gynnwys dros y ffordd. Ar ei phedwar ceisiodd gasglu ei heiddo. Pan ddaeth o hyd i'w thortsh goleuodd ef â bysedd crynedig, mor falch o allu gweld unwaith eto. Sgleiniodd ar ei phwrs, ei lipstig a'i chompact powdwr, ac oddi tanynt ryw gerdyn bach gwyn. Cododd ef a gwelodd taw'r cerdyn roddodd Huw iddi ydoedd lle'r ysgrifennodd enw ei lojin ef. Syllodd arno am eiliad gan geisio meddwl yn synhwyrol. Sylweddolodd iddi gerdded ar hyd y stryd ar y cerdyn – Gallipoli Road a oedd yn gyfochrog ag Inkerman Street, ac o'r fan honno cymerodd y troad i'r stryd hon. Am ryw reswm roedd yr enwau wedi aros yn ci chof. Ai mynd at Huw oedd gallaf yn hytrach na'r gwesty? Beth fyddai gyrrwr y car yn disgwyl iddi ei wneud? Efallai ei fod yn credu iddo ei tharo ac roedd wedi ffoi. Neu os amheuai ei bod yn dal ar dir y byw, hwyrach y byddai'n aros iddi ymddangos a rhoi cynnig arall arni. Gan na wyddai eto ym mha gyfeiriad roedd y gwesty, penderfynodd fynd i Gallipoli Road.

Cripiodd allan i'r gornel, ond nid oedd cerbyd i'w weld. Gan gadw at y mur sleifiodd ar hyd y stryd gan daro golygon mynych y tu ôl iddi. Beth os nad oedd Huw yn ei lojin? Rhoddodd ochenaid o ryddhad pan welodd ei gar y tu allan, ond wrth ganu'r gloch roedd ei llygaid yn dal i wibio i lawr y stryd ac roedd ei chlustiau'n agored i unrhyw sŵn car.

Pan agorodd y dyn ei hun y drws yn llewys ei grys, synnwyd Dela bron cymaint ag ef.

'Be wyt ti'n …?' cychwynnodd, cyn gweld yr olwg arni. Heb ddweud gair pellach, arweiniodd hi i lawr y pasej. Safai drws ar agor, a syllodd Dela o'i hamgylch wrth fynd drwyddo. Nid stafell mewn tŷ lojin mo hon, ond fflat cyfan.

'Ble mae'r berchnoges?' gofynnodd Dela'n ddryslyd, wrth i Huw ei gosod ar soffa o dan y ffenest.

'Does na'm un,' atebodd yn fyr. Camodd draw i'r gegin fach a wynebai'r cefn a dechreuodd arllwys dŵr poeth i bowlen. 'Hogyn fu yn y Coleg efo fi sy piau'r fflat ac mae o ar ei wyliau, 'mwn i.'

'Ody e'n gwbod dy fod ti yma?' gofynnodd Dela'n bryderus.

'Nac'di. Roedd y cerdyn post anfonais iddo yn gorwadd ar y mat gyda gweddill y post i berchnogion y fflat ar y llofft. Gweles i nhw wrth edrach drw'r fflap llythyron, pan fethis i â chael atab. Mae pawb i ffwrdd, ond gan mod i wedi bod yma o'r blaen yn aros efo fo, dwi'n gwbod ymhle mae o'n cuddio'r goriada sbâr.'

'Digywilydd!'

'Yn wahanol i rai, fedra i ddim fforddio'r Excelsior.' Dychwelodd o'r gegin yn cario'r bowlen, clwtyn glân a thywel. 'Tynna dy fraich o dy flows.'

Peth lletchwith iawn oedd caniatáu iddo olchi'r briw ar ei phenelin a oedd wedi gwaedu ar ei llawes, ond o leiaf nid oedd yn rhaid iddi ateb unrhyw gwestiynau wrth iddo osod rhwymyn arno. Gwyddai o'i wep bod holi manwl ar fin dod.

'Be ddigwyddodd?' gofynnodd cyn gynted ag oedd wedi gorffen.

'Rhoiodd rhywun gynnig ar fy lladd i,' atebodd Dela.

Bu tawelwch am eiliad.

'Sut?'

'Trwy fy nilyn o orsaf yr heddlu a cheisio fy mwrw â char.'

'Pa fath o gar?'

'Dim syniad. Maen nhw i gyd yn edrych yr un peth yn y nos. Weles i mo'r gyrrwr o gwbwl. Ro'n i'n trio dod o hyd i'r ffordd nôl i'r gwesty ac yn anffodus es i ar goll.'

Gwelodd ef yn rholio ei lygaid ond palodd ymlaen.

'Dyw'r stryd lle tarawyd fi ddim yn bell o'r stryd hon, ond sdim ffordd allan ohoni ac mae'n gwbwl dywyll. Ro'n ar fin troi nôl pan ruthrodd y car tuag ata i. Dallwyd fi gan ei oleuadau. Neidiais o'r ffordd gan ddisgyn i ganol rhyw brennau mawr a dyna sut ges i hwn.' Pwyntiodd at ei phenelin. 'Ond wedyn, falle taw'r prennau arbedodd fy mywyd i.'

'Wyt ti'n hollol siŵr fod y car wedi rhuthro atat ti'n fwriadol?'

'Odw. Ar ôl i fi ddisgyn i'r llawr baciodd e allan ar ras cyn troi am y ffordd fawr. O feddwl, hwyrach fod y gyrrwr wedi gyrru dros rhai o'r prennau gan gredu taw fi oedden nhw a dyna pam gadawodd e mor gyflym. Y cwestiwn yw, pam?'

Dechreuodd tegell ganu ar y stôf yn y gegin fach a chododd Huw i wneud te. Gan deimlo'n benysgafn, pwysodd Dela ei phen ar gefn y soffa.

Ymddangosodd Huw o'r gegin gyda hambwrdd a chymerodd Dela'r cwpan yn ddiolchgar.

'Bydd yn rhaid i fi fynd nôl i'r Excelsior rhag ofn i Reynolds ffonio,' meddai wedi tipyn. Roedd y te poeth o gymorth, ond crynai ei choes glwyfus yn ddilywodraeth.

'Am be fydd o'n dy ffonio di'r adag hyn o'r nos?' gofynnodd Huw.

'Gadawes i neges iddo wneud. Fe glywais heddiw o ffynhonnell ddibynadwy mai Alys ddaeth o hyd i gorff Harriet. Ac mae Elinor, chwaer Alys, wedi diflannu ar ôl clirio ei stafell yn y gwesty. Roedd eu mam yn yr orsaf yn trio perswadio rhywun i wrando arni. Dwi'n credu bod Elinor wedi dod o hyd i rywbeth.'

'Neu mae hi wedi mynd i'r pictiwrs efo rhyw hogyn,' atebodd Huw.

Syllodd Dela'n galed arno. 'Iawn i ti wfftio,' meddai. 'Welest ti mo corff Alys.'

Nid edrychai Huw wedi'i argyhoeddi. Yna ysgydwodd ei ben.

'Dwyt ti'm yn mynd i unman heno,' meddai'n benderfynol.

Agorodd Dela ei cheg i brotestio ond gafaelodd yn ei llaw.

'Gwranda am eiliad,' meddai'n ddwys. 'Y lle ola y dylat ti

fod heno ydy'r gwesty. Os ymddangosi di, bydd o'n gwbod iddo fethu. Fel y mae dydy o ddim yn gwbod ble rwyt ti. Bydd o'n gobeithio dy fod ti'n gelain yn yr ale. A dwi'n amau dy fod ti wedi taro dy ben yn ogystal â dy benelin. Ma isio i rywun dy wylio di rhag ofn. 'Rwan, tynna dy sgidia a gorwadd yn fama.'

Yn anfodlon iawn ufuddhaodd Dela. Eto, pan gyffyrddodd ei phen â'r glustog caeodd ei llygaid gyda thon anferth o ryddhad. Ymhen ychydig amser teimlodd gwrlid yn cael ei osod yn ofalus drosti.

'Sdim isio i ti boeni,' clywodd lais Huw'n dweud, 'Mi fydda i yma drw'r nos.'

'Cer i'r gwely, er mwyn popeth,' ebe Dela'n gysglyd, ond setlodd Huw ei hun wrth y bwrdd a chyn iddi syrthio i drymgwsg sylweddolodd ei fod yn ysgrifennu'n brysur.

Dihunodd am ennyd rai oriau wedyn a'i glywed yn anadlu ym mhen arall y soffa. Roedd e wedi codi ei thraed a'u gosod dros ei bengliniau. Pan ddihunodd eto roedd yn olau dydd ac roedd e wedi mynd. Synhwyrodd symud yn y gegin.

Safai Huw dros y sinc yn eillio yn ei fest ac roedd y tegell yn berwi. Gosodwyd y bwrdd ar gyfer brecwast. Gwyliodd Dela ef yn ddistaw gan esgus cysgu. Mewn gwirionedd roedd yn synnu mor handi oedd e, a hefyd, er mai prin y meiddiai feddwl am y fath beth, mor llydan oedd ei ysgwyddau a'i freichiau noeth mor gyhyrog. Roedd ganddo groen da a stumog fflat. Doedd hi ddim yn cofio gweld Eifion, ei diweddar ddyweddi, heb ei grys o gwbwl er iddi fyw yn y Mans gydag ef a'i rieni am rai blynyddoedd, ond amheuai a fyddai wedi edrych mor fain ac mor galed. Meddal oedd Eifion mewn cymhariaeth, a gên ddwbl yn dechrau eisoes. Sylweddolodd Huw rywfodd ei bod yn pipo arno.

'Be wyt ti'n 'neud?' galwodd yn sarcastig dros ei ysgwydd. 'Edmygu fy harddwch i?'

'Ca dy ben!' arthiodd Dela gan godi ar ei heistedd. Serch hynny, sylwodd na wisgodd ei grys am sbel dda.

Pennod 24

Parciodd Huw y car ar waelod y grisiau i'r Excelsior. Hyd yn oed ar ôl cael brecwast teimlai Dela'n lluddedig.

'Dwi'n meddwl yr âf i'n ôl i'r gwely,' meddai gan ddylyfu gên.

'Chei di ddim cyfla,' atebodd Huw. 'Mae'r heddlu wedi codi'n fora. Yli, mae car Reynolds yma.'

'Beth wyt ti'n mynd i'w wneud?'

'Galwada ffôn,' atebodd, heb ymhelaethu.

Dringodd Dela o sedd y teithiwr gydag ochenaid. Clywodd ef yn weindio'i ffenest i lawr wrth iddi lusgo'i hun at y fynedfa.

'Duda wrthyn nhw!' galwodd Huw dros sŵn yr injan yn tanio.

Sgyrnygodd Dela ei dannedd wrth wthio'r drws. Nid oedd modd dianc i'w stafell oherwydd roedd Gwyn Reynolds yn sefyll wrth y ddesg flaen gan fwrw'i het feddal yn erbyn ei lun, a oedd yn arwydd digamsyniol ei fod mewn tymer ddrwg. Trodd yn sydyn pan glywodd y drws yn agor. Ni allai gelu ei syndod o'i gweld, ond pwyntiodd ei fys ati'n gyhuddol.

'Dwi moyn gair 'da chi!' taranodd.

Syfrdanwyd nifer o westeion ar fin mynd i mewn i'r stafell fwyta. Trwy'r gwydr yn nrws y swyddfa fach gallai Dela weld Thelma'n codi ar ei thraed o'r man lle bu'n eistedd wrth siarad ar y ffôn.

'A finne gyda chithe!' atebodd Dela'n heriol gan synnu at yr egni yn ei llais.

Amneidiodd Reynolds i gyfeiriad y lownj, ac o dan lygaid stwn pawb martsiodd Dela i lawr ar hyd y rhodfa a'i phen i fyny. Trwy drugaredd roedd yn rhy gynnar i neb fod yno. Slamiodd

Reynolds y drws ynghau y tu ôl iddo cyn ei hwynebu. Am eiliad ni allai yngan gair. Yna dechreuodd.

'Beth yffach y'ch chi'n meddwl eich bod chi'n ei 'neud?' hisiodd. 'Smo chi'n meddwl mod i at fy 'nghlustiau ishws? Ma' hanner dwsin o heddweision mas yn whilo amdanoch chi. 'Sneb 'di cael whincad o gwsg 'ma!'

'Byddech chi wedi bod yn gallach i'w hala nhw mas i whilo am Elinor Morgan,' atebodd Dela.

'Ife 'na lle buoch chi?' gwaeddodd Reynolds.

'Nage,' atebodd Dela. 'Dwi wedi bod yn cwato.'

Gan nad dyna'r ateb roedd e wedi'i ddisgwyl, ysgydwodd ei ben fel pe bai heb glywed yn iawn.

'Cwato?'

'Ie. Triodd rhywun fy lladd i neithiwr.'

Rhegodd Reynolds dan ei anadl.

'Smo i'n eich credu chi.'

'Fel y mynnoch chi,' meddai Dela. Tynnodd ei siaced a dangosodd y gwaed ar lawes ei blows iddo. 'Gyrrodd rhywun ata i'n fwriadol neithiwr, gyda'r bwriad o 'nharo i mewn stryd heb ffordd allan ohoni.' Rhoddodd fraslun iddo o'r ymgais.

'Pwff!' meddai Reynolds. Nid oedd empathi'n rhan o'i natur. 'Galla i gydymdeimlo â nhw. Am fenyw fusneslyd! Fel cleren ambwytu'r lle yn poeni pawb. Beth ddiawl o'ch chi'n 'neud mas ar yr hewl yn y tywyllwch?'

'Ro'n i'n chwilio amdanoch chi, yn rhyfedd iawn!'

'Pam? Smo chi'n sad ar eich traed ganol dydd.'

Cododd gwrychyn Dela'n syth.

'Falle nad ydw i,' meddai'n llym, 'ond ro'n i'n cadw fy addewid i chi trwy ddod i adrodd am fy narganfyddiadau diweddaraf. Nid fy mai i oedd eich bod chi'n tanco mewn rhyw dafarn a neb yn gwybod ble! A hyd yn oed os oedden nhw'n gwybod, roedden nhw'n gyndyn iawn i anfon neges, sy'n gywilyddus i ddweud y lleia!'

'Dim ond gwneud eu swydd oedden nhw,' ebe Reynolds yn hunangyfiawn.

'Wir?' meddai Dela. 'Mae eich syniad chi o 'wneud eu swydd' yn wahanol i f'un i. Mae eu perswadio i drosglwyddo gwybodaeth bron yn amhosib – heb sôn am wrando ar Mrs Morgan druan. Roedd honno wedi cyrraedd pen ei thennyn. Ble'r oedd eu cydymdeimlad â rhywun sy'n byw drwy hunllef llwyr?'

Sylweddolodd ei bod hithau'n gweiddi erbyn hyn, ond ni hidiai pwy allai glywed.

'Ond wedyn,' parhaodd, 'mae hyn i gyd yn dilyn patrwm. Mae'r gwesty hwn wedi trin y fenyw fel pe bai'n ddim ond niwsans afresymol! Beth wnaeth hi i neb erioed ond colli ei phlentyn? A nawr mae'r chwaer arall wedi diflannu a sneb yn hidio taten rost.'

Gallai Dela weld iddi roi ei bys ar ddolur. Roedd ei geg yn gweithio'n ddig.

'Os yw Elinor Morgan unrhyw beth tebyg i chi, bydd hi'n ailymddangos fel annwyd haf,' poerodd. 'Mae e'n gymhlethdod ar ben cymhlethdodau. Tasech chi'n sylweddoli cyn lleied o adnodde' sy' gyda fi, yn lle 'ngorfodi i i'w afratu nhw ...'

Pwyllodd Dela. Nid oedd cweryla'n gacwn yn mynd i gymell Reynolds i roi chwiliad ar waith.

'Dwi'n gwbod mor anodd yw popeth,' meddai'n gymodol, 'ond os yw 'mhrofiad i'n arwydd o gymhelliad y llofrudd, mae gwir angen i chi chwilio'n ddifrifol amdani. Dwi'n gwerthfawrogi'ch ymdrechion chi ac yn deall pam oeddech chi'n poeni – dwi'n drafferth o 'mhen i 'nhraed. Ond dyw hi ddim, a dwi'n credu fod Elinor wedi darganfod rhywbeth pwysig sy'n gysylltiedig â Harriet.'

'Credu?' meddai Reynolds yn ddirmygus. 'Fel arfer, sda chi ddim prawf o ddim, oes e? Ffor' y'ch chi'n gwbod nad aeth hi sha thre ganol nos nithwr? O'ch chi'n rhy fishi'n cwato!'

'Ydy hi gartre, 'te?' gofynnodd Dela'n daer. 'Aeth rhywun i ofyn?'

Gallai weld o'i wyneb na fu neb yn agos i'r fferm. Taflodd ei dwylo i fyny gan wingo pan brotestiodd ei phenelin.

'Dau gorff, Mr Reynolds? Odych chi'n wirioneddol eisiau hynny?'

Ar fin rhoi llond ceg arall iddi, trodd Reynolds ei ben yn sydyn. Roedd sŵn camau'n dynesu at y drws a chlywsant gnoc arno. Cyn i Reynolds allu gweiddi arnynt i'w baglyd hi o 'na, agorwyd y drws. Safodd Mali ennyd ar y trothwy cyn dod i mewn yn ofalus gan gario hambwrdd o de. Anwybyddodd y ddau ohonynt wrth gamu draw at fwrdd cyfagos i'w osod i lawr. Yna trodd a'u hwynebu.

'Bore da, Mr Reynolds, Miss Williams,' meddai. Plyciai ei dwylo ei ffedog wen ond swniai'n benderfynol. 'Mae 'da fi wybodaeth i chi am farwolaeth Mrs Watts-Jenkins a diflaniad Alys Morgan.'

Ni allai Dela ond edmygu ei dewrder. Rhaid bod sŵn eu cweryla wedi cario'n bell. Roedd hyd yn oed Reynolds wedi'i daflu oddi ar ei echel. Pesychodd a ffromodd wrtho'i hun.

'A'ch enw chi?' gofynnodd gydag ymdrech glywadwy i beidio â gweiddi.

'Mali Jones.'

Gan sefyll yn syth fel milwr bach ynghanol llawr y lownj, adroddodd Mali'r hanes a roddodd i Dela'r noson gynt. Ni ddywedodd Dela air, ond ceisiodd ei hannog gorau allai â'i llygaid ac ambell wên. Synnwyd hi fwy fyth pan ychwanegodd Mali bwyntiau newydd i'w haraith.

'Aeth Alys mas i'r bac am hanner awr wedi dau y diwrnod hwnnw,' meddai. 'Gweles i hi'n mynd yn slei bach. Fel arfer snecan i'r llwybr cefen bydde hi i gael mwgyn, ond wedd ddim sawr baco arni'n dod nôl, ac wedd ei boche hi'n goch. Feddylies i ddim lot am hynny ar y pryd achos ro'n i'n grac 'da hi.'

'Pam o'ch chi'n grac?' gofynnodd Reynolds fel bollt.

Gobeithiai Dela na fyddai ei gwestiwn yn tarfu ar rediad atgofion y ferch, ond atebodd Mali ef yn syth.

'Achos wedd y londri glân newydd gyrraedd, ac un o driciau Alys wedd bod rywle arall os wedd gwaith trwm i'w wneud. Fel wedd y basgedi mowr yn dod drw'r gegin we'n i'n paratoi te i Mrs Watts-Jenkins, a chyn i fi droi rownd roedd Alys wedi gafael yn yr hambwrdd a mynd.'

'Faint o'r gloch oedd hyn?'

'Tri, achos 'na pryd wedd Mrs Watts-Jenkins wastod yn cael dished o de. Ac wedd mwy o'i angen e nag arfer ar y pŵr dab. Weloch chi 'rioed shwd annwyd!'

Bu tawelwch am ennyd wrth i Reynolds ystyried hyn. Ciledrychodd Mali i gyfeiriad Dela ac amneidio'n galonogol. Tynnodd Mali anadl ddofn.

''Na'r rheswm pam dwi 'ma a gweud y gwir,' ychwanegodd. 'Dwi wedi bod yn meddwl falle bod Alys yn gwbod fod yr hen ledi wedi marw cyn iddi fynd â'i the iddi. A thra bod Alys mas yn y bac pwr'ny yn osgoi gwaith, gwelodd hi gyfle i fynd i'r lownj yn ddiniwed 'to a dod o hyd iddi, fel bod neb yn gofyn cwestiyne lletchwith.'

Gwenodd Reynolds, ac yna edrychodd yn arwyddocaol ar Dela.

'Rhywun call o'r diwedd,' meddai.

Nôl yn ei stafell, wedi gadael Mali gyda Reynolds, eisteddodd Dela'n swp yn y gadair. Sylweddolodd bod angen iddi newid y rhwymyn ar ei phenelin a gwisgo blows lân. Roedd wedi rholio ei llawes i fyny pan ddaeth cnoc ar y drws. Mali oedd yno.

'Llongyfarchiadau!' meddai Dela gan wenu. 'Gwnaethoch chi argraff fawr ar y Prif-arolygydd, a dyw hynny ddim yn hawdd.'

Gwridodd y ferch a thynnodd wep ddiymhongar.

'Sai'n gwbod beth ddaeth drosta i!' meddai gan chwerthin, ond yna edrychodd yn resynus. 'Ond wedd yn rhaid i fi 'neud rhwbeth. Mae'n ddrwg iawn 'da fi os tynnes i nyth cacwn am eich pen chi, Miss.' Edrychodd Dela'n syn arni. 'Fy mai i wedd e, ch'weld, bod yr Insbector 'ma. Gnoces i'ch drws chi'n hwyr neithwr cyn mynd gartre i mofyn rhai o'r dillad, wedyn es i i'r lownj i whilo amdanoch chi, ond we'ch chi ddim 'ma. Wedd hi'n tynnu am unarddeg a dechreues i bryderu. Es i lawr a mynnu bod Rachel yn ffonio'r heddlu, achos senach chi'r siort sy'n aros mas drw'r nos, odych chi?'

'Roedd hynny'n beth dewr i'w wneud ynddo'i hun,' meddai Dela.

'O leiaf doedd dim rhaid i fi ofyn i Miss Martin,' cyfaddefodd Mali gan wneud ceg gam. 'Ac wedyn pan gerddoch chi miwn a rhoi'r fath dermad i'r Insbector a fynte'n gweiddi dros y lle – dylsech chi fod wedi'u gweld nhw yn y gegin yn gwasgu gwydrau yn erbyn y wal er mwyn clywed yn well – we'n i'n gwbod bod yn rhaid i fi fentro.'

'Dwi'n hynod o falch o hynny. Gwedwch, beth yn eich barn chi oedd Alys yn ei wneud allan yn y feidr gefn?' gofynnodd Dela.

'Cael mwgyn, cwrdd â rhywun, galle fe fod yn unrhyw beth. Wedd ddim dal ble fydde Alys. Weithe wedd hi'n cwato yn y cwpwrt ar eich landin chi.'

'Weloch chi hi gyda rhywun yn y cefn erioed?'

'Dim ond y crwt ifanc 'na'r llynedd.' Meddyliodd Mali ennyd. 'Odych chi'n meddwl y galle Alys fod wedi gweld rhywun yn y lownj gyda Mrs Watts-Jenkins? Trw'r lownj fydde hi'n mynd i'r cefen, ch'weld. Tase hi'n mynd mas drw'r gegin wedd gormod o risg i weithwyr eraill sylwi a gofyn iddi 'neud rhwbeth.'

'Ond oni fyddai'r gwesteion fel rheol yn sylwi arni'n mynd i'r ardd o'r lownj?'

'Ry'n ni fel y celfi, Miss,' atebodd Mali. 'Ar ôl sbel senach chi'n sylwi arnon ni.'

Roedd hynny'n ddigon gwir, gwaetha'r modd. Er eu chwilfrydedd di-ben-draw am westeion eraill, ychydig o ddiddordeb oedd gan y gwesteion yn y gweithwyr beunyddiol, ar wahân i Tomi, a doedd e ddim yno mwyach i'w holi. Ar y llaw arall, sylwai'r gweithwyr ar bawb a phopeth. Tarawyd hi gan syniad.

'Odych chi'n cofio gweld clustog chenille goch yn y lownj yn ddiweddar? Cymerwyd hi i'w golchi?'

Syllodd Mali arni.

'Naddo,' meddai, 'a dim ond pw' ddwrnod gofynnodd Beti r'un peth i fi. Buon ni'n whilo. We'n ni'n meddwl falle bod Miss Llewelyn wedi mynd â hi i'w stafell. Mae'n cymryd pob clustog gall hi i'r soffa, ac mae'n gwasgu nhw mor fflat mae'n waith i'w shiglo nhw nôl i'w siâp iawn. Y peth yw,' ychwanegodd yn gyfrinachol, 'sdim dal beth ddwgith y gwesteion. Llwyau te, tywelion, maen nhw i gyd yn diflannu.' Edrychodd yn brudd am eiliad, ond yna sioncodd. ''Na pam dwi mor falch eich bod chi'n iawn ac wedi dod nôl!'

'Finne hefyd,' atebodd Dela'n ddidwyll, gan ddiolch yn ddistaw na ofynnodd Mali pam roedd ganddi ddiddordeb yn y glustog a chan edrych ar ei phenelin.

'Gwmpoch chi, 'te?' gofynnodd Mali.

'Ddim yn hollol,' atebodd Dela, wedi saib. 'Triodd rhywun fy mwrw i â char neithiwr.' Chwibanodd Mali dan ei hanadl a chnoi ei boch.

'Rhywun sy'n gwbod eich bod chi'n helpu'r heddlu gydag achos Alys?' gofynnodd yn dawel.

'Mwy na thebyg, ond dwi'n ffaelu deall pam rydw i'n gymaint o fygythiad.'

'Falle'ch bod chi fel fi gyda thrip Alys mas y bac,' meddai Mali'n feddylgar. 'Ddim yn sylweddoli beth y'ch chi'n ei wbod.'

Pennod 25

Wrth i Dela ddod allan i'r cyntedd o'r stafell fwyta ar ôl cinio, roedd y ffôn yn canu ar y ddesg flaen. Cododd Thelma'r derbynnydd, a surodd ei hwyneb.

'Galwad i chi,' meddai'n fyr, gan chwifio ei llaw tuag at encil y ffôn a oedd yn wag.

Amneidiodd Dela cyn camu i mewn a chau'r drws.

'Fi sy' 'ma,' meddai George y pen arall. 'Ddrwg 'da fi darfu arnoch chi amser cino, ond roedd 'nhad yn holi am y bil ar gyfer angladd Harriet. Gawsoch chi unrhyw wybodaeth oddi wrth Nansi Martin?'

Bu'n rhaid i Dela gyfaddef nad oedd wedi bod yno eto i ofyn.

'Mae'n ddrwg 'da fi,' esboniodd, 'ond mae pethau wedi bod braidd yn anodd.' Wrth iddi roi disgrifiad cryno o ddigwyddiadau'r noson gynt, gallai ei glywed yn tynnu anadl trwy ei ddannedd. Torrodd ar ei thraws cyn iddi orffen.

'Er mwyn popeth! Odych chi'n iawn? Beth fuoch chi'n ei wneud i achosi'r fath adwaith? A sut wyddai'r llofrudd ble fyddech chi? Fuodd e'n cadw llygad ar y gwesty? Os sylwch chi ar yr arwydd lleiaf fod rhywun yn eich gwylio, paciwch ac ewch o 'na'n syth!'

Prin y cafodd Dela gyfle i ateb yr holl gwestiynau. Gwnaeth ei gorau i dawelu ei bryderon cyn gadael y ffôn yn ddiolchgar. Dringodd y grisiau i'w stafell gan feddwl yn galed am rai o'r pethau a ddywedodd. Clodd y drws. Ar fin eistedd yn y gadair wrth y ffenest tynnodd hi nôl ryw droedfedd i un ochr er mwyn peidio â bod yn weladwy o'r prom. Roedd hi'n nerfus yn sydyn. A fu'r llofrudd yn ei gwylio ac aros ei gyfle? Bu'n cerdded ar hyd y dref ar ei phen ei hun ers dyddiau, er nad yn y nos. Falle mai dyna a'i hysgogodd, yn enwedig gan ei bod yn dod allan o orsaf yr heddlu. Hwyrach taw penderfyniad sydyn fu hynny oherwydd bod y llofrudd wedi digwydd ei gweld ar ei phen ei hun yn y tywyllwch. Ond roedd rhywbeth yn ei phoeni am hynny. Awgrymai'r hyn a wnaethai i Alys fod gweld ei ysglyfaeth yn dioddef yn bwysig iddo. Roedd ceisio'i tharo hi â char bron yn amhersonol mewn cymhariaeth. A oedd yn bosibl taw dim ond rhwystr oedd hi, rhywbeth i'w waredu ar frys, tra dewiswyd Alys i gael triniaeth arbennig? A oedd Harriet yn ddim ond rhwystr hefyd?

Gorfododd ei hun i ailfyw'r digwyddiad yn ei meddwl, gam wrth gam, o'r eiliad y gadawodd yr orsaf yng nghwmni Emlyn. Nid oedd wedi gweld pa fath o gar a yrrodd ati, ond roedd 'na gar yn sefyllian wrth iddi sgwrsio â'r meddyg. Sut gar oedd hwnnw? Ai dyna'r car tyngedfennol? Ni wyddai. Roedd yn rhaid bod mwy nag un car yn gyrru o gwmpas y noson honno, hyd yn oed â phetrol yn dal wedi'i ddogni. Sylweddolodd un peth pwysig – doedd gan Tomi ddim car na'r arian i brynu un, ac nid car George oedd e. Roedd e'n llai na'r anghenfil hwnnw. Synnodd ei bod wedi sylwi ar gymaint â hynny yn ei braw. Ond er iddi wneud ei gorau, ni allai weld y rhif ar y bympar na dim am y gyrrwr. Neidiodd pan glywodd gnoc ar y drws. Am eiliad clywodd ei chalon yn cyflymu.

'Pwy sy 'na?' galwodd.

'Sarjiant Edwards,' daeth yr ateb. 'Neges oddi wrth yr Insbector. Mae e moyn eich gweld chi.'

Ni chlywodd yr enw hwnnw o'r blaen. Gallai unrhyw un ddweud ei fod yn dditectif gyda chriw Reynolds gan nad oeddent mewn iwnifform. Llusgodd y gadair galed o'r bwrdd gwisgo gyda hi at y drws, er na wyddai'n union sut fyddai o gymorth i wrthsefyll ymosodiad.

'A fyddech gystal â gwthio eich cerdyn adnabod o dan y drws?' gofynnodd.

Clywodd chwilio pocedi ac ymddangosodd cerdyn wrth ei thraed. Astudiodd Dela ef. Edrychai'n ddilys. Pan agorodd y drws, roedd yr heddwas fu'n helpu Reynolds gyda'r cyfweliadau'n sefyll gan syllu'n chwilfrydig arni. Celodd Dela ochenaid o ryddhad.

'Byddwn ni 'na whap,' meddai'r Sarjiant yn sgyrsiol wrth iddynt yrru drwy'r dref. 'Ma'r Insbector wedi dod o hyd i'r stryd, ond mae e eisie'ch cadarnhad chi.' Edrychodd arni gyda chydymdeimlad. 'Sdim rhaid i chi ddod mas o'r car os nad y'ch chi moyn.'

Yn wir, roeddent yno. Prin y gallai Dela gredu taw'r lle bach di-nod, cyffredin hwn a'i dychrynodd gymaint. Doedd hi ddim hyd yn oed yn stryd go iawn, ond math o ale gul a redai rhwng dau weithdy yn wynebu'r stryd fwy, gyda drysau mawr yn yr ale i dderbyn cyflenwadau. Roedd Reynolds â'i het ar gefn ei ben yn astudio'r mur anferth a godai ar draws holl ben pellaf yr ale.

'Ie, hon yw hi,' meddai Dela gan ddringo allan. Dilynodd y Sarjiant hi.

Roedd un o'r drysau mawr ar agor a gellid gweld dyn mewn ffedog hir, frown, yn trafod pris sachaid o siafins gyda rhywun. Edrychai fel pe bai'n cadw llawer o stoc allan ar y stryd.

'Pam fydde rhywun eisiau prynu siafins?' pendronodd Dela'n uchel.

'Falle'i fod e'n cadw cwningod neu *guinea pigs*,' awgrymodd y Sarjiant yn hynaws.

Amneidiodd Dela, ond tynnwyd ei sylw gan y pentwr o styllod pren. Nid edrychent fel pren da.

'Gweddillion diwerth yn cael eu gwerthu fel coed tân?' gofynnodd a gwenodd y Sarjiant. 'Dyna lle gwmpes i,' ychwanegodd Dela, 'pan ddaeth y car ata i. Bydde'r siafins wedi bod yn fwy cysurus. Baciodd y car dros rai o'r styllod yn ei frys i adael y lle.'

Erbyn hyn roedd prynwr y siafins wedi talu a mynd.

Sychodd y perchennog ei ddwylo ar ei ffedog gan edrych yn obeithiol arnynt.

'Nawr 'te,' meddai. 'Am beth y'ch chi'n whilo?'

'Gwybodaeth,' atebodd y Sarjiant gan dynnu llyfr nodiadau o'i boced. 'Buodd digwyddiad 'ma neithwr.'

Symudodd Dela o'r ffordd er mwyn edrych ar y styllod, ond gan wrando'n astud.

'Do 'te!' meddai'r perchennog. 'Gadawes i am whech fel arfer, ac wedd popeth yn deidi yn erbyn y wal, ond pan ddes i miwn bore 'ma 'na lle wedd un o'n *sidelines* gore i dros yr ale bob tamed.'

'Fyddwch chi'n gadael y sachau a'r styllod mas bob nos? Smo chi'n ofni y bydd rhywun yn eu dwyn nhw?'

'Ma'r sachau'n dod miwn, ond ma'r styllod yn aros mas – sneb lot isie coed tân y tywydd hwn.'

Gan ei fod wedi ailosod y pentwr, ceisiodd Dela ei archwilio heb aflonyddu arno. Nid oedd dim arwydd ar y styllod fod car wedi gyrru drostynt ac mae'n siŵr y byddai rhyw ddifrod yn weladwy. Sylwodd fod y Sarjiant wedi symud i ffwrdd tuag at Reynolds, ac felly mentrodd ofyn cwestiwn tawel.

'Odych chi wedi gwerthu unrhyw styllod heddiw?'

Edrychodd y siopwr arni'n syn.

'Chi yw'r ail berson sy wedi gofyn hynny i fi. Wedd rhyw ddyn 'ma peth cynta'r bore 'ma – cyn i fi gael cyfle i wneud dim â nhw – helpodd e fi i'w rhoi nhw nôl ac wedd e'n edrych ar bob un. Yn y diwedd dim ond un styllen brynodd e! Wir, bydda i'n falch i weld y tywydd oer, achos mae'r pentwr yn tyfu bob dydd a sdim modd cadw trefen arno.'

Diolchodd Dela iddo, a chamodd i gefn yr ale. Amneidiodd Reynolds arni'n fyr.

'Hwn yw'r lle,' meddai'r heddwas yn bendant. 'Sdim unman arall tebyg. *Typical!* Odd yn rhaid i chi gerdded lawr yr unig ale lle galle rhywun roi wadad i chi.'

'Ry'ch chi'n fy nghredu i nawr, felly.'

'Hm.' Sychodd Reynolds ei drwyn. 'Mae marcie'r olwynion yn sgidio'n awgrymu nad damwen odd hi, ac er bod y lle'n ddu bitsh bydde goleuade'r car wedi dangos yn glir nad odd ffordd mas y funud troiodd e o'r stryd.'

'Fydde ganddo fe ddim rheswm i gyflymu'n fwriadol,' cytunodd Dela, 'ac fe glywes i'r gyrrwr yn refio'r injan.'

Gwenodd Reynolds yn sur.

'Pwy y'ch chi wedi pechu yn eu herbyn, Miss Arthur? 'Na'r cwestiwn, ontefe, ond dwi'n ame bod y rhestr yn un hir.'

Er bod ei ffordd o siarad â hi mor heriol ag erioed, synhwyrodd Dela ei fod wedi meddalu rywfaint ers eu cweryl.

'Unrhyw sôn am Elinor?' gofynnodd yn dawel.

Ysgydwodd ei ben cyn troi ati.

'Os daeth hi o hyd i rwbeth, pam na ddaeth hi aton ni? Neu hyd yn oed atoch chi?' Syllodd yn ddig arni.

Cododd Dela ei hysgwyddau. 'Dwi'n meddwl bod ymdrechu i gadw enw da ei chwaer yn rhan o'r peth.'

'Enw da! Jiawl erio'd!'

'Mae'n rhaid i fi gytuno. Ac mae'n anodd gweld sut gallai dod o hyd i flwch gemwaith Harriet yn stafell Alys fod wedi achosi Elinor i ddiflannu. Dim ond gemau fyddai ynddo, wedi'r cyfan – dyna pam ddygodd Alys y blwch. Sut gysylltodd Elinor y rheiny â phwy bynnag laddodd ei chwaer? Os taw dyna beth sydd wedi digwydd?'

Sylweddolodd bod Reynolds yn craffu arni. Cododd ei law.

'Munud fach nawr. Ody blwch gemwaith yr hen ledi ar goll?'

'Ody. Ond dim ond yn ddiweddar iawn y sylweddoles i hynny. Gan nad o'n i'n ei hadnabod hi o gwbwl, doedd gen i ddim ffordd o farnu beth ddylai fod ymhlith ei heiddo. Dyw pob menyw ddim yn hoff o emwaith, a galle hi fod wedi'i gadw yn sêff y gwesty. Credwch fi, ro'n i'n cicio fy hunan pan sylweddoles i bod Alys wedi treulio amser ar ei phen ei hunan yn clirio stafell Harriet a bod nifer o ddarnau gwerthfawr ar goll.'

Crafodd Reynolds ei ben. 'Odych chi'n meddwl bod Elinor wedi dod o hyd i bethe gwerthfawr ac wedi gwneud fflit â nhw er mwyn eu gwerthu?'

'Nid dyna'r argraff ges i o'i chymeriad hi, ond pwy all ddweud beth wnaiff unrhyw un os caiff ei demtio? Ydy hi'n werth mynd o gwmpas siopau'r dre a gofyn a fu unrhyw un yno'n ceisio gwerthu gemwaith drud?'

Edrychodd Reynolds arni. 'Cewch chi 'neud hynny os y'ch chi moyn. Mae'r dref hon yn lle da i werthu pethe bach drud. Digonedd o grachach yn marw a'u stwff yn ffeindio'u ffordd i'r siopau er mwyn i ymwelwyr haf wastraffu arian arnyn nhw.'

'A fyddai Elinor yn gwybod hynny?'

'Bydde eich ffrind y 'Capten' yn gwbod yn iawn, achos mae e wedi'i wneud e droeon.' Roedd hynny'n ddiddorol.

'Pa fathau o bethau buodd e'n eu gwerthu?'

'Tsieina, ambell i sofren aur, cesys sigarennau arian, pob siort o gardifeins.'

'Digon i'w gadw yn yr Excelsior?'

'Hynny, a'r ceffyle a gemau anghyfreithlon o gardiau. Cofiwch, falle taw bod yn yr Excelsior roddodd y modd iddo gasglu pethe i'w gwerthu.'

'Sda fe ddim car, ta beth'.

'Buodd dim sôn am un cyn belled.'

Roedd hynny'n gwbl wir ac yn ddigon i'w diflasu. Unwaith eto gwrthododd Dela lifft nôl i'r gwesty, a chododd law ar y ddau heddwas wrth iddynt ymadael. Arhosodd i'r car droi ar ben y stryd fawr cyn mynd ar ei hynt. Doedd ganddi ddim bwriad dweud wrth Reynolds bod Huw yn y dref. Camodd ymlaen yn llai nerfus nag a fu, ond yn wyliadwrus serch hynny. Trodd y gornel i mewn i Gallipoli Road gan gydio yn y gobaith y byddai Huw wedi prynu'r styllen gywir.

Pennod 26

Doedd e ddim yno, na'i gar ychwaith. Trodd Dela'n siomedig o'r drws cyn brysio nôl i'r prif strydoedd, gan sylweddoli ei bod mwy na thebyg wedi colli'r awr ginio. Roedd dod o hyd i'r ffordd mor hawdd yn y dydd. Dim ond dilyn yr ymwelwyr oedd rhaid, ac roedd lluoedd o'r rheiny'n ymlwybro i mewn ac allan o'r siopau. Teimlai'n fwy diogel o lawer ymhlith y torfeydd. Serch hynny, o bryd i'w gilydd arhosai wrth ffenest siop gan esgus edrych ar y nwyddau y tu mewn, ond mewn gwirionedd yn gwylio adlewyrchiad pobol ar draws y stryd, rhag ofn bod rhywun yn ei dilyn. Cafodd ei hun yn syllu ar hambyrddau o fodrwyon yn ffenest gemydd wrth wneud hyn, ac ar chwa camodd i mewn.

Nid oedd Reynolds yn gor-ddweud wrth sôn am faint o fanion bethau drud oedd ar werth yn Abergorwel. Aeth Dela o siop i siop, ond hyd yn oed pan ddangoswyd broitshis opal neu fodrwyon saffir a diamwnt iddi, ni welodd ddim o'r ansawdd y byddai wedi disgwyl i Harriet fod yn berchen arno. Y broblem oedd nad oedd hi erioed wedi cael cip ar y rhai gwreiddiol. Byddai angen llusgo Gwladys o amgylch y dref er mwyn bod yn siŵr, ac ni allai weld hynny'n digwydd. A fyddai Meri'n fodlon dod gyda hi, tybed?

Safodd ar riniog y siop olaf gan chwilio am ei menig yn ei bag. Cofiodd yn sydyn fod angen iddi fynd at y trefnwr angladdau gyda rhestr ymholiadau George, ond er iddi edrych ym mhob cwr o'i bag, nid oedd yr amlen yno. Gwelodd hi yn llygad ei meddwl yn gorwedd ar y bwrdd bach ger y ffenest yn ei stafell. Damo! Gan daflu un olwg olaf dros gynnwys y ffenest, gyda'i ffigyrau tsieina a'i siwgiau lystr, ochneidiodd a throi am y prom.

Wrth gerdded, pendronodd ynghylch beth fyddai Reynolds a'i griw yn ei wneud nawr. Gobeithiodd fod Emlyn Roberts wedi darganfod y man lle'r amheuai hi a Huw fod Alys wedi'i thaflu. Os do, ac os oeddent yn gywir, roedd hi wedi bod o ryw gymorth, oherwydd rhaid cyfaddef ei bod yn teimlo cywilydd am achosi iddynt dreulio oriau gwerthfawr yn chwilio amdani. Dylai fod wedi anfon Huw i'r blwch ffôn i rybuddio'r gwesty na fyddai'n dychwelyd y noson gynt. Ar y llaw arall, roedd yn debygol y byddai wedi gwrthod gwneud am ei fod yn credu mai rhywun o'r gwesty oedd wedi ceisio'i lladd. Ni ddywedodd hynny'n uniongyrchol, ond doedd hynny'n ddim byd newydd. Roedd hi'n falch iawn na ofynnodd Reynolds iddi ble'n union y bu dros nos. Yn ffodus roedd e'n rhy ddig â hi i feddwl am y manylyn hwnnw. Byddai Aneurin Plisman wedi gofyn yn syth, meddyliodd. Aeth ysgryd bach drwyddi wrth feddwl am oblygiadau hynny, pe bai'r wybodaeth wedi cyrraedd Nant yr Eithin.

Er mwyn codi ei chalon ceisiodd restru'r hyn roedd wedi'i ddysgu yn ystod ei thrafodaeth gyda Reynolds. Roeddent, fel y tybiai, wedi bod yn ymchwilio i fywyd Tomi. Ni synnodd i glywed sut oedd e'n cael deupen llinyn ynghyd. Ond roedd 'na rywbeth arall a ganodd gloch am eiliad fer iawn cyn diflannu. Gwelodd nad oedd ond degllath o fynedfa'r Excelsior. Efallai y byddai'r gloch yn canu eto dros gwpanaid o de.

Suodd y drws ynghau y tu ôl iddi ac roedd Dela'n falch gweld bod gwesteion newydd wedi cyrraedd gyda'u cesys a bod Thelma'n brysur yn eu seboni. Ar fin croesi'r cyntedd i'r grisiau clywodd bapur newydd yn cael ei siglo'n ddiamynedd. Syllodd Huw arni'n sur o gadair freichiau fawr.

'Ble buost ti?' hisiodd yn gyhuddol. 'Dwi wedi bod yma ers hydoedd.'

Cariodd Beti'r hambwrdd te allan i'r ardd iddynt gan ei bod mor braf. Diolchodd Dela iddi gan sylwi fod Huw'n dal i wgu.

Hwyrach y dylai fod yn ddiolchgar nad oedd wedi mynnu cerdded i rywle ymhell o'r holl foethusrwydd a oedd yn amlwg yn dân ar ei groen.

'Lwcus nad oes 'na blant yn aros 'ma ar hyn o bryd,' meddai Dela wrth droi llwy yn y tebot.

'Pam?'

'Bydde dy wep di'n ddigon i hala ofon arnyn nhw.'

Estynnodd gwpanaid iddo gan gymryd un ei hunan. Pwysodd nôl ar y fainc gan fwynhau'r haul ar ei hwyneb.

Sniffiodd Huw.

'Rwyt ti'n gartrefol iawn yma. Braf yw byw ar draul rhywun arall.'

'Ti ddyle wbod, wedi meddiannu fflat dy ffrind. Dwi'n sylwi bod dy egwyddorion yn caniatáu i ti yfed dy de,' atebodd Dela'n siarp. 'Ro'n i'n gartrefol, ond ar ôl neithiwr dwi'n teimlo dan fygythiad hyd yn oed yn fy stafell. Falle bod George yn iawn ac y dylen i fynd o 'ma.'

Roedd wedi disgwyl i Huw ymateb yn frwdfrydig i'r awgrym, ond ni wnaeth.

'Sut mae dy benelin?' gofynnodd yn sydyn.

'Yn grwc. Sut mae'r styllen?'

'R'un fath. Buost ti nôl yn yr ale, felly?'

'Anfonodd Reynolds heddwas i 'nghludo i yno. Ond roeddet ti wedi achub y blaen arnom.'

'Mm.'

Gwingodd Dela yn ei sedd. Beth oedd yn bod arno, er mwyn popeth?

'Oedd 'na unrhyw beth arwyddocaol?' gofynnodd.

'Ella wir.'

Pwysodd Dela ymlaen. 'Fel beth?'

'Mae'n anodd bod yn siŵr. Dwi wedi gneud rhai galwada ffôn … ond mae'n bosib mod i'n anghywir.'

'Mae tro cyntaf i bopeth, sbo,' meddai Dela.

Gorffennodd Huw ei de.

'Beth bynnag,' meddai, 'Dwi'n amau a fydd y fath beth yn digwydd eto. Mi fydda i'n mynd adra heddiw.'

Cododd ar ei draed a chyn pen dim roedd wedi mynd.

Hwyrach mai blinder ac effeithiau ei phrofiad a barodd i Dela deimlo'n biwis. Nid oedd tynnu dŵr o garreg yn ddim o'i gymharu â cheisio cael gwybodaeth allan ohono. Ni ddeallai pam y tro hwn. Ac os oedd e'n anghywir yn ei ddamcaniaeth, gallai hi fod mewn perygl o hyd. Roedd hi wedi meddwl gofyn iddo am lifft i fynd i dalu bil George, ond aeth yr eiliad heibio. Sylweddolodd ei bod yn ysu am gwsg, ac felly ymlwybrodd nôl i'w stafell, clodd y drws, gosododd y gadair galed dan y bwlyn, a gorweddodd.

Dihunodd yn sydyn wrth glywed lleisiau'n mynd heibio'i drws. Ni pharodd ei hoe yn hir. Ochneidiodd wrth feddwl am orfod llusgo'i hun allan i'r dref eto. Efallai y gallai ofyn i Thelma alw tacsi drosti ac aros amdani wrth iddi ruthro i mewn i swyddfa'r trefnwr angladdau. Ni fyddai George yn hidio. Fodd bynnag, pan gyrhaeddodd y landin a edrychai dros y cyntedd, clywodd leisiau taer islaw. Safai Thelma a'i dwy law wedi'u gosod yn benderfynol ar y ddesg. Er mawr syndod i Dela, roedd hi'n dadlau â Gwladys.

'Ond dyna beth sy'n digwydd bob tro, Miss Llewelyn,' clywodd Dela. 'Ry'ch chi wastod yn ei hanfon hi i mofyn eich rholyn gemwaith o'r sêff. Pam ddylen ni fod wedi ei gwrthod?'

'Odych chi'n dwp, fenyw? Ofynnes i ddim iddi wneud, a sdim sôn wedi bod amdani ers amser brecwast.'

Dros ysgwydd Thelma gwelodd Gwladys fod Dela'n dod i lawr y grisiau. Goleuodd ei hwyneb.

'Dela!' meddai, gan symud yn drwsgl tuag ati. Am rywun mor ddisyflyd edrychai'n ffwndrus. 'Mae Meri wedi mynd â 'ngemwaith i gyd!'

Ochneidiodd Thelma a cheisiodd Dela dawelu'r dyfroedd.

'Ydy hi'n bosibl fod Meri wedi picio allan ar neges a'r gemwaith yn ei bag yn ddifeddwl?' gofynnodd.

Rholiodd Thelma ei llygaid ond atebodd Gwladys yn syth.

'Ond pam gofyn amdano o gwbwl? Ofynnes i ddim iddi ei mofyn.'

Roedd ganddi bwynt da, ond rhoddodd Dela gynnig arall arni.

'A yw hi wedi gadael y rholyn yn ei stafell?' Edrychodd draw at Thelma. 'Oes modd i ni gael yr allwedd er mwyn gweld, os gwelwch yn dda?'

Ffromodd Thelma'n syth.

'Dwi ddim yn meddwl 'ny!' meddai, ond roedd Dela'n barod am yr adwaith hwn.

'Wel, gan mai Miss Llywelyn sy'n talu am y stafell, dwi'n credu fod ganddi bob hawl i'r allwedd dan yr amgylchiadau. Falle bod ateb syml diniwed i'r dirgelwch a bydd 'na ddim angen galw'r heddlu i mewn, eto.' Pwysleisiodd y gair olaf gan deimlo Gwladys yn gwasgu ei braich yn ddiolchgar.

Ystyriodd Thelma am ennyd hir.

'Bydd yn rhaid i fi ddod gyda chi,' meddai o'r diwedd yn rintachlyd.

'Wrth gwrs,' atebodd Dela gan wybod yn iawn nad oedd Thelma wedi maddau iddi am ei sylwadau ynghylch triniaeth y gwesty o fam Alys. Ei bai hi oedd hynny am glustfeinio.

Roedd stafell Meri'n llai llwm na stafell Tomi, ond yr un mor wag. Y tro hwn nid oedd cês na bag i'w weld, na'i dillad chwaith. Tra oedd Gwladys yn agor drysau a drorau a Thelma'n sefyll wrth y drws a'i breichiau wedi'u plethu, ystyriodd Dela'r olygfa o'r ffenest. Roedd stafell Meri ar lawr uchel ac ni allai weld unrhyw ffordd o ddringo allan drwy'r ffenest i ddianc heb gael ei gweld. Fel pe bai wedi darllen ei meddyliau ebychodd Gwladys yn sydyn.

'Ond os yw ei holl eiddo wedi mynd, sut cariodd hi bopeth

o'r gwesty?' Trodd at Thelma. 'Ry'ch chi wedi bod ar y ddesg drwy'r bore. A welsoch chi unrhyw beth?'

Ysgydwodd Thelma ei phen, ac am eiliad edrychai'n fwy petrus na dig.

Cofiodd Dela'n sydyn am y lifft nwyddau a dechreuodd syniadau ffurfio yn ei phen. Eisteddodd Gwladys yn drwm ar y gwely mewn diflastod.

'Beth allwn ni 'neud?' gofynnodd.

Edrychai mor brudd nes i Dela deimlo trueni drosti.

'Galw'r heddlu, mae arna i ofn,' meddai, gan edrych yn resynus ar Thelma. 'Mae'n ymddangos fod Meri wedi bod yn paratoi i adael ers tipyn.'

Trodd Gwladys wyneb dagreuol ati.

'Alla i ddim credu ...' meddai'n ymbiliol. 'Ydw i wedi bod yn llochesu llofrudd ers blynyddoedd?' Roedd nodyn o 'sterics yn ei llais.

Tynnodd Thelma wep.

'Af i i'w ffonio nhw nawr,' meddai gan droi ar ei sawdl.

Ceisiodd Dela gysuro Gwladys, ond daeth yn amlwg ei bod yn gweld cysylltiad clir rhwng ymholiadau Dela am emwaith Harriet a diflaniad ei gemau hi. Roedd wedi ei hargyhoeddi ei hun taw Meri laddodd Harriet a dwyn ei broits.

'Buodd ei mam a'i modryb farw'n agos iawn at ei gilydd, ch'weld. Dylen i fod wedi sylweddoli ...'

'Ond doedd na ddim mantais ariannol i Meri o hynny,' meddai Dela i'w darbwyllo. 'I'r gwrthwyneb. Roedd yn rhaid iddi chwilio am swydd.'

'Gyda fi!' meddai Gwladys. 'Fi fydde nesa! Falle nad am yr arian y lladdodd hi ei mam a'i modryb, ond oherwydd eu bod nhw mor ffaeledig. Dwi wedi gwaethygu dros y misoedd diwethaf. Dwi'n siŵr nawr ei bod hi'n arfer rhoi mwy o dabledi cysgu i fi nag o'n i eu hangen.'

'Os felly, pam rhedodd hi i ffwrdd?' gofynnodd Dela'n rhesymol.

'Oherwydd byddai marwolaeth arall yn y gwesty wedi tynnu sylw ati. Cymerodd yr hyn alle hi a ffoi.'

Doedd dim modd rhesymu â hi ac roedd Dela'n falch pan ailymddangosodd Thelma i ddweud bod Reynolds ar ei ffordd.

Bu'n rhaid i'r ddwy ohonynt helpu Gwladys i lawr y grisiau eto a'i gosod yn y cyntedd gyda gwydraid o sieri i aros am yr heddlu. Wrth reswm, roedd pawb wedi clywed. Roedd y Pritchards a Maisy a Dulcie'n aros amdanynt, a gwelodd Dela gyfle i adael Gwladys gyda nhw. Dihangodd tra oeddent yn annog Gwladys i ddod draw i'r lownj.

Eisteddodd am funud ar fainc ar y prom i feddwl. Ni chredai y byddai Reynolds eisiau siarad â hi, ond os oedd e roedd hi'n dymuno cael rhywbeth adeiladol i'w ddweud wrtho. Roedd sut llwyddodd Meri i adael y gwesty â'i holl eiddo yn ddiddorol. Er y gallai fod wedi rhoi ei bagiau yn y lifft nwyddau a'i anfon i gefn y gegin cyn rhedeg i lawr y grisiau i'w casglu, tybed sut gwyddai am y posibilrwydd hwnnw? Byddai'n rhaid iddi fod wedi gwneud hynny'n hwyr iawn y noson gynt pan oedd y gegin yn wag, ac amseru'r peth er mwyn osgoi Wilff, heb sôn am allu cuddio popeth yn gyfleus i'w mofyn wedi brecwast.

Roedd yn yr Excelsior ers blynyddoedd, wrth gwrs, ond ai Tomi ddywedodd wrthi? Ynddo'i hun doedd hynny ddim yn profi bod Meri a Tomi'n cydweithredu. Ai cyd-ddigwyddiad llwyr oedd diflaniad y ddau o fewn ychydig ddyddiau? A oedd hi'n creu cysylltiadau ffug o'r ffaith honno?

Ceisiodd restru beth wyddai am Meri, o'u sgyrsiau ac o'i gweld o gwmpas y lle. Roedd ganddi frith gof ohoni'n edrych yn gwbl ddi-hid wrth ei bwyd pan oedd Gwladys yn pryderu am nad oedd Tomi wedi ymddangos i gael ei gyfweld gan yr heddlu. I'r gwrthwyneb yn llwyr roedd Meri'n bendant wedi bod yn hynod nerfus wrth aros i Gwladys ddod allan o'i chyfweliad hi. Beth oedd ystyr hynny? Doedd ganddi ddim amheuaeth fod Tomi wedi dewis mynd er mwyn peidio â gorfod ateb cwestiynau swyddogol am ei ddull o fyw. Ond trwy ymadael ar ras roedd e bron wedi sicrhau y byddai'r heddlu'n edrych yn fanwl arno. Roeddent eisoes wedi darganfod ei fod yn un o selogion y siopau a brynai drugareddau a tsieina.

Tsieina! Yn ddisymwth cofiodd eiriau Reynolds am Tomi a'r pethau y byddai'n eu gwerthu. Sut gwyddai Tomi fod rhai darnau tsieina'n werthfawr? Merched, fel rheol, oedd yn ymddiddori ynddynt a Meri a ddywedodd wrth Dela fod y Pritchards yn prynu tsieina a geriach a'u gwerthu. Nôl Reynolds, Tomi oedd yn arfer gwneud hynny. Onid oedd yn bosibl fod Meri wedi'i chamarwain, wrth iddynt wylio'r Pritchards yn y jymbl sêl? A oedd presenoldeb Dela wedi rhwystro Meri rhag gwneud yn ôl yr arfer, sef pigo darnau rhad er mwyn i Tomi eu gwerthu?

Os oedd y theori'n dal dŵr, awgrymai berthynas hirhoedlog a bod eu hymadawiad, er ei gyflawni ar wahân, wedi'i gynllunio gyda'i gilydd. Bu'n rhaid iddynt ymadael ar wahân a'r gwesty'n llawn heddlu. Gan fod Meri'n gweithio mewn swydd ddiniwed ni fyddai ymholiadau iddi hi'n dangos llawer o ddim. Roedd hi wedi aros i bethau dawelu mymryn cyn mentro. Ni ddangosodd bryder pan ddiflannodd Tomi oherwydd gwyddai ei fod yn bwriadu dianc, ond roedd gorfod cael ei chyfweld wedi ei dychryn, ac fel estyniad i hynny ni allai ragweld beth ddywedai Gwladys yn ddamweiniol. Yn ffodus iawn roedd Gwladys wedi pwdu gormod gyda Reynolds i ddweud dim a allai fod yn fygythiad. Teimlai Dela ei bod hi'n eironig tu hwnt fod Gwladys wedi crybwyll ei syniadau am obeithion rhamantaidd Thelma – a rhai Dela ei hun o ran hynny – heb sylweddoli fod ganddi rywun mewn sefyllfa debyg iawn yn gweithio iddi. Hyd yn oed wrth gyhuddo Meri o lofruddiaeth, doedd hynny ddim wedi croesi ei meddwl. Hwyrach na allai Gwladys ddychmygu fod gan Meri'r forwyn fach ddyheadau o unrhyw fath o gwbl.

Gwelai Dela'n glir taw swydd â therfyn penodol iddi oedd bod yn gydymaith i Gwladys. Gallai bara am flynyddoedd eto, siŵr iawn, ond beth fyddai'n digwydd ar ôl i Gwladys farw?

Rhyw anrheg bach yn ei hewyllys, yn ôl y drefn, ac yna gorfod chwilio unwaith eto am swydd yn gofalu am rywun arall. Gwelodd Meri ei bywyd yn llithro heibio gan ddilyn yr un hen rigmarôl diflas. Roedd Tomi'n gyffrous mewn cymhariaeth. O wel, dylai'r gemwaith eu cadw am sbel dda. Byddai Meri'n gwybod bod Gwladys wedi'u hyswirio, ac ni fyddai ar ei cholled yn ariannol. Nid gweithred llofrudd dideimlad oedd hynny.

Torrwyd ar ei myfyrdodau gan ymddangosiad car yr heddlu, a chododd Dela ar ei thraed. Daeth Reynolds allan o'r cefn gan ffroeni'r awyr. Gwelodd Dela o bell a chroesodd y ffordd ati.

'Beth ddiawl nawr 'to?' gofynnodd.

'Diflaniad arall,' atebodd Dela, 'Ond un gwirfoddol y tro hwn, gyda rholyn llawn gemau.'

Rhegodd Reynolds dan ei anadl gan daflu golwg ddirmygus dros ei ysgwydd at yr Excelsior.

'Beth sy'n bod ar y blydi bobol hyn?' cyfarthodd. 'Maen nhw'n ffaelu byhafio sdim ots faint o arian sy 'da nhw. Ond 'na ni, fel dywedodd Karl Marx, *'Money is the root of all evil'*.

'Alexander Pope,' mwmialodd Dela, mwy wrthi hi ei hun nag wrtho fe, ond nid ychwanegodd ei fod yn gamddyfyniad ta beth. Caru arian yw gwraidd pob drygioni. Gwelodd fod Reynolds yn amneidio at ei bag llaw.

'I ble y'ch chi *off* 'to?' gofynnodd. 'Smo chi moyn busnesan?'

'Mae gen i fil ymgymerwr i'w dalu ar ran fy nghleient,' esboniodd Dela. 'Dwi ar ei hôl hi braidd. Bydda i nôl cyn bo hir.'

'Sdim hast,' atebodd Reynolds gan wthio ei ddwylo i'w bocedi ac ymlwybro'n hamddenol at risiau'r gwesty. 'O leiaf mae'n edrych fel 'se pethe'n twymo, rhwng popeth.'

Aeth Dela ar ei hynt, ond ni chodwyd ei chalon gan ei eiriau olaf. Wrth bendroni am Meri a Tomi, roedd hi wedi bod yn gobeithio taw dim ond tlodi ac angen oedd y tu ôl i'w diflaniad. Ond doedd dim dwywaith nad oedd yn cymylu'r dyfroedd yn ddifrifol, a byddai Reynolds yn gorfod gwastraffu adnoddau'n chwilio amdanynt. Gallai weld teithi tebygol ei feddwl, yn enwedig ar ôl iddo siarad â Gwladys. Iddo ef byddai llinell uniongyrchol yn bodoli rhwng Alys yn gweld Meri'n mogi Harriet a dwyn ei broits ac yna'n ceisio'i blacmeilio, wedyn Meri'n troi at Tomi am gymorth a'r ddau'n llunio cynllun – cynnig cwrdd ag Alys er mwyn ei thalu mewn man cyfleus lan ar y penrhyn ac yna'i lladd. Ond beth am yr holl anafiadau arni ac erchylltra'r trais a gyflawnwyd ar ei chorff? A fyddai Reynolds yn credu taw sgrin fwg oedd hynny er mwyn i'r heddlu feddwl bod sadydd rhywiol ar waith? Ond oni fyddai'n rhaid iddyn nhw fod yn sadyddion gwirioneddol i wneud y fath beth? A ble'r oedd Elinor yn hyn oll? Yn nhyb Dela roedd tyllau mawr yn y senario hon, ond byddai'r holl beth yn edrych mor dwt a rhesymol gan fod Meri a Tomi wedi panicio a mynd. Petaent wedi aros yn y gwesty, meddyliodd yn ddiamynedd, hwyrach y gallent fod wedi parhau i fyw eu bywyd cudd. I ryw raddau gallai ddeall eu hysfa i ddianc. Pobl allan o'u cynefin oedd y ddau, fel hi ei hun, yn dra ymwybodol fod pawb arall yn gysurus yn ariannol tra bod Tomi, o leiaf, yn gorfod chwilio'n ddi-baid am y modd i fyw.

Roedd perchennog y siop bapurau'n ail-lenwi'r fffram lle cadwai rifynnau papurau poblogaidd. Cofiodd Dela'n sydyn bod Tomi'n gwybod am ei hantur ddiwethaf yng Nghwm y Glo, ac roedd ganddo bapur newydd dan ei fraich yn aml. Efallai, fel Emlyn Roberts, ei fod e'n gyfarwydd â hanes Neville Heath a'i waith anllad. A oedd e wedi penderfynu dynwared ei ddulliau? Roedd yn anodd dychmygu Tomi'n meddwl fel hynny, ond wedi'r cyfan llwyddodd i guddio'r gwirionedd am sut roedd e'n byw am flynyddoedd. Hwyrach bod Neville Heath yntau'n ddyn hynaws, cymdeithasol, hawdd siarad ag ef. Ac ni ddylai anghofio bod gan Tomi ddwy ffon ac na chofiai weld yr un ohonynt yn ei stafell. A fu hithau'n fodd i waredu unrhyw staeniau gwaed ac olion bysedd ar un ohonyn nhw trwy ei defnyddio i gadw corff Alys o afael y tonnau? Gallai ddeall pam roedd arno'i hangen fel tyst cyfleus er mwyn darganfod y corff yn ddiniwed, ond ni chredai mwyach mai dim ond dod o hyd i Alys y diwrnod cyn y darganfyddiad swyddogol wnaeth Tomi. A oedd Gwladys yn iawn? A fuont i gyd yn llochesu llofruddion yn ddiarwybod iddynt?

Pennod 27

Daeth Dela allan o'r blwch ffôn ar y stryd yn ddiflas. Canodd y ffôn i lawr yn y Mans yn Nant yr Eithin heb ei ateb. Ni olygai hynny, o reidrwydd, fod Huw wedi penderfynu peidio â mynd adref, ond dylai fod yno erbyn hyn os gadawodd Abergorwel ar ôl cinio. Roedd yn rhaid iddi gyfaddef ei bod wedi gobeithio na fyddai'n mynd, a'i bod yn gweld ei eisiau'r eiliad honno. Byddai wedi ei galluogi i feddwl yn gliriach am ystyr y datblygiad diweddaraf. Roedd ganddo ffordd o nithio'r hadau o'r us, damo fe.

Mewn cyfyng gyngor nawr cafodd ei hun yn cerdded i gyfeiriad y parc. Ni allai unrhyw gar ei chyrraedd yno. Amheuai y dylai fod wedi aros gyda Reynolds yn y gwesty er mwyn dysgu pa arwyddocâd, yn ei farn ef, oedd yn niflaniad Meri. Eisteddodd ar fainc o fewn cyrraedd yr allanfa, ond yn wahanol i'r tro diwethaf teimlai'r lle'n orthrymus ac edrychai pawb yn fygythiol. Ysgydwodd ei hun yn ddiamynedd. Doedd 'na ddim i'w hatal rhag mynd nôl i'r gwesty nawr, pacio a galw am dacsi i'r orsaf. Gallai fod adref yn Nant yr Eithin cyn iddi nosi. Ond beth am y bil am yr angladd yr addawodd i George y byddai'n ei dalu? A fyddai'n gwbl anonest i lenwi'r siec â'r swm y gofynnodd y trefnwyr amdano, a dweud wrth George eu bod wedi ateb pob cwestiwn yn foddhaol gan bostio'r siec atyn nhw o'r gwesty? Byddai, yn anffodus. A barnu o'i adwaith ar y ffôn ni fyddai George yn dannod iddi adael Abergorwel, er iddo archebu wythnos arall iddi yn yr Excelsior. Ond hwyrach na fyddai'n cydymdeimlo pe bai'n costio mwy o arian iddo oherwydd iddi fethu â cheisio taro bargen dda gyda Nansi Martin.

Cododd yn araf gan ddilyn y llwybr nôl i'r ffordd fawr. Ceisiodd ei hargyhoeddi ei hun nad rhedeg i ffwrdd roedd hi. Cyn belled ag y gallai weld, roedd y perygl y byddai'r heddlu'n troi eu sylw at George drosodd. Am y tro, ta beth. Tarawyd hi'n sydyn gan syniad annifyr. Beth os oedd Elinor wedi dod o hyd i'w rif ffôn neu hyd yn oed ei gyfeiriad yng Nghwm y Glo ymysg eiddo Alys ac wedi penderfynu chwilio amdano? Ni allai Dela gofio a ddywedodd wrth George ei bod ar goll. Sbardunwyd hi gan hyn i droi ei chamau i gyfeiriad stryd y trefnwr angladdau. Wedi holi am y bil byddai ganddi esgus da i'w ffonio â'r canlyniadau a sôn am ddifflaniad Elinor. Gobeithiai allu barnu o'i adwaith a wyddai unrhyw beth am y mater.

Pan drodd y gornel i mewn i'r stryd, tynnwyd ei sylw gan ffigwr yn brysio ar hyd y pafin ryw ganllath o'i blaen. Roedd Thelma Martin yn anelu at yr un cyrchfan â Dela. Gwyliodd hi'n agor yr iet a cherdded yn benderfynol i'r drws yn y ffens a arweiniai i'r iard gefn, yn hytrach nag at ddrws y swyddfa. Doedd hynny ddim yn syfrdanol ynddo'i hun. Sylwodd eisoes bod Thelma'n mynd a dod fel y mynnai o'r gwesty, ac os gallai gredu unrhyw beth a ddywedodd Tomi wrthi, roedd hi'n berthynas i'r teulu. Ta waeth, ni ddylai ei gorchwyl gymryd mwy na deng munud, a gallai esgus na wyddai fod Thelma yno o gwbl. Fodd bynnag, er iddi ganu'r gloch nifer o weithiau ni ddaeth neb at y drws. Pe bai heb weld Thelma byddai wedi mynd ar ei hynt, ond meddyliodd efallai ei bod yn yr iard gefn allan o glyw'r gloch. Cnociodd ar y drws i'r iard cyn ei agor.

Y tu mewn roedd y ddau gerbyd mawr. Doedden nhw ddim mewn angladd, felly.

'Helô?' galwodd gan fentro pipo i mewn drwy ffenestri'r stafelloedd a edrychai dros yr iard. Gwelodd garej llawn offer drwy un, y cyntedd drwy un arall, ac roedd tair ffenest i'r rhodfa hir yn y prif adeilad ar y dde, ond nid oedd sôn am enaid byw. Roedd y drws o'r iard i mewn i'r cyntedd ynghlo.

I ble'r aeth Thelma? A oedd ensyniadau Tomi'n wir a hithau wedi galw heibio yn y gobaith o fanteisio ar awr fach dawel yn un o stafelloedd y llofft gyda Victor? Os oedd Nansi Martin allan am ychydig oriau, roedd yn gyfle delfrydol. Rhaid bod rhywun wedi agor y drws iddi a'i gloi wedyn oni bai fod ganddi allwedd. Meddyliodd iddi glywed sŵn y tu ôl iddi ac edrychodd dros ei hysgwydd, ond doedd neb yno. Pan drodd nôl at yr adeilad, cafodd argraff o symudiad sydyn uwch ei phen. Camodd i'r ochr ger y cerbyd agosaf er mwyn edrych i fyny. Ni allai weld cysgod neb y tu ôl i'r llenni lês ar ffenestri'r llawr uchaf. Efallai taw aderyn yn clwydo am ennyd ar y to a oedd wedi tynnu ei sylw.

Galwodd eto'n dawel gan deimlo'n lletchwith. Dychmygodd ddadlau taer rywle o'r golwg yn yr adeilad ynghylch a ddylid trafferthu ateb cloch y drws ai peidio. Os gwelwyd hi'n sefyll yn yr iard o un o ffenestri'r llofft, byddent wedi'i hadnabod. Roedd posibilrwydd y byddent wedi sylweddoli taw yno i dalu'r bil oedd hi. Doedd bosib nad oedd hwnnw'n rheswm da dros ateb y drws? Wrth gwrs, dibynnai hynny'n llwyr ar beth roedden nhw'n ei wneud.

Pan oedd ar fin rhoi'r gorau iddi, a chan geisio llunio esgusodion a fyddai'n argyhoeddi George, daeth sŵn fel cath fach o rywle a rhywbeth yn taro pren. Syllodd Dela o'i hamgylch yn betrus. Heblaw am y cerbydau nid oedd dim yn yr iard, ac roedd y rheiny'n wag. A ddaeth y sŵn o'r tu ôl i'r ffensys uchel? Daeth sŵn arall i'w chlustiau, math o sgrech aneglur. Gallai wirio taw o'r hers y daeth.

Yn chwilfrydig nawr cerddodd Dela o'i hamgylch gan geisio gweld drwy'r ffenestri. Nid oedd modd i neb fod yn gorwedd ynddo yn anweladwy, ond daliwyd ei llygad gan yr allweddi'n disgleirio ar sedd y gyrrwr. Agorodd y drws a gafaelodd ynddynt, yna pwysodd i lawr a phipo dan y sedd fainc i wirio. Dim ond bocs tun oedd i'w weld yno a ruglodd pan symudodd ef. Ai ei dychymyg oedd ar waith, ynte a ysgydwodd y cerbyd ryw fymryn? Defnyddiodd yr allweddi i agor y drws cefn ond nid oedd dim annisgwyl yno heblaw'r trefniant arferol o lwyfan a rheiliau metel o'i amgylch.

Aeth drwy ei meddwl y gallai cath fod wedi cripian i mewn, ond nid oedd unman iddi guddio. Edrychodd ar y llwyfan gyda'r rheiliau. Ai fel hyn roedd pob hers? Er y byddai'r rheiliau'n atal arch trwm rhag llithro, onid oedd y dyluniad yn ei gwneud yn hynod anodd eu llwytho a'u dadlwytho? Pam roedd angen i'r llwyfan fod mor uchel? Roedd yn rhaid gallu datod y rheilen gefn, o leiaf. Pan dynnodd ar ymyl y carped a godai'n llyfn i fyny ochrau'r llwyfan darganfu nad oedd yn sownd. Oddi tano roedd pedair sgriw yn dal panel diwedd y llwyfan yn ei le. Wrth iddi geisio rhyddhau un â'i hewinedd teimlodd symudiad digamsyniol o'r tu mewn. Cymerai oes iddi ddadsgriwio'r pedwar heb ryw fath o declyn. Hwyrach fod rhywbeth defnyddiol yn y tun dan y sedd flaen. Pan agorodd y caead daeth o hyd i sgriwdreifar. Trwy ddefnyddio hwn daeth y sgriwiau allan yn haws na'r disgwyl, ac wrth i'r panel ddod i ffwrdd gwelodd pam.

Ciciai traed yn wan y tu mewn i fath o sach. Wrth iddi dynnu gwelodd Dela, mewn braw, taw amwisg oedd y sach. Roedd rhywun byw wedi'i gaethiwo y tu mewn iddi, ac yna'i wthio i mewn i flwch fel arch a'i adael i fogi. Gan lusgo am y gorau yn erbyn syrthni'r corff a thueddiad y brethyn i ddal ar y pren garw, llwyddodd i ryddhau'r person nes oedd ei draed ar y llawr, ac wedyn gyda mwy fyth o anhawster tynnodd yr ysgwyddau allan. Roedd yr amwisg wedi'i chlymu am y gwddw, fel parodi o ffrilen corydd. Cleisiwyd yr wyneb uwch ben mor wael fel nad adnabu Dela'r person ar unwaith. Elinor oedd hi, a'i llygaid yn syllu'n bell. Cododd Dela hi nes oedd o leiaf yn eistedd ar ymyl yr hers, cyn datod y clymau gan fwmial yn frysiog.

'Dwedwch rhywbeth Elinor! Pwy wnaeth hyn i chi?'

Wrth i Dela dynnu'r amwisg i lawr drosti, crynai'r ferch yn

ddilywodraeth er gwaethaf gwres y dydd, ac er bod ei chroen a'r bais denau oedd amdani yn wlyb o chwys. Wrth iddi dynnu'r amwisg lawr dros ei choesau a'i thraed ymdrechodd Dela i beidio â rhoi llef uchel wrth weld y gwaed a'r arwyddion amlwg o gamdrin. Hyd yn oed os na ddioddefodd yr un artaith ofnadwy â'i chwaer, roedd posibilrwydd y gallai farw o sioc. Edrychodd i fyny arni'n ofnus. Roedd Elinor fel pe bae'n ymdrechu i siarad.

'Dŵr,' sibrydodd rhwng gwefusau sych.

Taflodd Dela gipolygon gwyllt o gwmpas yr iard, a phan welodd dap rhuthrodd draw ato a thynnu hances lân o'i phoced. Gan wneud cwpan o'i dwylo, rhedodd ddŵr drosti i'w socian. Yfodd Elinor gan afael yn dynn yn y defnydd gwlyb a'i sugno.

'Mwy,' ymbiliodd. 'Plis.'

Ailadroddodd Dela'r broses. Ni allai wrthod er bod amser yn mynd heibio, ac roedd angen iddynt adael preifatrwydd yr iard a chyrraedd y ffordd fawr. Does bosib na fyddai rhywun oedd yn cerdded heibio yn ei helpu i gludo Elinor i fan diogel. Pe bai'r car arall heb gael ei barcio y tu ôl i'r hers gan rwystro'r allanfa trwy'r ffens gefn, byddai wedi rhoi Elinor ynddo a gyrru drwyddo. Nid oedd modd gadael trwy'r ffens flaen yn yr hers am fod y llwybr yn rhy gul gyda waliau brics o bob tu. Ni fyddai cerbyd hyd yn oed mor drwm â hwn yn eu dymchwel o reidrwydd. Yna tarawyd hi gan syniad, os oeddent wedi gadael allweddi'r hers y tu mewn iddi, gallent fod wedi gwneud yr un peth â char y galarwyr. Fodd bynnag, pan roddodd gynnig ar y drws roedd ynghlo. Nid oedd dewis arall ond mynd ar droed.

Roedd Elinor yn pwyso nôl yn erbyn rheiliau'r llwyfan a'i llygaid ynghau. Sut ar y ddaear allai Dela gynnal ei phwysau? Gan dynnu ei siaced, stwffiodd Dela freichiau'r ferch i mewn iddi. Os na fyddai o ddim gwerth arall, byddai'n rhoi rhywbeth i Dela gadw gafael ynddo wrth iddynt frwydro i gyrraedd y stryd.

'Mae'n rhaid i chi drio cerdded,' hisiodd wrth i Elinor lyncu a syllu'n wag arni. 'Elinor! Os ydyn ni'n mynd i ddianc, mae'n rhaid i chi gerdded.'

Edrychodd y ferch i lawr ar ei choesau, fel pe baent yn eiddo i rywun arall, ond amneidiodd. Wedi'i chalonogi gan hyn gosododd Dela ei hysgwydd dan gesail Elinor i'w chodi. Protestiodd ei choesau'n ffyrnig, ond o leiaf roedd corff y cerbyd yn fur y gallai Elinor bwyso yn ei erbyn wrth iddynt hercian fodfedd wrth fodfedd o'i amgylch. Ofnai Dela y byddai'n llithro o'i gafael ac y byddai ei choes glwyfus ei hun yn gwrthod gweithio. Edrychodd i fyny'n fynych ar y ffenestri ar y llawr cyntaf am unrhyw arwydd bod rhywun wedi sylwi arnynt. Faint o sŵn wnaeth hi? A fyddai hisian y tap yn rhedeg wedi tynnu eu sylw? Roeddent bron wrth foned yr hers, ac o'r fan honno i'r ffens roedd deg troedfedd a mwy y byddai'n rhaid eu croesi heb gymorth. Beth am y drws yn y ffens? Roedd angen ei dwy fraich arni i gadw Elinor ar ei thraed fel yr oedd.

Bu'n rhaid i Dela osod Elinor i hanner eistedd ar foned isel yr hers yn y gobaith na fyddai'n cwympo, cyn rhedeg at y drws pren. Nid oedd yn wyntog, felly ni ddylai slamio. Agorodd ef yn ofalus a phipo allan. Nid oedd neb ar y llwybr blaen, yn gyfaill na gelyn. Camodd Dela allan gan feddwl efallai y gwelai rywun yn cerdded ar hyd y stryd, ond nid oedd sôn am neb. Gwnaeth Elinor sŵn y tu ôl iddi a throdd, gan ddisgwyl ei gweld ar y llawr. Ond doedd hi ddim yno mwyach. Yn hytrach, roedd hi'n cael ei chario trwy'r drws i mewn i'r adeilad. Dychrynwyd Dela pan adnabu ffigwr main Deio. Beth oedd e'n ei wneud? Rhuthrodd draw wrth i Deio droi i gau'r drws a gwthiodd yn galed ar y pren i'w atal.

'O!' meddai yntau, wrth i Elinor syrthio'n drwm yn ei erbyn.

'Fe gei di 'O!' 'da fi!' chwyrnodd Dela. 'I ble wyt ti'n mynd â hi?'

Gwingodd ryw fymryn yna casglodd ei feddyliau.

'Rhywle mwy diogel,' meddai'n dawel. 'Cewch chi ddewis

os y'ch chi moyn dod hefyd. Alla i ddim gaddo dim, ond gwnaf i 'ngore.' Gyda rhyw gerddediad herciog, rhyfedd camodd i lawr y rhodfa gan gynnal Elinor ag un fraich o amgylch ei chanol.

Actio oedd hyn i gyd, meddyliodd Dela, mor gynddeiriog â hi ei hunan ag yr oedd â Deio. Oni allai hi fod wedi rhedeg cyn gynted ag y gwelodd ef, gwneud sŵn mawr allan ar y stryd a denu sylw rhywun? Ddim heb adael y ferch, na allai ei hamddiffyn ei hun o gwbl. Roedd Deio'n bendant yn ddigon cryf i'w lladd ar amrantiad o'r ffordd hawdd y cariodd hi dros y trothwy. Edrychai fel pe bai Elinor wedi danto'n llwyr. Doedd hi ddim hyd yn oed yn ymdrechu i frwydro yn ei erbyn wrth iddo ei thynnu i lawr y rhodfa a arweiniai rownd y gornel o'r cyntedd blaen. Dilynodd Dela nhw'n ddiflas, gan wybod eu bod, gyda phob cam, yn pellhau o'r stryd ac unrhyw bosibilrwydd o ddianc.

O'r diwedd safodd Deio o flaen y drws pellaf oll, a chan bwyso Elinor yn erbyn ei glun fel mam gyda phlentyn bach, agorodd ef ag allwedd.

'Miwn,' meddai gyda chipolwg ar Dela. 'Gall hi orwedd ar y bwrdd. Rhowch ddŵr iddi, fel ma hi ei angen.' Daeth golwg lletchwith drosto. 'Sdim cyfleusterau mae arna i ofon, 'blaw am y sinc.'

Stafell hynod anghynnes oedd hon, meddyliodd Dela. Roedd y llawr a phob wal wedi'i gorchuddio â theils gwyn gyda sinc mawr yn erbyn y wal gefn, ac roedd ynddi un bwrdd metel a chadair galed. Gwyliodd wrth iddo godi Elinor ar y bwrdd.

'Beth y'ch chi'n bwriadu gwneud?' gofynnodd.

'Tacluso'r hers,' mwmialodd. Cnôdd ei foch wrth edrych ar ei watsh. 'Ma' 'da fi bwti hanner awr. Er mwyn eich iechyd, peidiwch â 'neud lot o sŵn.'

'Ble mae Miss Martin?' gofynnodd Dela eto.

'Gyda pherthnase yn y Canolbarth,' atebodd wrth symud at y drws.

'Rwtsh,' meddai Dela'n ddiamynedd. 'Daeth hi i mewn i'r adeilad llai na chwarter awr nôl.'

Tynnodd Deio wep hyll.

'Thelma, chi'n feddwl,' meddai.

O ryw fan uwch eu pennau, daeth sŵn wbain hir fel anifail mewn poen. Cododd Deio ei lygaid i'r nenfwd.

'Mae e'n dda, on'd yw e?' meddai'n sur.

Prin y gallai Dela gredu ei chlustiau.

'Beth y'ch chi wedi'i 'neud?' sibrydodd.

'Fi? Dim byd o gwbl. Cofiwch, alla i ddim ei diodde hi.'

Trodd ei geg yn chwyrnad. Camodd Dela at y bwrdd gan roi ei llaw'n amddiffynnol ar fraich Elinor. Am eiliad, ymgollodd Deio yn ei feddyliau.

'Hi sy ar fai am yr holl blydi annibendod,' mwmialodd. 'Ro'n ni'n berffeth hapus cyn iddi ddachre ar Victor. Tasen i'n cael cyfle, bois bach bydde hi'n wbad, glei! Yn gwichal fel mochyn yn cael ei sbaddu!'

'Pam?' Nid oedd Dela wedi bwriadu siarad, ond clywodd y gair yn neidio o'i cheg. Syllodd Deio arni.

'Mae'n well os nad y'ch chi'n gwbod. Gwell fyth tase madam fan hyn heb ddod 'ma. Beth ddiawl ddaeth drosti?'

Gwibiodd rhyw olwg bitïol yn gyflym dros ei wyneb wrth iddo rythu ar Elinor.

'Daeth hi o hyd i rwbeth oedd yn eiddo i'w chwaer on'dofe?' mentrodd Dela.

Sniffiodd Deio'n ddirmygus.

'Do, ond roedd hi'n ddigon twp i ddod ag e gyda hi. Er mwyn popeth!' Ysgydwodd ei ben. 'Wedi mynd nawr, ta beth. Wedi'i losgi o flaen ei llyged.'

Cyn i Dela ofyn beth, roedd e wedi mynd hefyd a chlywodd allwedd yn troi yn y clo. Arhosodd gan anadlu allan yn araf er mwyn ymdawelu. Gorweddai Elinor fel baban yn y groth, ei chroen yn llaith a'i llygaid ynghau. Sut ar y ddaear y gallai ei dihuno ddigon i ateb y cwestiynau roedd angen eu gofyn? A fyddai mwy o ddŵr o gymorth? Roedd hynny'n amheus yn ei chyflwr presennol. Gan nad oedd modd gwneud fawr ddim arall am y tro, gorfododd ei hun i archwilio'u carchardy'n drylwyr.

Beth oedd pwrpas y stafell hon? Roedd teils ym mhobman. Ar y llawr yn y gornel roedd pibell rwber wedi'i ffurfio'n gylch, gydag ychwanegiad iddi ffitio ar dap y sinc. Ai fan hyn roeddent yn golchi'r cyrff? Roedd yn lle clinigol iawn, ond efallai bod hynny'n angenrheidiol. Roedd y bwrdd lle gorweddai Elinor yn crynu wedi'i folltio wrth y llawr a phibell arall yn arwain o dwll plwg ar un pen iddo lawr i ddraen agored yn y teils. Roedd ffenest tua'r cefn, ond yn rhy fach i lusgo Elinor drwyddi. Tynnodd ei het a gosododd hi ar y sil. Pêr-eneinio, meddyliodd yn sydyn a symudodd draw i'r sinc yn ofalus wedi sylweddoli bod ei sodlau'n clicio ar arwyneb caled y llawr. Agorodd ddrws y cwpwrdd nesaf at y sinc a gwelodd hambwrdd metel a ddaliai offer, ac ni allai ond ceisio dyfalu eu pwrpas. Os hon oedd y stafell lle câi cyrff eu pêr-eneinio, dylai peth o'r offer fod yn siarp. Fodd bynnag, wrth eu rhwbio yn erbyn ei bawd roedden nhw'n siomedig o ddi-fin er bod rhyw declyn dirgel yn eu plith a fedrai, o bosib, fod yn ddefnyddiol wrth geisio agor y ffenest. Yn sicr, byddai angen teclyn miniog o ryw fath ar gyfer y broses o ddraenio hylifau corff. Beth am nodwyddau er mwyn chwistrellu'r toddiant pêr-eneinio? Daliwyd ei sylw gan flwch bach sgwâr yn y cefn. Tynnodd ef allan a gweld bod arno label 'Trocars a Chaniwlas', beth bynnag oedd y rheiny. Pan gododd y caead roedd yn hawdd gweld pam y cedwid nhw ar wahân. Roedd yr hyn a dybiodd oedd y trocars, pethau syth tebyg i declynnau tynnu corcyn a phen siarp fel cŷn, yn edrych yn declynnau peryglus. Roedd y caniwlas, a oedd fel y trocars o feintiau gwahanol, yn diwbiau metel tenau. Tynnodd drocar a chaniwla a edrychai'n debyg o ran maint, a llithrodd y tiwb dros y coesyn hir, milain. Gorchuddiodd ef yn llwyr ac roedd yn berffaith at ei dibenion.

Nawr, ble yn ei dillad oedd y lle gorau i'w guddio? Am unwaith difarodd nad oedd yn gwisgo nicer *directoire* hir gyda lastig o gwmpas diwedd y coesau. Ni fyddai ei rhai llac, cotwm yn dal dim. Beth am ei guddio yn ei bronglwm? Ni allai ddweud ei fod yn gysurus, ond yn ffodus ni ddangosai trwy ei blows. Roedd pocedi yn y siaced a roddodd i Elinor. A ddylai ei harfogi hithau? Ni ddisgwyliai Dela i'r ferch allu ei ddefnyddio, ond os câi hi ei hun ei chwilio gan ddod o hyd i'r arf, byddai'n gwybod bod un arall y gallai gael gafael arno. Ar y llaw arall, pe bai Elinor yn parhau i fethu â cherdded, golygai'r perygl iddi syrthio allan wrth gael ei chario y câi Dela ei chwilio'n bendant, ac wedyn byddai'r ddau arf wedi mynd. Er gwaethaf hyn, roedd hi'n gyndyn i roi'r gorau i'r syniad o guddio un arall rywle. Roedd y stafell mor wag fel nad oedd cuddfan hawdd. Pam na allai Deio fod wedi eu rhoi mewn parlwr clyd gyda soffas, clustogau a llenni? Gan sylweddoli oferedd y fath syniad, pipodd drwy'r ffenest.

Roedd Deio allan yn yr iard, a oedd yn syndod, er mai dim ond golwg letraws arno oedd ganddi. Nid celwydd, felly, oedd ei eiriau am dacluso'r hers. Bob nawr ac yn y man taflai gipolwg i fyny i'r llawr cyntaf, ac wrth iddi ei wylio caeodd ddrysau cefn y cerbyd yn dawel cyn diflannu o'r iard. Beth fyddai'n ei wneud nawr? A fyddai'n dod nôl i'r stafell? Edrychodd i lawr ar y blwch yn ei dwylo a gwnaeth benderfyniad chwim. Parodd ddau declyn arall, a chan ymbalfalu dan ei sgert lawn gwthiodd nhw i'w cadw yng ngwast ei staes ysgafn.

Wrth roi popeth nôl teimlai Dela'n llai diymadferth, er y gwyddai'n iawn nad oedd ganddi ddim rheolaeth dros beth allai ddigwydd nesaf. Efallai y câi gyfle i'w hamddiffyn ei hun, ond beth am Elinor? Pe baent yn cael eu gwahanu, ychydig iawn y gallai ei wneud i'w helpu.

'Beth y'ch chi'n ei 'neud?'

Syfrdanwyd hi gan y sibrwd. Aeth Dela draw ac edrychodd i lawr arni.

'Arfogi fy hunan gorau galla i,' atebodd, gan ymdrechu i wenu'n galonogol.

O leiaf roedd llygaid Elinor ar agor, ac ymddangosai fel pe bai'n gwybod ble'r oedd hi.

'Os af i mofyn mwy o ddŵr, ydych chi'n credu y gallech chi ddweud wrtha i beth ddigwyddodd?'

Ysgydwodd Elinor ei phen a suddodd calon Dela, ond yna siaradodd eto.

'Peidiwch â rhedeg y tap,' meddai. 'Gallwch chi ei glywed dros yr holl le.' Roedd yr hances yn dal yng nghledr ei llaw. 'Y bibell,' ychwanegodd, gan ei hestyn allan.

Cymerodd eiliad i Dela sylweddoli arwyddocâd hyn.

'Gawsoch chi eich cadw fan hyn rywbryd?' gofynnodd.

Amneidiodd y ferch. Cymerodd Dela'r hances a chyrcydu i lawr wrth y bibell gan ddal y brethyn dros un pen agored a chodi'r llall. O rywle daeth digon o ddŵr allan i'w wlychu. Cariodd yr hances nôl at Elinor ac yfodd hi cyn ochneidio.

'Ro'n nhw'n meddwl mod i wedi llewygu,' mwmialodd. 'Gadawon nhw fi ar y llawr.'

'Pryd gawsoch chi'ch rhoi yn yr hers?'

'Dwi ddim yn siŵr, ond roedd hi'n olau tu fas.'

Caeodd ei llygaid am ennyd wrth gofio. Roedd creulondeb hyn yn amlwg i Dela. Fel ymgymerwyr byddent wedi gwybod bod Elinor yn dal yn fyw pan wnaethant hyn, dyweder yn gynnar iawn yn y bore, oherwydd pe bai wedi marw yn ystod y nos byddai ei chorff wedi mynd yn anhyblyg trwy rigor mortis. Oni bai, hynny yw, fod llinell amser Elinor yn anghywir ac iddi fod yma ar ei phen ei hunan yn hwy o lawer, ac oherwydd hynny byddai'r anhyblygrwydd disgwyliedig wedi ystwytho. Y naill ffordd neu'r llall, roedd yn ofnadwy.

'Beth ddaethoch chi o hyd iddo a'ch arweiniodd chi yma, Elinor?' gofynnodd Dela. 'Dwi'n gwybod eich bod chi wedi dod o hyd i rywbeth pan oeddech chi'n clirio stafell Alys.'

Bu tawelwch maith, fel pe bai'r ferch yn ceisio cofio.

'Alys oedd fy unig chwaer,' meddai o'r diwedd. 'Ond doedd hi ddim yn berson da. Doedd hi ddim byd tebyg i'r hyn roedd Mami'n ei gredu. Doedd ganddi ddim cydwybod o gwbwl.'

Ni ddywedodd Dela air gan ofni beth oedd ar ddod. Fel pe bai'n synhwyro hyn, llyncodd Elinor cyn mynd yn ei blaen.

'Sgrifennodd hi'r cyfan ar bapur, ch'weld. Popeth ddigwyddodd gyda'ch modryb. Ond doedd dim modd dweud gydag Alys ...' Aeth ei llais yn wan.

'Os oedd e'n wir ai peidio?' sibrydodd Dela.

Gwenodd Elinor yn drist.

'Galle fe fod yn gelwydd llwyr,' meddai, 'er mwyn iddi allu gwneud arian ohono.'

'Ac roedd y ddogfen hon ym mlwch gemwaith Harriet?'

Amneidiodd Elinor mewn ffordd mor flinedig fel na theimlodd Dela unrhyw foddhad o fod wedi dyfalu'n gywir.

'Roedd hi'n meddwl taw hi fyddai piau'r gemwaith, ta beth. Roedd hi'n siŵr y byddai George yn ei phriodi. Sgrifennodd hi ei bod hi'n mynd i roi'r papur mewn lle diogel, fel polisi yswiriant.'

'Ond chafodd hi mo'r cyfle, naddo?'

'Na. Mae'n rhaid eu bod nhw wedi cael gafael arni'n glou ar ôl iddi ei sgrifennu.'

Nid oedd Dela'n sicr bod hyn yn wir. Yn ei thyb hi roedd Alys wedi gwneud trefniant hyderus i gwrdd â Victor neu Deio er mwyn trafod telerau ei distawrwydd.

'Beth ddywedodd y ddogfen ynghylch beth ddigwyddodd i Harriet?' gofynnodd.

Crychodd talcen Elinor wrth iddi frwydro i drefnu ei meddyliau. Roedd yr ymdrech i feddwl yn dreth ar ei hegni.

'Bod Alys a Victor wedi bod yn potsian ambwytu yng

ngardd gefen y gwesty a bod Harriet wedi'u gweld nhw drwy'r ffenest. Roedd hynny'n swnio'n wir, nes i fi gyrraedd y lle hwn ... nid potsian mae Victor yn ei wneud.'

Plethodd Dela ei gwefusau.

'Felly, gwnaeth Harriet ffws fawr am yr hyn welodd hi?'

'Mwy na ffws. Galwodd hi'r ddou i mewn i'r lownj gan fygwth y bydde Alys yn cael y sac ac y bydde hi'n dweud wrth fodryb Victor. Sgrifennodd Alys ei bod hi wedi trio rhesymu â hi ond doedd dim byd yn gweithio. Aeth hi 'mlaen a 'mlaen, mae'n debyg. Wedyn cododd Victor glustog a'i rhoi dros ei hwyneb i gau ei phen.'

Nid am y tro cyntaf damiodd Dela ei hun am fod yn rhy araf wrth fachu'r glustog. Ond wedyn, sut aethpwyd â hi o'r lownj? A oedd yn bosibl taw dyna beth oedd yn y bag papur a drosglwyddodd Thelma i law Deio wrth ddod allan o'r feidr gefn ar y diwrnod y cyrhaeddodd Gwyn Reynolds a'i dîm? Sylweddolodd bod angen iddi annog Elinor i barhau. 'Mae'n swnio fel 'sen nhw'n gwneud mwy na chusanu,' meddai.

'Sdim dwywaith! Dywedodd Alys bod yn rhaid iddo gynhyrfu'n llwyr cyn gallu gwneud dim byd rhywiol. Roedd yn rhaid iddo glymu ei dwylo. Defnyddiodd ei dei i wneud hynny ac wedyn ei throi i blygu ymlaen dros y fainc.'

'Sdim syndod bod Harriet wedi'i syfrdanu ac yn gynddeiriog. Mae'n ddrwg 'da fi orfod gofyn, ond pam bydde Alys yn gadael iddo wneud hynny os oedd hi'n sicr o George, a pham mewn lle mor gyhoeddus?'

'Tasech chi wedi'i nabod hi byddech chi'n deall. Dwi'n dueddol o feddwl taw dyna'r tro cynta iddyn nhw fynd yr holl ffordd. Buodd hi'n ei demtio fe i weld a allai rhoi sbragen yn olwyn Thelma. Roedd hi wastod yn gweud bod Thelma'n pigo arni. Bues i'n clywed am hynny ers sbel.'

Nid hi oedd yr unig un, meddyliodd Dela, gan gofio geiriau Deio am Thelma.

'Dwedwch,' meddai, 'ble'r oedd Deio yn hyn oll?'

Ysgydwodd Elinor ei phen a chau ei llygaid eto. Roedd gorfod meddwl a siarad wedi ei blino.

'Ddim yn unman,' atebodd o'r diwedd. 'Ddywedodd Alys ddim gair amdano. Mae Deio'n dilyn gorchmynion Victor fel ci bach ac yn ddiolchgar am bob gair o glod. Dylech chi weld shwd mae e'n edrych arno. Ond wedyn, mae Victor dan fawd Thelma.'

Roedd hyn yn benbleth. Os Thelma a glywodd yn wbain ar y llofft, sut gallai Victor fod dan ei bawd?

'Ond ro'n i'n credu ei bod hi'n cael ei churo 'ma hanner awr nôl.'

'Roedd hi,' meddai Elinor, 'achos hi ddechreuodd e ar y gêm honno. Betiai ei fod e'n boenus, ond ddim cymaint â hynny. Mae e'n dwli ei chlywed yn sgrechen a gweiddi. Mae angen hynny arno. Mae hi'n gwbod yn iawn beth i'w wneud.'

Nefoedd, meddyliodd Dela. 'Mae'n swnio fel 'se chi wedi bod yn dyst i un o'u sesiynau,' meddai'n ddifeddwl, cyn difaru dweud ei geiriau pan wingodd y ferch.

'Ro'n i'n pallu sgrechen,' meddai'n syml. 'Gwrthodes i roi'r boddhad hwnnw iddo. Rywfodd roedd hynny'n sarnu'r profiad. Arweiniodd e Thelma mas o'r stafell a galw Deio miwn. Safodd Deio wrth y drws yr holl amser yn gwrando a chau'i ddyrne, ond rhoddodd e ddim bys arna i. O'r holl sŵn ro'n i'n meddwl bod Victor yn lladd Thelma, ond wedyn cerddodd hi miwn 'to, fel y boi. Taniodd e rwbeth ynddi hi hefyd. Roedd hi'n waeth o lawer wedi hynny.'

Gafaelodd Dela yn llaw Elinor. Roedd meddwl am yr hyn ddioddefodd y ferch yn gwneud iddi deimlo'n sâl. Roedd yn loes iddi orfod ei holi yn ei gylch, ond roedd un peth yn dal heb ei ateb.

'Beth o'ch chi'n gobeithio'i gyflawni wrth ddod 'ma?' gofynnodd.

Ochneidiodd Elinor, yn ymwybodol yn rhy hwyr ei bod wedi cerdded i mewn i ffau'r llewod.

'Ro'n i eisie dangos y ddogfen i Nansi Martin. Mae Mami wedi'i nabod hi ers blynyddoedd. Mae'n fenyw gydwybodol, a buodd hi'n ofnadw o dda i ni pan fuodd 'nhad farw.'

'Ond doedd hi ddim yma,' meddai Dela cyn i syniad ei tharo. 'Ydych chi'n credu ei bod hi'n wirioneddol wedi mynd i weld perthnasau?' Nid oedd angen iddi esbonio'r posibilrwydd arall.

'Meddylies i am hynny,' meddai Elinor, 'ond ffoniodd hi. Hi oedd 'na'n bendant, achos newidiodd Victor yn llwyr, 'Ie, Anti Nansi, na Anti Nansi'. Fyddech chi byth yn credu taw'r un person oedd e.'

'Ble oeddech chi pan ddigwyddodd hyn?'

'Dwi ddim yn siŵr. Ro'n nhw'n fy symud i byth a hefyd. Mae ffôn ar y ddesg flaen.' Ystyriodd yn ddwys. 'Ac mae'n rhaid bod un arall lan ar y llofft lle maen nhw'n byw. Mae pobol yn ffonio a chanu cloch y drws trwy'r amser.'

Ysai Dela i rywun wneud hynny nawr. Gwasgodd ei chlust yn erbyn y bwlch lle cyffyrddai'r drws â'r wal, ond gan eu bod wedi'u carcharu ym mhen pellaf y rhodfa roedd yn rhesymol tybio, er y gallai hi o bosib glywed cloch y drws yn datgan bod ymwelwyr ar y trothwy, na fyddent o reidrwydd yn clywed unrhyw alwad am help. Fodd bynnag, ni olygai hynny na fyddai'n rhoi cynnig arni pe bai'r gloch yn canu.

Pa ddewisiadau eraill oedd ganddi? A oedd unrhyw bosibilrwydd y byddai Deio'n eu cynorthwyo? Roedd ei ymddygiad wedi bod yn amwys. Os oedd e'n chwarae rhan frwdfrydig yn yr erchylltra byddai wedi eu dolurio yn y fan a'r lle, ond doedd e ddim wedi gwneud hynny. Cyn belled ag y gwyddai hi, gwnaeth yn union fel y dywedodd, sef cuddio'r ffaith nad oedd Elinor wedi'i chladdu mwyach yn yr hers. Eto fyth, gyda Victor a Thelma'n ddiogel ar y llofft, gallai fod wedi helpu Dela i gludo Elinor i ffwrdd o'r adeilad, yn hytrach na'u cloi yn y stafell hon. Efallai bod Elinor yn gywir a'i fod yn gwneud dim ond dilyn gorchmynion. Gan nad oedd neb yno i'w gyfarwyddo, roedd e wedi gweithredu i gadw pethau fel yr oeddent. Roedd yn bosibl ei fod, yr eiliad hon, yn aros y tu allan i'r stafell ar y llofft i'r cyfranogion ymddangos er mwyn iddo allu rhoi gwybod iddynt. Roedd ganddi deimlad na fyddai'n meiddio tarfu arnynt, ond ai dim ond gobaith oedd hwnnw? Faint cryfach oedd ei ffyddlondeb a'i ymlyniad i Victor na'i gasineb at Thelma?

Wrth i'r geiriau ddod i'w meddwl tynnodd anadl resynus. Roedd Elinor, a Deio ei hun, wedi awgrymu bod mwy i'r berthynas rhwng y dynion na hynny. A dywedodd Tomi rywbeth hefyd, nad oedd e'n meddwl fod gan Victor lot o ddiddordeb mewn merched. Triongl tragwyddol, meddyliodd. Pam na welodd hyn o'r blaen? Dallwyd hi gan y gwahaniaethau corfforol anferth rhwng Victor a Deio. Fel Gwladys gyda Meri, tybiodd heb feddwl nad oedd gan rywun fel Deio ddyheadau rhamantaidd. Nid ffyddlondeb yn unig i'w gyflogwr a deimlai Deio. Roedd e'n ei garu, a gwreiddiwyd ei gasineb at Thelma mewn cenfigen rywiol. Wedi'r cyfan, oni ddywedodd Deio eu bod yn berffaith hapus cyn i Thelma ddylanwadu ar Victor?

Edrychodd yn bryderus dros ei hysgwydd ar Elinor, ond calonogwyd hi gan ei hanadlu rhythmig. Daeth i'w meddwl, unwaith eto, y dylai fod wedi rhoi mwy o sylw i sylwadau Tomi Rhydderch, ond dim ond hanner y stori oedd ei ensyniad am Victor. Ymddangosai taw peri poen oedd ei wir hoffter.

Gan sylweddoli ei bod yn gwastraffu amser yn pendroni, plygodd a cheisio edrych drwy dwll y clo. Er syndod iddi roedd yr allwedd yn dal yn y clo ar yr ochr arall. Cymerodd yn ganiataol y byddai Deio wedi ei rhoi yn ei boced. Efallai na feddyliodd am wneud. Sganiodd ei llygaid ar hyd gwaelod y drws yn obeithiol. A oedd y bwlch rhyngddo a'r llawr yn ddigon dwfn i lithro'r allwedd drwodd, pe gallai ei phrocian allan o'r clo? Roedd angen rhywbeth fel darn mawr o bapur arni i'w dal, ta beth. Agorodd Elinor ei llygaid wrth i Dela ruthro at ei bag llaw a dechrau ymbalfalu ynddo. Ni wnâi tudalennau ei llyfr nodiadau y tro, ac roedd yr amlen gydag ysgrifen George arno'n rhy fach hefyd, fel ei llyfr *rations*. Doedd 'na ddim byd arall. Rhegodd dan ei hanadl, a throdd pan siaradodd Elinor.

'Am beth y'ch chi'n chwilio?'

'Darn mawr o bapur neu ddefnydd i ddal yr allwedd os galla i ei gwthio drwodd o'r ochr hon. Wedyn galla i ei thynnu i mewn a gallwn ni ddianc.'

Aeth at y cwpwrdd wrth y sinc unwaith eto yn nhraed ei sanau. Gallai clytiau neu gadachau fod yno. Roedd yn rhaid bod ganddynt rywbeth mwy na phibell er mwyn glanhau. Yr unig beth a welodd oedd hen fatyn bath llwyd a fyddai, mwy na thebyg, yn rhy drwchus i lithro drwy'r bwlch dan y drws, hyd yn oed heb allwedd arno. Penliniodd ar y llawr oer i weld beth arall oedd ynghudd yng nghefn y cwpwrdd, a bu bron iddi beidio â chlywed sibrydiad Elinor.

'Mae rhywun yn dod!'

Sylweddolodd Dela, wrth iddi wthio'i thraed nôl i'w sgidiau'n frysiog, fod y ferch yn anadlu'n gyflym. Roedd gan Elinor well syniad o lawer na hi beth oedd i'w ofni yn y lle hwn. Ond ni fwriadai gael ei dal yn amharod. Cipiodd ei bag llaw a symudodd i sefyll y tu ôl i'r drws, yn barod i ymosod. Plesiwyd hi i weld bod ei gweithredoedd wedi arafu anadlu Elinor, ond ni allai Dela glywed dim byd o gwbl wrth y drws. Ticiodd yr eiliadau heibio, ac nid oedd y sŵn traed a oedd wedi rhybuddio Elinor i'w glywed mwyach.

Pennod 28

Mor araf y treiglai'r oriau. Aeth Dela i sefyll wrth y drws ar ddau achlysur arall pan ymddangosai bod rhywun ar fin dod, ond bob tro nid y stafell ar y pen oedd eu cyrchfan. Cyn belled ag y gallai ddirnad, ni chanodd cloch y drws chwaith, er i'r ffôn ganu unwaith am dri chaniad.

Â barnu wrth ei hanadlu, roedd Elinor yn cysgu. Dymunai Dela fod yn falch o hyn, er ei bod yn poeni y gallai'r ferch fod yn ddiymadferth, mewn gwirionedd, o ganlyniad i'w hanafiadau. Eisteddodd ar y gadair galed gan ymdrechu i feddwl. Daeth y syniad o lithro'r allwedd o dan y drws i ddim. I fod yn onest, hyd yn oed â'r drws ar agor ni allai Dela fod wedi achub neb ond hi ei hunan, ac roedd hynny'n dibynnu ar gyrraedd y drws blaen. A phe bai wedi dianc a dod o hyd i rywun oedd yn fodlon helpu, roedd yn annhebygol y byddai Elinor yno pan ddychwelai, oni bai i neb sylwi fod Dela wedi mynd. Er gwaethaf yr holl rwystrau, roedd yn hynod rwystredig i fethu cyn cychwyn.

Roedd y stafell wedi bod yn tywyllu'n raddol ers amser, ac erbyn hyn yr unig olau oedd y golau gwan a dywynnai drwy'r ffenest fach. Roedd yn rhaid bod lamp stryd nid nepell i ffwrdd. Y cwestiwn a ddaliai i'w chorddi oedd pryd roeddent wedi bwriadu gwaredu corff Elinor, er bod y ffaith nad oedd neb wedi ymddangos ers i Deio eu gadael yn awgrymu nad oedd e wedi dweud wrth Victor a Thelma wedi'r cyfan. Beth oedd ei gynllun? A oedd ganddo'r gallu i gynllunio unrhyw beth? A oedd yn bosibl ei fod wedi tacluso'r hers mewn ffordd mor argyhoeddiadol fel y byddent yn ei gyrru i ffwrdd yn wag, heb weld nad oedd Elinor ynddi hyd nes ei dadlwytho? Roedd e'n chwarae â thân, os felly. A fyddai Thelma'n mynd gyda nhw, neu ai dim ond Victor a Deio fyddai'n mynd? Roedd yn ei phryderu bod Elinor erbyn hyn yn fwy anodd i'w symud nag oedd yn gynharach. Pendronodd ynghylch ble roedden nhw'n cadw'r trolïau olwynog ac a oedd yna ddrws cefn. Digiwyd hi pan na fedrai gofio ai mecanwaith latsh oedd ar y drws blaen y gellid ei agor bob amser o'r tu mewn, neu'n fwy problematig, allwedd roedd yn rhaid ei throi mewn clo. Rhaid iddi beidio ag anghofio'r ffôn ar y ddesg groeso. Beth bynnag oedd y rhwystrau ffisegol rhag cael Elinor allan, defnyddio'r ffôn fyddai ei gorchwyl cyntaf. Yn hollol wahanol i'w hofn blaenorol o glywed sŵn traed yn dynesu, darganfu ei bod yn ewyllysio iddynt ddod. Dyna ddigon, meddyliodd. Gallai'r senario hon fod yn ddim ond rhithlun.

Symudodd i'r ffenest i geisio edrych ar ei watsh. Er mai prin y gallai weld yr wyneb, tybiodd bod hanner nos wedi mynd heibio. Byddai'r dref eisoes yn wag. Caeodd y tafarnau ers amser, a byddai'r bws olaf wedi hen fynd. Hwyrach y byddent yn aros am awr neu ddwy eto, ond yn ddiau, o safbwynt tynnu sylw'r cymdogion, roedd ymadawiad yr hers nawr yn llai amlwg nag y byddai am dri o'r gloch y bore. Onid oedd gan drefnwyr angladdau fan gaeëdig yn ogystal â hers a char galarwyr fel arfer? Roedd hi'n siŵr nad oedd dim cerbydau eraill yn yr adeiladau o amgylch yr iard. Efallai bod y rhyfel a dogni petrol wedi eu gorfodi i'w gwaredu. Pe bai'r ffenest ond chwe modfedd yn lletach, meddyliodd yn drist, gan redeg ei bysedd dros y ffrâm drwchus. Trodd pan glywodd y clic lleiaf. Ai dyna'r allwedd yn troi yn y clo? Ni fu dim sŵn traed cyn hynny.

Roedd Dela wedi croesi'r stafell a chodi ei bag o'r llawr pan agorodd y drws fymryn. Gyda'i chalon yn taranu, rhwygwyd hi rhwng symud tuag ato a sefyll yn ei hunfan. Gweddïodd na fyddai Elinor yn gwneud sŵn sydyn. Clywodd sibrwd.

'Pum munud, wedyn gallwch chi fynd.'

Caeodd y drws yn ddistaw a chwythodd Dela mewn

rhyddhad. Serch hynny ni chlywodd neb yn cerdded ymaith i lawr y rhodfa. A oedd Deio wedi perffeithio'r ddawn o gerdded heb wneud sŵn, neu a oedd e'n dal yno? Ai Deio sibrydodd y geiriau? Ai rhyw gynllwyn cymhleth oedd hwn i'w thynnu o'r stafell ac i ffwrdd oddi wrth Elinor? Ond os oedd y tri ohonynt yn dal yn yr adeilad, beth oedd i'w hatal rhag cerdded i mewn yn llu a'i threchu? Dechreuodd gyfrif eiliadau dan ei hanadl, gan geisio creu darlun o hyd y rhodfa i'r swyddfa flaen. Gyda lwc byddent yn diffodd pob golau cyn mynd, ond os na fyddent byddai hi'n amlwg iawn pe baent yn digwydd gweld symudiad trwy un o'r ffenestri o'r iard gefn. Yn lle rhuthro'n wyllt at y ffôn ar y ddesg groeso, byddai'n rhaid iddi redeg yn ei chwrcwd. Oherwydd y dymunai rybuddio Elinor y byddai'n rhaid iddi ei gadael am gyfnod, gosododd ei llaw ar ei hysgwydd. Ond nid agorodd llygaid y ferch, ac ni ddangosodd ddim arwydd o ymwybyddiaeth. Ofnai Dela ei bod wedi llithro'n rhy ddwfn i'w dihuno. Roedd ei hangen i gyrraedd y ffôn wedi cynyddu ar ei ganfed.

Gyda'i chalon yn ei gwddf agorodd y drws fodfedd er mwyn ceisio clywed a oeddent wedi ymadael. Roedd y rhodfa fel y fagddu heblaw am ddarnau ychydig yn oleuach gyferbyn â'r ffenestri. Trodd ei phen wrth i'r stafell y tu ôl iddi lenwi'n sydyn â golau, a holltwyd y tawelwch gan sŵn injan. Wrth reswm roedd yn rhaid iddyn nhw facio car y galarwyr allan o'r iet gefn cyn gallu gwneud yr un peth â'r hers. Arhosodd Dela'n llonydd iawn, yn hynod falch fod yr unig ffenest ar yr ochr yn y cefn, a phe bai unrhyw un yn digwydd edrych i mewn dim ond y sinc fyddai'n weladwy.

Aeth anadlu Elinor yn anwastad, ac wrth i sŵn y car ddiflannu y tu ôl i'r ffens gefn, sylweddolodd Dela nad oedd hi'n anadlu mor aml ag y bu a bod pob un yn ymdrech. Efallai nad aeth pum munud heibio, ond ni allai aros eiliad yn hwy.

Gan blygu'n isel wrth redeg ar hyd y rhodfa a gostwng ei phen o dan bob ffenest yn ei thro, baglodd ddwywaith ond daliodd ei hun. Trowyd goleuadau blaen newydd ymlaen. Roedd yr hers ar ei ffordd allan ac roedd Dela bron yn y cyntedd croeso. Wrth i'r hers ddechrau troi i facio trwy'r iet, sgubodd ei goleuadau dros y ffenest y tu ôl i'r ddesg a disgynnodd Dela ar ei phedwar gan ddefnyddio'i dwylo i fynd ymlaen. A welodd rhywun hi drwy ffenest flaen yr hers? Pan deimlodd uwch ei phen am y teleffon ni allai ddod o hyd iddo, ond roedd goleuadau'r hers yn dal i ddisgleirio'n rhy llachar iddi fentro sefyll. O'r diwedd cyffyrddodd ei bysedd â'r deial, ac estynnodd i fyny gan obeithio gallu gafael yn y derbynnydd. Cwympodd hwnnw ar y ddesg gyda sŵn fel taranau, ond trwy dynnu'r weiar cysylltiol yn ofalus llwyddodd i lusgo'r holl beiriant i'w llaw. Roedd ei bysedd yn drwsgl wrth ddeialu'r cysylltydd ac yn ymwybodol bod y golau'n dal i dywynnu uwch ben, llyncodd yn galed. Pam oedd yr hers yn dal yno? Dylai fod wedi bacio allan erbyn hyn.

'Pa rif ydych chi ei eisiau, os gwelwch yn dda?'

'Heddlu,' sibrydodd Dela, gyda cheg sych.

'Ai 'Heddlu' ddywedoch chi, madam?' ebe'r llais eto, gyda thinc o fraw.

'Ie. A bydd angen ambiwlans hefyd. Martin y Trefnwr Angladdau yn Abergorwel. Dela Arthur sy'n siarad a dwi wedi dod o hyd Elinor Morgan, y ferch sydd ar goll. Mae hi wedi'i hanafu'n wael iawn. Rydyn ni yn adeilad Martin y Trefnwr Angladdau. Ydy hynny'n glir?'

'Allwch chi ddweud y cyfeiriad eto? Mae'n anodd iawn eich clywed chi.'

'Sgrifennwch e!' hisiodd Dela, wrth iddi ailddweud popeth ar ras wyllt. Hoeliwyd ei llygaid ar y drws blaen, draw ar y dde, ac roedd hi'n siŵr y gallai glywed allwedd yn cael ei throi. Ni symudodd goleuadau'r hers. Rhaid eu bod wedi anghofio rhywbeth neu wedi sylweddoli nad oedd y twll dan y llwyfan yn dal eu hysglyfaeth mwyach. Gwthiodd ei hun i fyny ar ei phengliniau wrth siarad a cheisio symud o gwmpas y ddesg drom, yn y gobaith o gyrraedd yr agorfa i'r cefn, ond nid oedd y weiar yn ddigon hir, a chydag un ymbil gorffwyll olaf i'r cysylltydd gorfodwyd hi i orffen yr alwad a rhoi'r ffôn nôl.

Gan gropian ar ei phedwar rhwng y ddesg a'r wal, ceisiodd ddod o hyd i'r gornel dywyllaf. Os bu ofn arni y byddai Wilff yn ei darganfod y tu ôl i ddesg groeso'r Excelsior, roedd hyn ganwaith gwaeth. Pam nad arhosodd nes oedd yn siŵr eu bod wedi mynd? Yna diffoddwyd goleuadau'r hers yn sydyn a slamiwyd un o'r drysau. Y tu allan yn yr iard cwympodd rhywbeth trwm a siaradodd rhywun, neu efallai dim ond rhochian wnaethant, nid oedd modd dweud.

Daliodd Dela ei hanadl. Gan fod popeth nawr yn dywyll eto ychydig iawn y gallai ei weld, ond gwyddai fod drws wedi agor rywle. Roedd lleisiau i'w clywed yn glir hefyd, ond nid oeddent yn dod o gyfeiriad y drws blaen. Rywfodd roedd hi wedi anghofio am y drws mwy cyfleus i'r iard y tu ôl i'r cyntedd roedd Deio wedi cario Elinor drwyddo. Pan sylweddolodd hyn llamodd ei chalon mewn gobaith na fyddai angen iddynt ddod heibio i'w chuddfan o gwbl.

'Pam oedd yn rhaid i ti ei wneud e fan hyn? Nid dyna'r cynllun. A pham wyt ti'n dod ag e miwn? Mwy na thebyg bydd yn rhaid i ni ddod nôl 'to i'w mofyn e.' Swniai Thelma'n biwis iawn.

'Cau dy ben am funud, wnei di? Mae e'n drwm. Daeth y blydi gole 'mlaen drws nesa on'dofe? Jiawlied busneslyd y'n nhw. '

'Rho fe lawr gan bwyll, er mwyn popeth!'

'Pam?'

Ochneidiodd Thelma'n ddramatig. 'Staenie gwaed ar y carped, 'na pam,' meddai fel pe bai'n siarad â phlentyn. 'Mae dy siwt di wedi'i sbwylio, ta beth.'

Llithrodd rhywbeth i'r llawr wrth i Victor daflu'i faich gan bwffian.

'Galla i wastod drefnu glanhau'r siwt,' meddai'n anniddig.

'Galli di wir? Ble? Bydd angen i ti fynd bwti hanner can milltir o'r dre i fod yn siŵr na fyddan nhw'n rhoi gwybod amdano.'

'Mi weda i ei fod e wedi'i dwyn hi 'te. Siwt dda – bydde'n werth cwpwl o bunnoedd tase fe'n ei gwerthu.'

'Wel, bydde fe ddim wedi dwyn y siwt i'w gwisgo, na fydde? Corgi bach.'

Gallai Dela glywed mwy o synau llithro, fel pe bai Deio'n cael ei lusgo'n lletchwith ar hyd y llawr: ni allai fod yn neb arall.

'Nefoedd wen!' Cododd llais Thelma'n sgrech. 'Pam na alli di ei adael wrth y drws? Mae'r holl lusgo 'ma'n 'neud mess ofnadw. Bydde cadw at y cynllun wedi bod yn hanner y drafferth.'

'Meddet ti!' atebodd Victor yn fyr ei wynt, ond roedd y gwenwyn yn ei lais yn ddigamsyniol.

'Beth wyt ti'n ei feddwl?' Roedd hyder Thelma'n anhygoel.

'Hanner y drafferth, yffach gols! Bydde'n rhaid iddo fod yn sefyll yn y lle iawn ar yr eiliad iawn. Pwy sy i weud mor anodd fydde hynny lan fan'na?'

Lan fan'na? Er gwaethaf curiad uchel ei chalon, arhosodd y geiriau yn ymennydd Dela. Roedd y penrhyn lle taflwyd Alys yn un o'r mannau uchaf yn yr ardal. Yn amlwg, roedd y berthynas rhwng Deio a Thelma'n un o gasineb ar y ddwy ochr. Os oedd hi'n gywir, rhaid iddi gyfaddef eu bod wedi llunio cynllun rhesymol. Ymddangosai taw'r syniad oedd gwaredu cyrff Elinor a Deio gyda'i gilydd, a fyddai'n awgrymu taw fe oedd yn gyfrifol am ladd y ddwy chwaer a'i fod, efallai, wedi llithro a chwympo wrth daflu'r ail gorff.

Roedd Dela'n rhyw obeithio y byddai'r ffrae fach hon yn datblygu'n gweryl fawr, ond amheuai a fyddai hi nac Elinor fymryn mwy diogel pe byddai hynny'n digwydd. Bu tawelwch bygythiol, a chnôdd ei gwefusau i reoli ei hanadlu.

'Mae'n rhaid i ni gael gwared ar y staeniau cyn mynd,' meddai Thelma mewn llais llai heriol. 'Os sychan nhw bydd e'n jobyn 'ffernol.'

Sniffiodd Victor, ond ymddangosai bod y fflachbwynt wedi pasio.

'Af i i mofyn y stwff glanhau,' meddai.

Croesodd Dela ei bysedd na fyddai'n chwilio amdano yn y stafell pêr-eneinio. Darllenodd rywle fod gan ddrygioni wyneb cwbl gyffredin, ac yn wir bu'n dyst i hynny, ond roedd y fath ddifaterwch â hyn yn ddigon i godi gwallt eich pen. Roedd Victor newydd lofruddio dyn y bu'n cydweithio ag ef ac a fu'n gyfaill ac yn gariad iddo ers blynyddoedd, mwy na thebyg. Nid oedd y weithred wedi golygu dim mwy iddo na lladd cleren las. Ni hidiai Thelma am ddim ond y staeniau ar y carped.

'Victor!' Clywodd lais Thelma ymhellach i ffwrdd. 'Beth am rwbeth ar gyfer cefen yr hers?'

Ni chafwyd ymateb i hynny. Clywodd Dela ei sodlau uchel yn clicio wrth iddi gamu o'r carped i'r grisiau pren. Faint o amser oedd ganddi? Dysgodd o syllu ar y drws blaen taw clo Yale oedd arno. Yn araf, cododd ar ei thraed a mentrodd bipo rownd y gornel i'r rhodfa hir. Roedd yn dywyll yno a deuai'r unig olau gwan o ben y grisiau, ond gallai weld amlinell corff disymud Deio nid nepell o'r drws i'r iard. Gyda phwl o drueni trodd a cherdded yn dawel ar draws y cyntedd i'r drws blaen. Nid oedd dewis arall nawr. Roedd yn rhaid iddi ddianc o'r adeilad.

Ymbalfalodd Dela am y latsh, ond roedd y cloig wedi'i gau yn ei le. Fel arfer byddai'r botwm a reolai hyn yn mynd i fyny ac i lawr. Gwrthododd hwn symud. Yng ngolau dydd byddai'n hawdd gweld pa ffordd i'w wthio. Tynnodd a gwasgodd â bysedd llithrig nes iddo ildio o'r diwedd, ac agorodd y drws. Roedd yr ergyd drom a gafodd rhwng ei hysgwyddau'n gwbl annisgwyl. Clywodd sŵn crac yn ei chlust ac adweithiodd yn reddfol trwy hyrddio'i phenelin nôl yn galed wrth droi. Roedd y glatsien wedi taflu Thelma yn erbyn y ddesg. Bu bron iddi gwympo ar yr wyneb pren a chiciodd ei choesau'n wyllt wrth iddi geisio adennill ei chydbwysedd. Ni wyddai ei dwylo beth i'w wneud, gyda'r naill yn gafael yn ei thrwyn ond y llall yn ceisio gafael yn y ffôn, yr hambwrdd pinnau sgrifennu, unrhyw beth.

Rhuthrodd Dela ati, gan wthio'i hymosodwraig ymhellach nôl yn erbyn y ddesg, yn benderfynol o'i chadw oddi ar ei thraed. Ceisiodd Thelma ei chrafangu er mwyn gafael yn ei gwallt, ond slamiodd Dela ei thalcen yn erbyn ei hwyneb, a'r tro hwn clywodd asgwrn yn torri. Roedd hi ar fin rhedeg am y drws eto pan ddaeth llais Victor o'r rhodfa wrth iddo ddod rownd y gornel.

'Drycha beth sda fi ...'

Cododd ei eiriau gyfog i wddf Dela. Nid arhosodd i glywed mwy, ond doedd hi ddim yn ddigon cyflym. Daeth rhyw frethyn lawr dros ei phen, yna tynnwyd ef dros ei breichiau a'i chorff a dyrnwyd hi gan ddwrn yn ei stumog gan wneud iddi blygu a disgyn i'r llawr. Gorweddodd yno yn ceisio dal ei hanadl, a theimlodd rywun yn ei chicio ar ei chlun. Clun anghywir, meddyliodd.

Parhaodd wylo a chwyno Thelma drwy'r brethyn er yn llai llym, ond clywodd y drws blaen yn cael ei gau a'i gloi. Daliodd ei hun yn barod am fwy o gicio.

'Gadawodd rhywun y blydi drws blaen ar agor, on'dofe?' meddai Victor.

Gwadodd Thelma'n aneglur taw hi oedd yn gyfrifol ond ni ddilynwyd hynny gan fwy o lefain. Prociodd Dela â blaen ei esgid, yna gwasgodd ei droed i lawr ar y fan lle credai oedd ei gwddf.

'Daeth y fenyw drwynog miwn i whilmentan, ta beth. Dyw dy westy 'di ddim yn cadw llygad ar y gwesteion?'

'Buodd hi mas drwy'r nos o'r blaen,' hisiodd Thelma'n fwy heriol. 'Mwy na thebyg ei bod yn meddwl ein bod ni wedi mynd a daeth hi miwn i weld.'

'Neu gwelodd hi beth ddigwyddodd yn yr iard ...' Ochneidiodd Victor a thynnodd ei droed i ffwrdd. 'Sdim i'w wneud ond eu rhoi nhw yn yr hers. Bydd yn rhaid i ti'n helpu i'w cario.'

'Fel hyn? Dwi'n ffaelu anadlu.'

'Fe ddôi di i ben â hi rywfodd. Dyna wers i ti am fy meio i am greu annibendod.'

Swniai'n eithaf hwyliog.

Pennod 29

Prin y gallai Dela anadlu. Glynai'r brethyn wrth y chwys ar ei hwyneb a sugnai ef i'w cheg gyda phob anadl. Roedd ei breichiau wedi'u clymu wrth ei hochrau gan y sach gul, a chlymwyd hi mor dynn rownd ei fferau fel bod yr esgyrn yn rhwbio'n boenus pan ymdrechai i symud. Gorchuddiwyd hi gan rywbeth mwy nag amwisg, meddyliodd, gan ewyllysio'i hun i beidio â phanicio. Ni fyddai amwisg gotwm mor drwm â hyn, ac er i'r hers ysgwyd wrth iddi yrru drwy'r dref, ni chafodd ei thaflu yn erbyn ochr y llwyfan fel y byddai wedi'i ddisgwyl. Gan wthio allan gyda chygnau un llaw, gallai deimlo arwyneb caletach na ryg neu flanced. Ochr isaf darn o garped, efallai? A oedd wedi'i ledaenu dros holl gefn yr hers i guddio'r llwyth amheus?

O bell daeth lleisiau aneglur i'w chlustiau, ond nid oedd modd dweud ai Victor a Thelma oedd yn sibrwd ynte Elinor yn griddfan. Roedd yn tybio bod Elinor hefyd yn yr hers er na welodd ddim ers yr eiliad ofnadwy pan glymwyd hi. Gorfododd Dela ei hun i feddwl yn rhesymegol a chwythodd aer o'i cheg. Chwyddodd y sach fymryn bach. Oedden nhw wedi rhoi Elinor nôl dan y llwyfan? Gobeithiai nad oeddent â'i holl galon. Gallai cyfnod arall yno ei lladd. Bu bron iddi chwerthin yn uchel. Beth oedd pwrpas hyn oll ond lladd y ddwy ohonynt? Gan adnabod y dinc o hysteria yn y syniad, dwrdiodd ei hun yna dechreuodd wingo i geisio gweld faint o le oedd ganddi i symud y tu mewn i'r amwisg.

Plesiwyd hi i ddarganfod nad oedd wedi'i chyfyngu cynddrwg ag a feddyliodd yn wreiddiol. Wrth iddi droi a throsi, rhyddhawyd y plygiadau o ddefnydd o dani a gallai symud ei dwylo. Ei chyrchfan cyntaf oedd band gwast ei sgert. Ymbalfalodd Dela'n ofalus am yr erfyn a guddiwyd yno, gan wybod pe bai'n llithro o'i gafael mai ychydig iawn o obaith oedd ganddi o ailafael ynddo yn y lle cyfyng. Roedd y caniwla a ddaliai'r trocar wedi glynu wrth ei chroen llaith, ond llwyddodd i'w dynnu allan gydag anhawster, a chan ei ddal yn bryderus wrth yr handlen tynnodd y caniwla i ffwrdd. Yn chwerthinllyd teimlai'n well o'i ddal yn ei llaw.

Dim ond trywaniadau ar hap oedd ei hymdrechion cyntaf ac ni chawsant fawr ddim effaith. Roedd angen i'r defnydd gael ei dynnu'n dynn, penderfynodd, felly daliodd y sach i ffwrdd o'i chorff. Hyd yn oed wedi hynny cymerodd sawl ymdrech i dreiddio drwy'r ffabrig. Bwriadwyd yr erfyn ar gyfer meinwe meddal, nid lliain o wead clòs. Roedd yn siom i sylweddoli na fyddai'n rhwygo hollt hir, waeth beth a wnâi. Gorweddodd yn llonydd am eiliad i feddwl. Semau, cofiodd yn sydyn. Roedd yn rhaid bod rhywun wedi gwnïo'r amwisg ac efallai y deuai'r pwythau'n rhydd i lawr y sêm, os gallai dorri'r edau mewn ambell le. Yna gallai ddefnyddio'i bysedd i wneud y twll yn fwy. Ond ble'r oedd y sêm? Chwiliodd a chwiliodd, ond ni allai ei theimlo ar y naill ochr na'r llall. Rhaid ei bod ar y cefn. Hergydiodd yr hers yn ddirybudd a bu bron i'w chalon golli curiad. Roedd yn rhaid iddi ddatrys hyn cyn iddynt gyrraedd y penrhyn. Beth am o gwmpas ei phen? Rhaid bod sêm yno, ond roedd wedi cael ei gwthio mor galed i gefn y cerbyd nes i'r amwisg dynhau dros ei phen wrth iddi ddal ar y carped. A oedd modd cyrraedd y sêm heb ei thrywanu ei hunan?

Sylweddolodd yn sydyn fod ei thraed yn gymharol rydd. Gallai wthio'i sodlau i mewn i'r llawr a llithro ymhellach tua gwaelod y sach, a fyddai'n rhyddhau rhywfaint o'r defnydd uwch ei phen. Wrth wneud hyn torrodd nifer o dyllau ychwanegol â'r trocar a chlywodd aroglau digamsyniol hen garped. A'i dwylo dros ei phen, gweithiodd yn ffyrnig i ddod o hyd i'r sêm. Hyd yn oed pe bai un o'r ddau'n edrych nôl, ni allent weld fawr ddim os taflwyd y carped dros yr holl lwyfan.

Roedd hi dan amdo. Cyffyrddodd bysedd Dela â'r ymylon garw roedd yn chwilio amdanynt a gwahanodd nhw i ddod o hyd i'r pwythau. Man gwan, siantiodd yn ei meddwl wrth drywanu. Y tu mewn i'w chocŵn gallai glywed edafedd yn torri a chlensiodd ei dannedd. Mwy fyth. Peidiwch â gadael iddyn nhw fod wedi pwytho'n ddwbl. Pam bydden nhw, rhesymodd. Amwisg yw hon, nid ffrog ddrud. Gallai deimlo'r tameidiau toredig nawr a gwthiodd un bys drwodd. Torrodd mwy o edafedd a defnyddiodd ei llaw arall i dynnu dwy ochr y defnydd ar wahân. A glywson nhw hynny? Pa mor fawr oedd y twll erbyn hyn? Gafaelodd ym mlaen y sach i geisio rhyddhau ei hwyneb. Doedd y twll ddim yn ddigon mawr i'w phen cyfan, ond roedd yn fendith i beidio â gorfod poeri brethyn yn ddiddiwedd o'i cheg, ac er ei bod yn dal yn dywyll iawn daeth yn ymwybodol o le cymharol mwy o'i hamgylch.

Fel y dyfalodd, roedd y carped yn ffurfio math o babell siâp triongl bob ochr i'r llwyfan. Gallent fod wedi rhoi Elinor ar yr ochr arall. Gyda Deio'n gorwedd yn anymwybodol neu hyd yn oed yn gorff ar lawr y swyddfa, byddai'n rhaid i Victor ddibynnu ar Thelma i'w gynorthwyo. Ni fyddai ganddi gryfder na phrofiad Deio wrth drafod cyrff. Byddent wedi bod ar frys hefyd, gan fwriadu dychwelyd, efallai, a'i waredu ar ôl Dela ac Elinor. Hwyrach bod defnyddio'r gofod cudd wedi bod yn ormod o drafferth.

Iawn, meddyliodd, dwi bron â chyrraedd y nod. Wrth iddi drywanu a thynnu'n agos i'w chlust roedd y swn yn frawychus, ond ni hidiai oherwydd roedd y ffordd o dan olwynion y cerbyd yn rhygnu a chwyrnu. Llwyddodd i ryddhau un llaw a thynnodd y sach i lawr dros yr ysgwydd gyferbyn. Ildiodd mwy o bwythau, a dechreuodd wthio'i hysgwydd arall allan. Erbyn i'r amwisg gyrraedd ei chanol, roedd Dela wedi codi ei phengliniau ac roedd yn gweithio'n ddall ar y clymau wrth ei fferau. Diflannodd y caniwla y tu mewn i'r sach ac nid oedd y trocar o ddim gwerth yma, felly gosododd ef yn erbyn y llwyfan lle gallai ei gipio ar frys. Pa mor bell oeddent yn bwriadu gyrru? Gweithiodd yn gynyddol rwystredig ar y clymau â'i hewinedd, yn ddig â hi ei hunan am fethu â meddwl beth i'w wneud ar ôl dod yn rhydd. A oedd modd iddi benlinio y tu ôl i'r gyrrwr a bygwth Victor â'r trocar i'w orfodi i stopio'r cerbyd? Ni allai estyn draw at Thelma mewn ffordd mor gyfleus, ac i ddweud y gwir roedd hi'n amau a fyddai Victor yn hidio digon am dynged ei bartner i ufuddhau.

Collodd un o'i hesgidiau yn y frwydr â'r cortyn a cheisiodd afael ynddi cyn sylweddoli bod modd iddi weithio'i sawdl noeth yn erbyn y sach, gan adael mwy o le i ryddau'r droed arall. Gan gydio yn y brethyn â'i dwy law a phwyntio'i throed ar ongl amhosibl, llwyddodd. Pam na feddyliodd am hynny o'r blaen? Ond wedyn, pam gadawyd ei thraed yn ei sgidiau allan o'r sach yn y lle cyntaf? Oedden nhw'n disgwyl iddi hopian yn ôl eu gorchymyn dros y dibyn? Rhoddodd y syniad obaith iddi – awgrymai fod digwyddiadau'r noson wedi eu gorfodi i addasu byrfyfyr. Pe baent wedi llwyddo i'w gwthio hi i'r gofod cudd, ni fyddai digon o le wedi bod ganddi i ddiosg yr amwisg. Er gwaethaf ei phleser sarrug o fod wedi brwydro'i ffordd allan o'r brethyn myglyd, crynodd.

Gorweddai'r amwisg yn ei dwylo. Sut allai ei defnyddio? Arafodd yr hers yn ddisymwth, a mentrodd Dela godi diwedd y carped â'i thraed gan glywed ei chalon yn curo. Gosodwyd y ffenestri'n uchel ar ochrau'r cerbyd ac am eiliad hir ni allai weld dim. Yna clywodd sŵn cerbyd arall yn dynesu a sgubodd ei oleuadau drostynt wrth iddo fynd heibio. Tybed a fyddai'r bobl yn y car yn ei gweld yn rhyfedd bod hers yn teithio ar hyd y ffordd yn oriau mân y bore, neu a fyddent hyd yn oed yn sylwi taw hers ydoedd? Pe bai wedi sylweddoli'n gyflymach, gallai fod wedi gwthio'r carped i'r naill ochr ac ymdrechu i dynnu eu sylw. Chwiliodd ei meddwl yn wyllt am ddull o anablu dau berson iach a phenderfynol heb beryglu Elinor ymhellach. Gwelodd ei bod, yn ddifeddwl, yn crychu'r amwisg at ei gilydd o'i ben agored, gan adael y cortynnau'n rhydd, ond gan wneud bag llai o faint. Bag a fyddai'n mynd yn hawdd dros ben rhywun a'i gwneud yn amhosibl iddo weld ble'r oedd yn mynd. Byddai'r hers yn taro rhywbeth, ni allai osgoi hynny. Câi pawb eu taflu ymlaen, gan gynnwys hi ei hun, ond efallai y byddai'r carped yn lleddfu'r gwrthdrawiad i Elinor.

Roedd hi eisoes ar ei stumog ac yn gwthio'i hun i fyny ar ei phengliniau a'r trocar yn ei llaw chwith, pan deimlodd y cerbyd yn troi'n sydyn. Nawr neu byth. Teimlodd bwysau'r carped ar ei hysgwyddau a'i chefn a chododd yn ddistaw y tu ôl i Victor. Sgleiniodd y goleuadau dros ffens yn syth o'u blaenau a bu bron i Dela simsanu pan sylweddolodd ble'n union roedden nhw, ond roedd troed Victor eisoes ar y brêc. Mor galed ag y gallai, gwthiodd y bag dros ei ben gan fachu ei wddf â'i braich. Crafodd ei ewinedd ei dwylo, ond gwyddai ei bod yn gwasgu ar ei bibell wynt a thynhaodd ei gafael. Pwysodd Thelma ymlaen gan bipo drwy'r ffenest, a gwnaeth yr hergwd sydyn iddi daro ei hwyneb yn erbyn y panel pren. Udodd mewn poen a throi gan agor ei llygaid yn llydan wrth iddi weld erfyn Dela wedi'i anelu at ei gwddf. Rholiodd y car ymlaen yn araf.

'Tynna'r brêc llaw i fyny,' hisiodd Dela.

Hyd yn oed yn nhywyllwch y car gallai weld bod trwyn Thelma wedi dechrau gwaedu eto. Symudodd yr hers yn agosach at y ffens. Petrusodd y fenyw a gwthiodd Dela'r trocar yn agosach.

'Gwna fe!'

Edrychodd Thelma'n slei dros gefn y sedd fainc.

'Rho gynnig arni,' meddai Dela, 'Cred fi, fe gyrhaedda i ti ymhell cyn i ti ddod yn agos. Mae dy ffrind fan hyn ar fin mogi, felly os nad wyt ti isie i ni i gyd fynd drwy'r ffens a thros y dibyn, tynna'r brêc llaw i fyny.'

Heb dynnu ei llygaid oddi ar wyneb Dela am eiliad ufuddhaodd Thelma a stopiodd y car. Gan anwybyddu synau tagu Victor, syllodd Dela yn ôl arni a'r erfyn yn gadarn yn ei llaw.

'Nawr, allan o'r car,' meddai, 'a cher i sefyll yng ngolau'r lampau blaen. Os symudi di fodfedd o 'ngolwg i ...'

Crechwenodd Thelma'n wybodus.

'Beth wyt ti'n mynd i'w wneud os gwnaf?' gofynnodd.

Roedd ganddi bwynt, ond gwrthododd Dela gydnabod hynny.

'Cei di weld,' meddai.

'Wnei di ddim gwthio hwnnw miwn iddo,' meddai Thelma'n hyderus, er iddi symud yn ei sedd i gyfeiriad y drws. 'Sda ti mo'r gyts i wneud hynny.'

'Wir?' meddai Dela. 'Wyt ti wedi edrych mewn drych yn ddiweddar? Doeddwn i ddim hyd yn oed yn trio pan dorres i dy drwyn.'

Gwyliodd Dela hi'n dringo o'r hers gan ddyfalu a wnaethai'r peth cywir. Hwyrach bod ganddi un yn llai i boeni yn ei gylch y tu mewn i'r cerbyd, ond roedd Thelma yn llygad ei lle. Os penderfynai redeg, nid oedd fawr ddim y gallai Dela ei wneud i'w hatal. A oedd hi'n hidio digon am Victor i aros yn y fan a'r lle? Roedd hi'n cymryd yn ganiataol eu bod wedi cloi drysau cefn yr hers. Ni ddaeth sŵn oddi wrth Elinor, ta beth, a allai fod yn arwydd gwael, ond nid oedd modd gweld ei chyflwr a chadw gafael ar Victor yr un pryd. Roedd ef wedi mynd yn dawel iawn, a fedrai olygu ei fod ar fin llewygu. Dyna'i gobaith os oedd y rhan nesaf o'i chynllun yn mynd i weithio.

Gan lithro'i braich chwith yn dynn o gwmpas gwddf Victor a sicrhau y gallai deimlo min y trocar yn ei erbyn, sibrydodd, 'Rwyt ti'n gwybod beth yw'r pwynt siarp hwn, on'd wyt ti? Un o dy daclau pêr-eneinio di. Cadw'n llonydd iawn.'

Sythodd ef ryw fymryn. Felly roedd e'n dal yn ymwybodol. Yna symudodd ei braich ddc i ffwrdd o'i wddf ac i lawr at handlen y drws. Edrychodd i fyny unwaith ond nid oedd Thelma wedi symud. Ysgydwodd y drws ac agorodd. Tynnodd Dela anadl ddofn a defnyddio'i dwy law i wthio holl gorff Victor allan o'r car. Clywodd ef yn hisian rhwng ei ddannedd mewn sioc, ond roedd hi eisoes wedi codi un goes dros gefn y sedd fainc erbyn iddo daro'r llawr y tu allan. Nid oedd ganddi amser i weld a oedd wedi disgyn allan o'r cerbyd yn llwyr. Roedd yn rhaid iddi eistedd y tu ôl i'r olwyn lywio a thanio'r injan cyn iddo ddod ato'i hun. Wrth iddi ymbalfalu'n wyllt am y *choke*, sylweddolodd fod Thelma'n sleifio tuag ato. Cau'r drws, y dwpsen, meddyliodd wrth iddi bwyso ar yr hunangychwynnwr.

Taniodd yr injan yn sydyn, a'r eiliad honno, wedi'i byddaru gan sŵn y car a'r cloddiau uchel, meddyliodd iddi glywed cloch yn canu. A oedd wedi dychmygu hynny? Wrth iddi ymestyn ei llaw am handlen y drws gwelodd Thelma'n codi o lle bu'n plygu dros Victor, a oedd yn ymdrechu i gael gwared ar y sach. Er syndod i Dela, camodd i ffwrdd oddi wrtho a lapiodd ei breichiau amdani'i hun. Roedd yn rhaid i Dela edmygu cyflymder ei grym rhesymu. Roedd mwy nag un car yn dynesu nawr a chlychau'r heddlu'n canu. Mentrodd fwrw cipolwg y tu hwnt i'w hymosodwyr gan ofni y byddai'r heddlu'n gwneud dim ond rhuo heibio'r fynedfa gul i'r encil heb ei gweld. Disgynnodd ei chalon i'w stumog pan wnaeth y car cyntaf hynny, ond wrth iddi droi nôl at yr olwyn lywio, heb rybudd tynnwyd y drws ar agor a chafodd ei hunan wyneb yn wyneb â Victor.

Ni ddywedodd air, ond saethodd ei law allan a gafaelodd ynddi gerfydd ei gwddf. Credai Dela y byddai ei meingefn yn torri wrth iddo'i llusgo allan er gwaethaf ei holl ymdrechion i afael yn ffrâm y drws. Ciciodd ac ymladdodd Dela, ond i ddim pwrpas. Roedd e'n amhosibl ei atal, fel peiriant a roddwyd ar waith. Pan daflodd hi dros ei ysgwydd meddyliodd y byddai'n chwydu, ond daeth gweiddi i'w chlyw a disgleiriodd goleuadau eraill dros yr olygfa. Llaciodd ei afael haearnaidd am eiliad o amgylch ei chanol wrth i lais Gwyn Reynolds godi dros y lleisiau eraill.

'Paid â bod yn ffŵl, ddyn! Gad iddi fynd! Sdim ffordd mas i ti.'

Roedd chwerthin Victor yn fwy fel cyfarth ci. Yna trodd a rhedodd fel pe bai hi'n pwyso dim, i lawr y llethr byr tua'r fainc heb sylwi dim ar y llwybr serth caregog dan ei draed a arweiniai at y ffens. Gallai Dela ei glywed yn mwmial a chwerthin wrtho'i hun, wrth iddi geisio gwneud ei hunan mor drwm ac anhyblyg â phosibl gan anelu ambell i gic at ei goesau â thraed diwerth. Pwysodd â'i gefn yn erbyn y ffens a gyrhaeddai ei ganol, ac er ei bod yn rhy dywyll i weld beth oedd islaw gallai Dela, a'i phen i lawr dros y dibyn, glywed y tonnau'n sugno a tharo ar waelod y clogwyn. Gwnaeth iddi deimlo'n benysgafn. Dychrynwyd hi gan ei waedd.

'Cadwch draw! Os gwela i un ohonoch chi'n dod tuag ata i, caiff hi fynd drosodd ar ei phen!'

Symudodd Victor hi ryw fymryn, yna chwarddodd eto o weld yr adwaith a achosodd ei eiriau ymhlith ei erlynwyr.

'Rhoiodd hwnna sbragen yn eich olwyn chi, on'dofe?' Swniai'n fuddugoliaethus.

Teimlai Dela asgwrn ei ysgwydd yn gwthio yn erbyn ei hasennau isaf. Oedd modd gwneud unrhyw beth? Byddai ei gledro yn ei gefn yn ddargyfeiriad defnyddiol dim ond os oedd yr heddlu'n ddigon agos i afael ynddo. Os oeddent lathenni i ffwrdd, gallai gael ei thaflu dros yr ymyl cyn iddynt eu cyrraedd. Roedd digon o olau lleuad i weld bod pen y ffens, pyst tenau'n unig gyda weiar wedi'i gwau drwyddynt, yn crymu allan yn y fan lle roedd e'n pwyso yn ei herbyn. A allai ei gicio'n ddigon caled yn ei forddwyd wrth afael yn y weiars? Yn bwysicach fyth, a allai barhau i afael ynddynt? Synhwyrodd rywbeth yn symud y tu mewn i'w dillad, a chyffyrddodd yn awtomatig â'i brest. Roedd disgyrchiant yn tynnu rhywbeth yn rhydd. Daeth ei bysedd i gysylltiad â rhyw galedwch anghyfarwydd, a theimlodd o'i amgylch. Yr ail drocar yn ei lawes fetel. Roedd bron gormod o ofn arni roi ei llaw i lawr blaen ei blows i'w mofyn. Byddai'n annioddefol pe bai'n llithro o'i gafael nawr.

Wrth iddi ymdrechu i wahanu'r erfyn o'i gaead, swniai llais Reynolds yn agosach. Roedd e'n mentro'n ddifrifol.

'Victor,' clywodd ef yn dweud gyda goslef gymodol, 'Sdim pwynt yn hyn. Pam wyt ti'n gwneud pethe'n waeth?'

'Gwaeth i bwy, yn hollol?' gwawdiodd Victor. 'Ti a gweddill y twpsod, falle, a hon yn bendant. Ddim yn waeth i fi.' Yn ddisymwth, symudodd Dela i fan mwy cysurus ar ei ysgwydd.

Bu bron iddi ollwng y trocar gyda'r hergwd a thasgodd y caniwla oddi ar y creigiau cyn diflannu i'r gwagle. A sylwodd Victor? Doedd dim arwydd o straen yn ei lais, ond roedd hi'n gallu ei glywed yn anadlu a theimlo'i galon yn curo'n gyflym. Gwaeddodd ychydig o frawddegau heriol eraill. Wrth iddo wneud hyn meiddiodd Dela estyn ei llaw rydd allan a lapiodd ei bysedd o amgylch weiran uchaf y ffens. Gobeithiai nad oedd curiad ei chalon ei hun mor glywadwy ag un Victor. Yna trywanodd ef yn galed y tu mewn i dop ei glun, gan wthio'r erfyn i mewn mor bell ag y gallai. Am eiliad fer, nid ymddangosai ei fod wedi synhwyro dim, a gadawodd Dela'r trocar yn ei le gan gafael yn y weiran uchaf â'i dwy law. Daeth y sgrech ddilynol o'i stumog, ac ni allai Victor atal ei hun rhag tynnu un llaw i ffwrdd i deimlo beth oedd wedi digwydd y tu ôl iddo. Dechreuodd Dela lithro ymlaen ac i lawr dros ei gefn nes oedd ei dwylo bron gyferbyn â'i bengliniau, a chaeodd ei llygaid i aros am y gwymp dyngedfennol gan obeithio'n orffwyll y byddai Victor, rywfodd, yn cwympo i ffwrdd o'r ffens. Rhuthrodd y gwynt tuag ati ac agorodd wacter ymyl y clogwyn o'i blaen. Gwaeddodd yr heddweision, sgrechiodd rhywun a daliodd Dela ei gafael yn y weiars brau wrth iddynt ysgwyd a gwichian dan straen pwysau'r ddau.

Clywodd bren yn cracio wrth i goes Victor blygu oddi tano, a llaciodd y weiars yn sydyn. Ceisiodd Dela afael yn y pyst cryfach yn lle'r weiar gan ymestyn allan i'r dde i ffwrdd oddi wrtho. Caeodd llaw o amgylch ei phigwrn a theimlodd ei bysedd ddrain miniog wrth i'r ffens syrthio allan dros y clogwyn. Roedden nhw'n llithro eto, a Victor wedi'i faglu yn ei sgert lawn, a chlywodd rochian a rhegi wrth iddo gicio ac ymladd. Roedd y drain wedi dal yn ei gwallt gan fygwth chwipio ar draws ei hwyneb, a gwingodd gan droi ei phen i'w ryddhau. Teimlodd ei anadl yn ddirybudd yn ei chlust. Syllodd i'w hwyneb gan ddangos ei ddannedd fel bwystfil. Roedd ei ben a'i ysgwyddau i fyny o'r llawr, ond roedd y llethr serth oddi tanynt yn ei rwystro rhag estyn ei law a thynnu ei dwylo'n rhydd. Tynhaodd y wasgfa ar ei phigwrn yn boenus, ac ysgydwodd ei throed gan glensio'i gên. Gallai deimlo'i fraich chwith dani a'i ddwrn yn pwnsio'i stumog, tra chwifiai ei law dde a'i ddwy droed yn wyllt wrth i ddwylo'r heddweision geisio gafael ynddynt. Roedd yn benderfynol o'r dechrau fod ei holl fryd ar ei thynnu ar ei ôl, ond yna gwawriodd arni nad oedd modd i Victor fod yn dal ei phigwrn yn benderfynol fel hyn. Un o'r heddweision oedd yn gafael ynddi.

Mor ddwys oedd y don o ryddhad a olchodd drosti nes iddi wenu. Er bod y wên yn gwbl anwirfoddol, gwelodd yr olwg ar wyneb Victor yn newid o gynddeiriogrwydd i betruster. Daeth y ffusto i ben, a chan barhau i syllu'n wag arni taflodd ei hunan nôl ac i lawr dros ymyl y clogwyn. Saethodd dwylo allan i geisio'i rwystro, ond llithrodd Victor mor gyflym a llyfn fel mai prin y cyffyrddodd eu bysedd â sodlau ei esgidiau. Roedd Dela'n ddiolchgar byth mwy fod y tywyllwch bendithiol wedi cuddio'r olygfa ohono'n taro'r gwaelod. Teimlodd yn gyfoglyd eto, ond gwyddai bod llaw ychwanegol wedi cydio yn nefnydd ei blows rhwng ei hysgwyddau.

'Peidwch â dachre cico 'to!' ebe llais byr o wynt Gwyn Reynolds, 'neu fe dafla i chi dros y dibyn fy hunan …'

Gan eistedd yn blwmp ar y ddaear, cymerodd Dela gwpanaid o de wedi'i hen stiwio o law'r heddwas mawr a oedd wedi'i chario oddi ar y draethell pan ddaethai o hyd i gorff Alys. Tywynnai goleuadau blaen cerbydau'r heddlu ar draws yr encil gan oleuo rhai mannau a gadael y gweddill i olau'r lleuad.

'Ody 'ddi'n iawn?' gofynnodd llais tawel. Nid edrychodd Dela i fyny ond canolbwyntiodd ar ei the. Roedd hi'n hynod sychedig.

'Ody,' mwmialodd yr heddwas, 'Cwpwl o grafiadau, tamed o sioc falle, ond yn wych o 'styried.'

'Gwell na'r lleill, ta beth,' ebe'r llais tawel eto.

'Pwy yw'r lleill?' gofynnodd Dela wrth geisio gweld wyneb perchennog y llais. Cyrcydodd yn ei hymyl. Gwelodd taw'r Sarjiant hynaws oedd yno a fu'n helpu Reynolds wrth holi trigolion y gwesty. Ni allai gofio ei enw.

'Y ddau ddioddefwr arall,' atebodd yn rhesymol. 'Y fenyw sydd wedi torri'i thrwyn a'r bachan yng nghefen yr hers. Mae hwnnw'n wael iawn. Mae Emlyn yn gwneud ei orau nes i'r ambiwlans gyrraedd.'

'Deio oedd yn gorwedd yr ochr arall i'r llwyfan felly. Ro'n i'n credu taw Elinor, chwaer Alys, oedd 'na.'

'Na, gadawyd hi'n gorwedd ar fwrdd yn y mawsolewm ofnadw yn y dref. Dethon ni o hyd iddi pan dorron ni miwn, a'ch het chi ar sil y ffenest. 'Nabyddes i honno'n syth. Gwaed ar ffrâm y drws, hers wedi mynd. Mae hi yn yr ysbyty erbyn hyn. Dwi ddim isie meddwl beth arall roedd Victor Martin wedi'i gynllunio ar ei chyfer. Diolch byth bod y groten fach siarp 'na yn y gyfnewidfa ffôn wedi sylweddoli bod hwn yn achos brys.'

'Ro'n i ar ben fy nhennyn,' meddai Dela. 'Doeddwn i ddim yn meddwl y bydde hi'n cymryd y peth o ddifrif. Mae'n rhaid mod i wedi swnio'n wallgof. Beth wnaeth i chi feddwl am y lle hwn?'

Gwenodd y Sarjiant a thynnodd wep.

'Emlyn Roberts. Dallodd ni i gyd wrth sôn am safleoedd gwaredu a dwi ddim yn gwbod beth arall. Ac roedd e'n iawn, on'd oedd e? Dyma'r unig le cyfleus am filltiroedd.'

Crychodd ei dalcen ac ysgydwodd ei ben. 'Odych chi'n credu

bod Victor yn bwriadu mynd nôl heno i mofyn Elinor? Mae'n syndod ei fod e wedi credu y galle fe ladd fel oedd e moyn. Tri ohonoch chi ar yr un pryd, cofiwch, ac wedyn pedwerydd yn hamddenol!'

Edrychodd arni'n syn wrth i Dela osod ei chwpan ar y llawr a cheisio codi ar ei thraed. ''Rhoswch funud fach nawr, beth y'ch chi'n 'neud?'

'Rhoi stop ar ffiasgo,' meddai Dela.

Cododd y Sarjiant a gafaelodd yn ei braich wrth i'w choes wannach brotestio.

'Dyw Thelma Martin ddim yn ddioddefwr. Hi yw'r trefnydd.'

'Beth?'

Roedd Dela eisoes yn ei dynnu i gyfeiriad y grŵp o bobl a safai o amgylch cefn yr hers, ond daliodd hi nôl.

'Dwedwch wrtha i yn gynta,' meddai. Pan welodd ei golwg styfnig ychwanegodd, 'Fel mae pethau'n mynd nawr gydag Elinor a'r bachan, erbyn yr amser hyn yfory falle mai chi fydd yr unig un ar ôl yn fyw.'

'Mae Thelma'n dibynnu ar hynny,' meddai Dela'n sarrug, ond cyn iddi ddweud hanner ei stori roedd e'n amneidio.

Gollyngodd ei afael a thynnodd anadl ddofn.

'Nefoedd wen! Felly doedden nhw ddim yn gwbod nad oedd Elinor yn y twll dan y llwyfan?'

Gwnaeth Dela geg gam arwyddocaol arno.

'Fel y digwyddodd pethe, doedden nhw ddim yn edrych yn y stafell gywir. Roedd Deio'n casáu Thelma ddigon i beidio â dweud wrthyn nhw ei fod wedi'n cuddio ni yno. Roedd e'n meddwl y byd o Victor, ond dwi'n credu bod yr holl arteithio wedi troi arno yn y diwedd. Nôl Elinor doedd ganddo ddim rhan o gwbwl yn y trais. Bues i'n pendroni sut oedd e'n bwriadu esbonio pam oedd y twll dan y llwyfan yn wag ar ôl iddyn nhw ddod yma. Oherwydd mai dyna beth wnaethon nhw i waredu corff Alys, efallai mai'r cynllun gwreiddiol oedd iddo fe a Victor ddod 'ma heb Thelma, ac roedd e'n gobeithio y galle fe gael perswâd arno'r tro hwn i ddianc gyda fe heno heb ddweud gair wrthi.'

'Ond pam na adawodd e chi ac Elinor i fynd y pnawn 'ma? Pam roedd yn rhaid iddo'ch cloi chi mewn stafell?'

'Am ei fod e'n gwybod y byddwn i'n galw'r heddlu'n syth o'r blwch ffôn cyntaf ac y bydde Victor yn cael ei ddal. Roedd e isie i Victor, a fe'i hunan, fod yn ddigon pell o'r adeilad erbyn hynny. Datglôdd ddrws ein stafell ni pan oedden nhw ar fin gadael. Tasen i wedi llwyddo i ddianc, bydde gan Thelma lot o gwestiynau i'w hateb a bydde hynny'n ffordd foddhaus iawn i Deio ddial arni. Wydde fe ddim eu bod nhw'n bwriadu ei ladd a'i daflu ar ôl Elinor.'

Pwffiodd yr heddwas. 'Glywsoch chi nhw'n dweud hynny?'

'Do, 'te! Ro'n i'n cuddio y tu ôl y ddesg yn y dderbynfa wedi i fi ffonio. Y broblem oedd bod Victor wedi gweithredu'n rhy gynnar yn yr iard. Alle fe ddim gwrthsefyll y demtasiwn. Roedd Thelma'n gweld y peth fel niwsans.'

Crychodd y Sarjiant ei wefusau. 'Os na fydd Elinor a Deio'n byw, dim ond eich gair chi fydd yn ei herbyn,' meddai'n feddylgar. 'Bydd hi'n anodd profi na chytunodd Thelma Martin i wneud beth wnaeth hi am ei bod hi'n ofni am ei bywyd.'

'Ddim yn hollol,' atebodd Dela. 'Dywedwch wrth Emlyn am roi sylw arbennig i'w dannedd.'

Pennod 30

Gorweddodd Dela'n ddi-gwsg yn ei gwely cul yn Nhŷ'r Ysgol a'i meddyliau troi'n ddi-baid. Roedd hi nôl lle dechreuodd hi, ac roedd y diflastod wedi dychwelyd hefyd. Bu'r ychydig wythnosau a dreuliodd gyda Tudful a Nest yng Nghwm y Glo yn fodd i adfer ei hiechyd corfforol, ond ni lwyddodd i siglo'r anesmwythder a fu'n faich ar ei hysgwyddau cyhyd. Wrth ddisgyn o'r trên yn hwyr ryw ddwy noson ynghynt credai iddi wneud peth call wrth ddod adref i Nant yr Eithin, ond sylweddolodd yn fuan ei bod wedi cario mwy na chês gyda hi. Nid oedd newid lleoliad wedi newid dim, mewn gwirionedd, ac roedd cyfarchiad y gorsaf feistr wedi atgyfnerthu hynny.

'Jiw jiw, buoch chi yn'i chanol hi 'to 'te. Mae trwbwl yn eich dilyn chi fel ci crwydr.'

Roedd yn pwyntio'i fys at ddalen yn y papur newydd agored ar ei ddesg. Diolch i'r drefn nad oedd llun ohoni yn yr erthygl. Llwyddodd i wenu, rywfodd, cyn ateb. 'Dwi'n edrych ymlaen at gyfnod o dawelwch,' ond roedd y gorsaf feistr wedi edrych yn amheus arni.

Pwniodd Dela'r gobennydd yn rhwystredig yn y gobaith o'i wneud yn fwy cysurus. Doedd dim rheswm pam oedd cwsg mor hir yn dod. Gwrthododd feddwl gormod am yr achos llys y byddai'n rhaid iddi fynychu rywbryd. Ni ddywedwyd gair am yr hyn oedd wedi achosi i Victor fynd nôl dros y dibyn. Roedd y trocar wedi diflannu erbyn iddynt ddarganfod ei gorff, er bod Dela wedi disgwyl i Emlyn sylwi ar y trywaniad ar dop ei glun, ac efallai ar farciau o amgylch ei wddf hefyd. Efallai fod y creigiau creulon wedi ei rwygo i'r graddau bod anafiadau eraill yn ddibwys. Ei bwriad pan fyddai'n rhaid iddi dystio oedd mynnu na wyddai pam oedd Victor wedi syrthio nôl yn erbyn y ffens dila wrth gyfaddef ei fod yn gwingo'n wyllt ac yn cicio drwy'r adeg. Roedd yn bosibl ei bod wedi'i gicio yn ei forddwyd, a fyddai'n gwneud i goesau unrhyw ddyn wegian. Roedd yr heddweision yn dystion i hynny, er na fyddent wedi gallu gweld beth oedd yn digwydd y tu ôl i gefn Victor. Gwyddai y byddent wedi darganfod y trocar cyntaf rywle yng nghefn yr hers, ond teimlai y byddai rheithgor yn cytuno fod ganddi resymau da i'w ddefnyddio.

A oedd Gwyn Reynolds yn amau unrhyw beth? Anodd dweud. Galwodd yn y Mans yng Nghwm y Glo tra oedd hi'n gwella, a chofiodd y cwlwm caled yn ei stumog pan welodd ef yn sefyll ar drothwy'r drws gan daro'i het yn erbyn ei goes. Nid oedd Reynolds yn gwneud galwadau cymdeithasol. Cynyddodd ei hofn fod trychineb ar ddod pan wrthododd gynnig Nest o gwpanaid o de. Aeth i mewn i'r parlwr gan edrych fel pe bai'n ei chael yn anodd dechrau'r sgwrs.

'Newyddion drwg, mae arna i ofon,' oedd ei eiriau cyntaf lletchwith.

Roedd Dela'n dal ei hanadl.

'Buodd Deio farw'r bore 'ma. Ddihunodd e ddim.'

Prin oedd Dela wedi'i glywed ymysg y meddyliau'n chwyrlïo yn ei phen, ond yn amlwg llwyddodd i ddangos wep addas, oherwydd nid oedd ei lygaid wedi culhau yn y dull arferol.

'Dwi'n gwbod bod honno'n ergyd galed,' ebe Reynolds, 'achos dim ond fersiwn Thelma sy 'da ni nawr o farwolaeth Alys. Mae'n mynd i wadu gwbod unrhyw beth, on'd yw hi?'

Roedd Dela wedi casglu ei meddyliau erbyn hynny.

'Bydd hi'n anodd iddi wadu marcie ei dannedd ar y ferch. Ydy Elinor yn well?'

'Ody, diolch i'r drefen. Mae marcie dannedd arni hithe hefyd, felly mae gobeth. Fyddwch chi ddim ar eich pen eich hunan.'

Adleisiodd ei eiriau nawr a cheisiodd eu credu. Roedd popeth ar ben am y tro ac nid oedd dim i boeni yn ei gylch, ddim hyd yn oed tynged Tomi a Meri. Roedd pentwr o bost yn aros amdani pan ddychwelodd. Nid oedd yn yr hwyliau i agor popeth, ond agorodd amlen frown gydag ysgrifen George arni. Y tu mewn roedd nodyn byr oddi wrtho a cherdyn post. Cyfeiriwyd y cerdyn i Miss Dela Williams yng ngofal yr Excelsior. Un frawddeg oedd ar y cerdyn, 'Falch eich bod chi'n iawn', ond nid oedd wedi'i arwyddo. Rhaid bod y gwesty wedi'i anfon ymlaen at George gan mai ef oedd yr unig gysylltiad. Roedd wedi amgau ei nodyn ei hun:

'Nid chi yw'r unig un sy'n gallu dyfalu pwy sgrifennodd rywbeth. O bob sôn, dyw'r Excelsior ddim hanner mor egscliwsif ag y bu! Ecsodus cyffredinol o grachach i'r Splendide dau ddrws i lawr. Trefnwr angladdau'r Martins wedi cau'n sydyn, felly cafodd Modryb Harriet angladd am ddim. Mae arna i ddyled anferth i chi. Can mil o ddiolch am bopeth.'

Fel roedd wedi rhoi cerdyn post Alys iddo, roedd yntau wedi anfon cerdyn Tomi a Meri ati hi. Dywedai'r marc post iddo ddod o ogledd yr Alban, ond amheuai Dela'n fawr taw dyna lle roedden nhw. O adnabod Tomi, byddai wedi dod o hyd i rywun fel teithiwr masnachol neu yrrwr lori a oedd yn teithio yno ac wedi gofyn iddo ei bostio.

Roedd llythyr yn amlen George yn ogystal oddi wrth Mali, a gwenodd Dela i weld hwn. Heb Thelma orthrymus ar y ddesg flaen, hwyrach ei bod yn haws manteisio ar y cyfle i ychwanegu dalen. Roedd gan Dela obeithion ar gyfer Mali, a chynyddodd y rheiny pan ddarllenodd ei bod yn cael hyfforddiant i fod yn dderbynnydd.

'Mae mor neis gwisgo'n smart a pheidio â gorfod newid gwelyau pobol. Ac mae Mam mor ddiolchgar am y dillad. Y peth gorau yw'r siôl a'r anifeiliaid arni. Mae'n dwli arni ac mae pawb yn y capel yn meddwl ei bod yn edrych fel ledi.'

Gwenodd Dela eto yn y tywyllwch wrth gofio hyn, a tharawodd y cloc mawr yn y parlwr ddau o'r gloch. Pam na allai hi gysgu, er mwyn popeth? Nid oedd bomiau yn ystod y rhyfel na'i chyfrifoldebau yn Abergorwel wedi tarfu ar ei chwsg. Fel rheol dihuno mewn pryd oedd ei phroblem. Gallai ddeall pe bai ofn cysgu arni oherwydd hunllefau, ond nid oedd yn breuddwydio o gwbl. Meddyliodd am fynd i lawr i'r gegin a gwneud diod o laeth cynnes, cyn cofio nad oedd ganddi ddigon ar ôl o'r botel roddodd Nest iddi ac y byddai angen te arni fore drannoeth. Ei bai hi ei hun oedd hyn oherwydd ni fu dim i'w rhwystro rhag codi allan i'r siop. Yn ogystal gallai fod wedi mynd i'r gwasanaeth yn y Capel am chwech ddoe, ond ni allai wynebu'r holl holi. Nid dyna'r rheswm, dwrdiodd ei hun. Roedd dweud celwydd wrth bobl eraill yn un peth, ond peth arall oedd ceisio'i hargyhoeddi ei hun yn yr un modd.

Ai unigrwydd sydyn ar ôl bwrlwm y dref oedd yn gyfrifol am ei hiselder? Sbosib. Dewisodd ddychwelyd gan wybod bod hanner tymor wedi dechrau ac na ſyddai'n rhaid iddi ymdopi ag unrhyw ddigwyddiadau yn yr ysgol am wythnos. Daeth adref yn hwyr y nos Wener ac arhosodd yn y tŷ ers hynny heb gau llen na rhoi ei thrwyn dros y trothwy. Roedd hi hyd yn oed wedi cuddio o'r golwg pan aeth Eurig heibio yn y gambo ar ei ffordd i'r capel, ac wedi cadw llygad barcud ar agor am unrhyw arwydd fod Jean yn mynd ati i lanhau'r ysgol er mwyn cuddio eto. Beth oedd hi'n ei ddisgwyl, felly, ond tawelwch a llonyddwch? Daeth yr ateb yn ddigroeso o sydyn. Roeddet ti'n disgwyl i Huw wybod mewn rhyw ffordd ddirgel dy fod ti yno, er i ti beidio â dweud gair wrtho, ac er i ti osgoi siarad ag ef pan fyddai'n ffonio'r Mans yng Nghwm y Glo o bryd i'w gilydd. Ond dylai Huw wybod, protestiodd wrthi ei hun. Byddai Nest wedi ei alw'r eiliad y gadawodd Dela am yr orsaf. Efallai na wnaeth hi'r tro hwn, gan benderfynu rhoi'r gorau i geisio cadw'r ddesgl yn wastad rhyngddynt. A hwyrach ei fod yntau wedi pwdu. Ond pa hawl oedd ganddo i bwdu? Fe oedd ar fai am adael Abergorwel mor ddisymwth ac mewn tymer ddrwg. Pe bai Huw wedi aros ni fyddai wedi cael ei chipio na'i charcharu, na dod o fewn trwch blewyn i gael ei thaflu dros y dibyn. Ond byddai Elinor wedi cael ei llofruddio, meddai'r llais bach arall yn ei phen, a byddai'r erchylltra wedi mynd yn ei flaen yn ddirwystr nes i Reynolds sylweddoli nad Tomi a Meri oedd yn gyfrifol. Sawl merch arall fyddai wedi cael ei lladd cyn i hynny ddigwydd? Pris bach iawn i'w dalu am atal y gorffwylltra oedd methu â chysgu.

Cododd gan feddwl y byddai trip i'r tŷ bach o ryw gymorth. Gan nad oedd y llenni ar gau deuai digon o olau'r lloer i mewn drwy'r ffenest iddi allu croesi'r stafell yn hyderus heb gannwyll. Daliwyd ei llygad gan symudiad yn yr ardd gefn. Hwyrach bod cwningod o'r cae y tu ôl i'r tŷ'n manteisio ar ei hymdrechion tila i dyfu llysiau, os gallent ddod o hyd iddynt ymhlith yr holl chwyn. Ond ni ddeuai'r symudiad o'r ardd uwch ond o'r cwrt nesaf at y tŷ. Clywai synau bach. Drws y sied hir yn cael ei wthio. Sleifiodd i'r dde er mwyn gweld yn well. Gwelodd gorun het feddal dyn islaw a phlygodd ymlaen fymryn, cyn tynnu nôl yn sydyn wrth i'r ffigwr droi o'r drws a mynd at ffenest y stafell fyw yn union oddi tani. Wrth iddo fynd nôl at y drws, gwelodd Dela ei fod yn gwisgo cot laes a menig a bod yr het wedi'i thynnu i lawr dros ei dalcen. Roedd e'n dal hefyd, a barnu bod corun yr het bron gyfuwch â lintel y drws.

Os nad oedd hi'n gwbl effro cyn hynny, aeth gwefr drwyddi nawr. Pa ddiawl digywilydd oedd wedi sylweddoli nad oedd neb wedi bod yn Nhŷ'r Ysgol ers wythnosau? Preswyliodd yn yr ardal yn ddigon hir i wybod nad oedd lladrata'n beth anghyfarwydd yno, ond fel rheol anifeiliaid fferm byddai'n cael eu cipio o gaeau anghysbell. Dylai'r drws ddal, meddyliodd, ond yr eiliad honno diflannodd yr ysbeiliwr o'i golwg i mewn i'r tŷ. Ni wyddai Dela a ddylai fod yn ddig ynte'n ofnus. Pe bai wedi agor y ffenest a gweiddi ar unwaith, efallai y byddai wedi rhedeg i ffwrdd. Roedd yn rhy hwyr nawr. Beth oedd yno iddo ddwyn? Doedd 'na fawr ddim gwerth ei gael, heblaw am y darnau tsieina nad oedd wedi'u dadbacio eto. Cuddiwyd nhw yr ochr draw i'r soffa yn y parlwr ac nid oeddent yn amlwg.

A oedd yn werth ei herio? Ddim os oedd ganddo arf o unrhyw fath, ac roedd yn rhaid bod ganddo rywbeth fel sgriwdreifar i agor y drws.

Safodd mewn cyfyng gyngor o'r golwg y tu ôl i'r drws i'w stafell. Pwy bynnag ydoedd, roedd e'n dawel dros ben o ystyried ei fod yn credu bod y tŷ'n wag. A ddylai wneud sŵn mawr a'i ddychryn? Beth os na fyddai sŵn yn ei ddychryn ond yn ei ysgogi i ddod i chwilio amdani ac ymosod arni? Erbyn hyn gallai glywed drysau cypyrddau'n cael eu hagor a'u cau. A oedd ganddi amser i redeg i lawr i'r stafell ymolchi ar yr hanner landin a chloi'r drws? Roedd hi ar fin gwneud hynny pan glywodd glic o ddrws y stafell fyw. Gan ei bod yn agor i'r cyntedd wrth waelod y grisiau, ni allai ddod i lawr heb gael ei gweld. Disgwyliai glywed traed yn dringo'r grisiau, ond ymddangosai fod yr ysbeiliwr wedi newid ei feddwl a throdd nôl i gyfeiriad y gegin. Neu roedd e'n sefyll yno'n gwrando'n astud.

Ceisiodd Dela reoli ei hanadl wrth edrych o amgylch ei stafell am rywbeth i'w hamddiffyn ei hunan. Bu tawelwch hir, a dechreuodd obeithio bod y dyn wedi penderfynu ymadael drwy'r cefn. Gafaelodd yn y cwrlid oddi ar y gwely gan feddwl ei roi dros ei hysgwyddau pan oedd yn hollol siŵr ei fod wedi mynd. Clustfeiniodd am y sŵn lleiaf. Taflodd gipolwg drwy'r ffenest, ond nid oedd sôn am neb yn dod allan o'r drws cefn. Efallai ei fod wedi'i baglyd hi eisoes wrth iddi ganolbwyntio ar wrando. Tinc. Cwtsiodd Dela'n agosach at gefn y drws. Tinc, tinc. Beth oedd hynny?

Deuai ei hanadl fel fegin, a bu bron iddi fethu â chlywed y camau araf yn dod i fyny'r grisiau. Daliodd ei hun yn barod, ond yna newidiodd eu sŵn a sylweddolodd fod yr ysbeiliwr wedi mynd i mewn i'r stafell ymolchi. I beth? Clywodd ddŵr yn rhedeg o'r tap am ychydig eiliadau. Beth oedd ystyr hynny? A pham roedd e wedi anwybyddu'r parlwr wrth chwilio'r stafelloedd ar y llawr ac wedi dod yn syth i fyny'r grisiau?

Ni chafodd amser i feddwl mwy am hynny oherwydd roedd e'n dringo eto. Gallai Dela glywed siffrwd brethyn ei got wrth iddo ddynesu at ddrws ei stafell. Gwelodd law mewn maneg yn gafael yn ochr y drws a'i wthio'n ofalus. Am eiliad hir safodd yr ysbeiliwr yn stond. Credai Dela y gallai ei glywed yn meddwl.

Pan darodd y cloc mawr hanner awr wedi dau, tynhaodd cygnau'r llaw am eiliad. Gafaelodd Dela yn y bwlyn a hyrddiodd y drws yn galed i'w wyneb. Rhoddodd yr ysbeiliwr waedd groch a chamodd nôl cyn i'w law gael ei dal. Gan ddal y cwrlid o'i blaen fel hwyl fawr, llamodd Dela drwy'r drws a neidiodd arno. Ar yr eiliad olaf trodd yr ysbeiliwr i ffoi, ond roedd momentwm Dela a'r cwrlid yn ormod a syrthiodd ar ei wyneb dan orchudd y cwrlid a Dela ar ei gefn yn gweiddi nerth ei phen. Roedd un o'i ddwylo manegog yn ceisio tynnu'r cwrlid, a phenliniodd Dela ar yr arddwrn, heb hidio am y waedd o boen. Rholiodd rhywbeth yn sydyn o'i afael gan daro yn erbyn un o byst y canllaw cyn disgyn trwy fwlch rhyngddynt, taro'r canllaw islaw a thorri'n deilchion ar lawr teils y cyntedd. Prin sylwodd Dela ar hyn am fod yr ysbeiliwr wedi dechrau gwingo o'r newydd, ac aeth drwy feddwl Dela nad oedd modd iddi ei gadw'n gaeth am lawer hwy.

Ac yntau'n gwichian a Dela'n gweiddi, daeth sŵn allwedd yn troi yn y drws blaen megis o bell. Dallwyd hi'n sydyn gan belydrau tortsh rymus, a llamodd ei chalon i'w gwddf. Oedd 'na fwy ohonyn nhw?

Pennod 31

'Miss Arthur? Odych chi'n iawn?'

Syllodd Dela i fyny ar wyneb Aneurin Plisman ac edrychodd o'i hamgylch yn wyllt. Ni allai ddeall sut gwyddai Aneurin bod ei hangen arno na sut roedd ganddo allwedd i'r tŷ. Roedd camau eraill yn dringo'r grisiau'n fwy araf, a gwelodd Huw'n pwyso ar y canllaw. Pryd cafodd e'r cyfle i wisgo'i got a'i het, meddyliodd Dela'n ffôl – ac roedd Aneurin yn ei iwnifform hefyd.

Estynnodd Huw ei law iddi.

'Ty'd i'r gegin o'r ffordd,' meddai'n dawel, cyn amneidio i gyfeiriad Aneurin a oedd yn cyrcydu wrth yr ysbeiliwr erbyn hyn ac yn ei ddal yn dynn wrth ei sgrwff, a chwilio am ei efynnau ym mhoced ei diwnig. 'Gwaith i Aneurin 'di hwn.'

Wrth iddi godi'n simsan ar ei thraed, syrthiodd yr het oddi ar ben ei hymosodwr, a daeth plethen hir o wallt llwyd i'r golwg. Er bod Huw'n ceisio ei hannog i ddod gydag ef, roedd llygaid Dela wedi'u hoelio arni, ac ar y geg yn bytheirio a rhegi wrth i Aneurin afael yn ddisyfl yn un llaw a'i throi y tu ôl i gefn Dorcas Morus.

Tywyswyd Dela i lawr y grisiau wedi'i lapio yn y cwrlid, ond clywodd glic dwbl y gefynnau cyn iddi gyrraedd y gwaelod. Caeodd Huw ddrws y stafell fyw'n benderfynol y tu ôl iddynt cyn ei harwain at y gadair wrth y Rayburn. Wrth iddo fynd ati i roi'r tegell i ferwi, roedd Dela'n dal i glustfeinio am unrhyw sŵn o'r llofft. Clywodd ryw synau aneglur ac ambell i waedd, ac yna roedd Aneurin yn siarad ar y ffôn allan yn y cyntedd. Fel pe bai wedi darllen ei meddyliau gwnaeth Huw arwydd â'i ben.

'Galw'r orsaf mae o', meddai. 'Hwyrach bu'n rhaid iddo ei gefynnu wrth ganllaw'r grisia. Bydd angan Maria Ddu yma, a meddyg mwy na thebyg.'

Aeth allan ato a chlywodd Dela'r ddau'n trafod yn dawel. Crynodd y tu mewn i'r cwrlid. Pam na sylweddolodd hi nad dyn oedd yr ysbeiliwr? Dylai'r gwichian fod wedi rhoi cliw iddi. Clywodd sŵn clirio gwddf diymhongar a neidiodd.

'Chi'n siŵr eich bod chi'n iawn?' ebe Aneurin.

Roedd e wedi dod i mewn i'r gegin cyn belled â'r drws, ond edrychai arni fel petai ofn arno ddod gam ymhellach.

'Ydw, diolch,' atebodd yn awtomatig, yna ysgydwodd ei phen. 'Bues i'n ofnadwy o araf, Mr Jenkins. Dim ond pan syrthiodd ei het o'i phen y gweles i taw Dorcas Morus oedd wedi torri i mewn i'r tŷ. Ro'n i'n meddwl taw dyn oedd 'na. A dylen i fod wedi gwneud rhywbeth yn gynharach. Gallen i fod wedi gweiddi arni drw'r ffenest a bydde hi wedi'i baglyd hi mwy na thebyg. Mae'n ddrwg 'da fi.'

Gwingodd Aneurin yn anghysurus.

'Nid chi ddyle ymddiheuro, Miss Arthur fach, ond fi. Fy mai i oedd beth ddigwyddodd i chi'n Abergorwel, ch'weld. Dorcas Morus driodd eich lladd chi â'i char.'

'Wir?' Efallai am ei bod yn dal i ddioddef o sioc, nid oedd Dela wedi meddwl am y posibilrwydd hwnnw. 'Ond shwd allwch chi fod ar fai am hynny?'

'Fydde hi ddim wedi ca'l gwbod ble'r o'ch chi tasen i wedi siarsio Gerwyn i beido gweud gair wrth neb am eich gweld chi lan 'na. Ond gallwch chi fentro'i bod hi wedi clywed y plant neu eu rhieni'n trafod y peth. Feddylies i ddim am eiliad bydde hi'n mynd i Abergorwel yn unswydd i drio'ch lladd chi. 'Na pam dwi wedi bod yn cadw gwylad 'ma bob nos ers i chi ddod gatre am yn ail â Mr Richards.'

Ceisiodd Dela wneud synnwyr o hyn.

'Y styllen o'r ale,' meddai o'r diwedd ac amneidiodd Aneurin.

'Sgrapad o baent arni, ch'weld, a sgrapad ar ochor ei char hi. Ond paent yw paent, ontefe, a gallen ni ddim profi dim. '

'Nes iddi roi cynnig arall arni,' meddai Dela, ond roedd Aneurin wedi clywed rhyw sŵn arwyddocaol ac wedi rhuthro allan.

Tynnodd Dela'r cwrlid yn dynnach o'i hamgylch gan geisio anwybyddu'r drws blaen yn agor a chau, y camau trymion yn mynd i fyny ac i lawr y grisiau a lleisiau dyfnion yn murmur, ond pan glywodd Dorcas Morus yn sgrechian, rhoddodd ei bysedd yn ei chlustiau.

Ni ymddangosodd Aneurin eto a thawelodd popeth yn raddol. Caeodd Dela ei llygaid yn flinedig gan feddwl mor eironig oedd y gallai gysgu ar ei thraed nawr.

'Wyt ti'n fyddar? Mae'r tegell 'ma'n berwi'n sych.'

Edrychodd Dela i fyny'n sydyn. Nid oedd wedi clywed Huw yn dod i'r gegin, ac roedd yn sefyll wrth y stôf. Rhoddodd ysgydwad i'r tegell gyda gwep ac ymlwybrodd unwaith eto i'r gegin gefn i'w ail-lenwi. Gwyliodd ef yn ei ailosod.

'Lwyddodd hi i dy frifo di?' gofynnodd heb edrych arni.

'Naddo,' atebodd Dela. 'O ble'r oeddech chi'ch dau'n gwylio?' Ceisiodd swnio'n ddi-hid a sgyrsiol, ond ciledrychodd Huw arni.

'Y tu cefn i adeilad yr ysgol. Ro'n i newydd orffan fy shifft ac Aneurin newydd gyrraedd yn llawn ffwdan, gan ddeud bod ei char hi wedi'i barcio mewn feidr nid nepell i ffwrdd. Fel arall dim ond un ohonon ni fydda yma. Roedd hynny'n ffodus iawn. Roedd angan dau i gadw trefn arni rhwng popeth. Feddylis i byth y bydda hi mor ynfyd ag oedd hi.'

'Roedd 'na nifer o bethau na feddyliest ti amdanyn nhw,' meddai Dela'n dawel, wrth i Huw arllwys y dŵr i'r tebot.

'Fel be?'

'Fy rhybuddio i mod i mewn perygl, am un peth.'

'Doeddat ti ddim hyd nes nos Wenar,' atebodd Huw.

'Rwtsh! Doedd 'na ddim rheswm dros beidio â rhoi gwybod

279

i mi pwy oeddet ti'n ei hamau. Roeddet ti'n gwbod y bydde hi'n rhoi cynnig ar wneud rhywbeth arall. Wnaeth e ddim dy daro di y dylwn i gael gwybod?'

'Dim ond ama o'n i ac Aneurin.'

Gwnaeth Dela sŵn diamynedd. 'Paid â'i rhaffu nhw! Dyna pam adewaist ti Abergorwel ar y fath frys. Gwnest ti dy syms.'

'O ystyried beth ddigwyddodd i ti ar y penrhyn, mae'n amlwg fod fy mathemateg yn ddiffygiol. Ro'n i'n meddwl taw Tomi Rhydderch fu wrthi a doeddet ti ddim mewn perygl mwyach yn Abergorwel. A beth bynnag, doedd 'na ddim modd rhoi gwybod i ti gan dy fod ti wedi penderfynu byw fel meudwy ers wsnosa.'

'Mae'r fath beth â ffôn i gael!'

'Basat ti wedi'i atab o? Dwi'm yn cofio ti'n gneud yng Nghwm y Glo.'

Ar y gair canodd y ffôn yn y cyntedd a brysiodd Huw allan. Manteisiodd Dela ar y cyfle i godi ac arllwys te i gwpanau. Roedd hi'n codi'r botel laeth o'r bowlen llawn dŵr oer pan glywodd ryw ebychiad sydyn ganddo. Syfrdanwyd hi pan herciodd Huw nôl i'r gegin ar ras.

'Paid â chyffwrdd â dim arall! Golcha dy ddwylo, rwan!' gwaeddodd. Cyn iddi allu adweithio, gafaelodd Huw yn y tegell a rhuthrodd allan i'r gegin gefn. Roedd e eisoes wedi arllwys y dŵr berwedig i'r sinc ac yn ei oeri dipyn o'r tap erbyn i Dela ymuno ag ef. Estynnodd y bar sebon iddi, ac roedd yr olwg ar ei wyneb mor ddychrynllyd fel na allai Dela wneud dim ond ufuddhau. Plymiodd ei dwylo yn y dŵr a'u sgrwbio.

'Ydw i'n cael gofyn pam?' meddai Dela, o'r diwedd. Clywodd ef yn ochneidio dan ei anadl. 'Pwy oedd ar y ffôn?'

'Aneurin,' atebodd Huw, 'i ddeud bod Dorcas Morus wedi llyncu rhwbath gwenwynig a'i bod hi'n ewynnu o'i cheg. Dechreuodd hyn yn y Maria Ddu. Maen nhw newydd gyrraedd yr orsaf ac mae meddyg yr Heddlu yno'n trio'i hachub hi ond dydy o ddim yn obeithiol.'

'Wnaethon nhw ddim chwilio'i phocedi hi?' gofynnodd Dela'n rhesymol. 'Welodd neb hi'n cymryd rhywbeth ar y daith? A sut alle hi, ta beth, a hithau mewn gefynnau?'

'Gwelis i hi,' atebodd Huw rhwng ei ddannedd, gan ysgwyd ei ben a sgrwbio'n galetach.

'Ti? Pryd? Beth wnaeth hi?'

Deuai ei anadl yn fas ac yn gyflym. Gwyddai Dela taw dwrdio'i hun roedd e am beidio â sylweddoli.

'Huw, pwylla funud. Beth welest ti?'

Tynnodd anadl ddofn cyn ateb.

'Roeddat ti yn y gegin, drwy drugaredd, cyn iddi golli arni'i hun yn llwyr. Welis i 'rioed ffasiwn beth. Roedd hi'n rhythu ar rwbath drw'r bylchau yn y canllaw a mwmial nonsens. Ro'n i ar waelod y grisia pan ddaeth yr hogia â hi i lawr. Dau hogyn mawr ac Aneurin hefyd, ond doedd 'na'm pall arni'n gwingo a stryffaglu yn eu herbyn – a'r sŵn!'

'Glywes i hi'n sgrechian,' meddai Dela.

'Pan gyrhaeddon nhw'r hannar landin, roedd hi'n hyrddio'i hun yn wyllt wallgo yn erbyn y canllaw ac yn pwyso ymlaen, fel pa bai isio taflu'i hun drosto – ond doedd 'na'm modd iddi 'neud, wrth reswm, â nhwytha'n dal gafal ynddi. Peth nesa cnôdd hi arddwrn un o'r plismyn, ac wrth iddo simsanu am eiliad, dyma hi'n rhoi ei cheg yn erbyn y paent a llyfu a sugno arno.' Edrychodd yn betrus arni. 'Ond basa paent sych fel 'na ddim yn ei gwenwyno.'

'Oedd hi'n dal i wisgo menig bryd hynny?'

'Nac oedd. Pam wyt ti'n gofyn?'

'Oherwydd ro'n nhw amdani pan neidiais i arni, ond cyn dod i fyny'r grisiau olaf i'r llofft aeth i'r stafell ymolchi a dwi'n credu iddi olchi ei dwylo.'

Estynnodd Huw liain glân o'r drôr iddi'n feddylgar. Roedd Dela hefyd yn meddwl yn galed, ac yn ceisio ailfyw'r olygfa y tu allan i ddrws ei stafell wely. Pan gofiodd am y peth a roliodd o law Dorcas, tynnodd anadl sydyn. Trodd oddi wrtho, a chan gipio'r cwrlid o'r stôl yn y gegin a gafael mewn tortsh o gefn drôr yn ofalus â'r lliain roedd wedi sychu ei dwylo arno, aeth allan i'r cyntedd.

Roedd hi'n disgleirio'i golau dros y llawr, y stand hetiau a chanllaw'r grisiau pan ymunodd Huw â hi. Gwyliodd hi'n ddisgwylgar.

'Pan o'n i'n eistedd ar ei chefn hi,' esboniodd Dela, 'a hithau'n trio tynnu'r cwrlid a chodi, penlinies i ar ei garddwrn. Roedd ganddi rywbeth yn ei llaw a rholiodd e drwy un o'r bylchau rhwng pyst y canllaw. Glywes i e'n taro rhywbeth caled ar ei ffordd lawr cyn torri ar y teils. Edrych, co fe.'

Ar y llawr yn y man cul rhwng dechrau'r grisiau a'r stand hetiau gorweddai gweddillion potel fechan werdd. Roedd y corcyn yn dal yn y gwddw, ond roedd corff y botel yn yfflon. Anelodd Dela belydrau'r dortsh at y pwll bach o hylif ar y teils gan ddilyn trywydd cwymp y botel trwy gyfrwng y diferion a adawyd ar baent y grisiau. Roedd rhyw sglein llaith ar y paent dros y canllaw i gyd.

'Gafaelest ti yn y canllaw o gwbwl?' gofynnodd yn bryderus, gan feddwl am ei goes boenus.

'Pwy a ŵyr?' atebodd Huw. 'Ond dwi'm wedi llyfu fy mysedd yn bendant.'

'Ffonia Aneurin a rhybyddia nhw.' Edrychodd Dela o amgylch ei chartref yn brudd. 'Mae'r holl le wedi'i wenwyno. Dyna beth oedd hi'n ei wneud – taenu'r hylif dros bob man yn y gobaith y byddwn i'n ei drosglwyddo i 'ngheg fesul tipyn. Os na fyddai un dogn wedi'n lladd i, bydde'r effaith wedi fy ngwneud yn gynyddol salach. Dyw hi ddim yn ddiogel cyffwrdd â dim.'

Synnwyd hi i'w glywed yn siarad ar y ffôn, ond pan drodd ato mewn braw gwelodd ei fod wedi lapio ei hances dros y derbynnydd ac roedd yn ei ddal i ffwrdd o'i wyneb. Wedi trosglwyddo'i neges daer, gadawodd ei hances yn ei lle.

'Panics mawr,' meddai, gan droi ati. 'Mae Aneurin yn credu

fod ei glust wedi'i gwenwyno o ddefnyddio dy ffôn di, er ei fod yn gwisgo menig. Dwi'm yn gweld y meddyg yn cael llawar o lonydd heno.'

'O ble cafodd hi afael ar wenwyn?' pendronodd Dela.

'Unrhyw siop sy'n gwerthu stwff lladd gwenyn meirch neu lygod. Basa hylif lladd chwyn cystal â dim, 'mwn i.'

'Ac ni fydde rhaid iddi arwyddo cofrestr i brynu hwnnw,' ychwanegodd Dela. 'Gallai fod ganddi yn y tŷ eisoes. Ond nid hwnnw yw'r unig gwestiwn. Beth wnaeth iddi gael obsesiwn amdana i yn hytrach na neb arall? Roedd Jean bwti'r lle'n amlach o lawer.'

'Ti daliodd hi, gyda chyfreithiwr wrth law, wedi'r cyfan. Hefyd, paid ag anghofio bod dy statws di'n bwysig iddi – basa cwyn gen ti i'r swyddfa addysg wedi denu llawar mwy o sylw na chwyn gan unrhyw riant neu ofalydd.'

'Falle dylwn i fod wedi ffonio'r swyddfa ar unwaith,' meddai Dela'n resynus. Ysgydwodd ei phen. 'Ond er bod mwynhau curo plant bach â phastwn yn ffiaidd, dyw'r meddylfryd ddim r'un peth â chynllunio'n drefnus i ladd rhywun – ddwywaith!'

'Nac'di, ond dim ond mater o raddau ydy o. Baswn i'n dychmygu, fel yn achos Victor Martin, bod yr ynfydrwydd yn beth sy'n cael ei ddyfnhau a'i feithrin trwy ei roi ar waith. Roedd Thelma'n wirioneddol yn chwarae â thân yn hynny o beth. Sgin i ddim amheuaeth y bydda fo wedi'i lladd hithau ryw ddydd. Basa neb wedi gallu ei atal. Daw pwynt pan nad yw brifo pobol dros dro yn ddigon. Mae'n rhaid i'ch grym drostyn nhw fod yn rhywbeth llwyr a pharhaus.'

'Ddyges i rym Dorcas, ondofe? Sdim syndod ei bod hi'n fy nghasáu.'

Sylwodd bod Huw'n ymbalfalu yn ei bocedi. Tynnodd bâr o fenig lledr a'u hestyn iddi.

'Gwisga'r rhain a dos i roi rhwbath amdanat a chasglu dy bethau. Fedri di ddim aros yma nes bydd y lle wedi'i sgwrio'n lân. 'Wrach daw Hetty a Jean i helpu llnau. Y niwsans mawr fydd cael llyfr *rations* newydd i chdi. Mi fydd wedi gwenwyno popeth o fewn gafael.'

'Chafodd hi ddim cyfle i wenwyno hwnnw. Dwi'n ei gadw yn fy mag llaw ac mae hwnnw lan llofft. Dysges i wneud hynny adeg y bomio.'

'Bu 'rhen Hitlar o rhyw ddefnydd, felly,' oedd sylw sych Huw.

Roedd Dela ar fin mofyn ei brws dannedd o'r stafell ymolchi pan drodd o'r fan yn anfodlon. Byddai'n rhaid iddi wneud hebddo. Efallai bod Dorcas Morus yn ynfyd, ond doedd hi ddim yn dwp. Ni allai fynd â dim gyda hi os nad oedd wedi'i gadw yn y llofft. Bu ei diflastod yn fantais, meddyliodd, gan edrych ar y cês bach na fu ganddi'r hwyliau i'w ddadbacio. A fu'n aros am hyn, yn ddiarwybod iddi? Taclusodd y gwely'n reddfol gan sylweddoli nad oedd Dorcas wedi petruso wrth ddrws y stafell am nad oedd neb yn y gwely, ond oherwydd ei bod yn synnu gweld bod rhywun wedi bod ynddo'n ddiweddar. Ni wyddai bod Dela wedi dychwelyd. Camodd at y wardrob a thynnodd hen ddillad gwaith ohono. Ben bore fory byddai'n ffonio'r swyddfa addysg yn Hwlffordd i esbonio'r sefyllfa. Amheuai a fyddent yn gallu dod o hyd i brifathrawes arall ar fyr rybudd ynghanol hanner tymor, a thybiai na fyddent yn mynnu aros am dystysgrif meddyg oddi wrthi. Roedd ganddi wythnos gyfan wedyn i ddiheintio'r tŷ cyn ailddechrau ar ei swydd. Hen bryd, meddyliodd.

Pan ddaeth i lawr y grisiau gyda'i chês roedd Huw'n aros amdani, a gyda'i gilydd, gadawsant Dŷ'r Ysgol gan gerdded ar hyd y feidr tua'r Capel. Uwch eu pennau disgleiriai pêl gron wen y lleuad a suai'r gwynt drwy'r cloddiau. Nid am y tro cyntaf synnodd Dela y gallai unrhyw beth enbyd ddigwydd yma. Ond sut beth fyddai bywyd cwbwl ddigyffro a diantur? Gwingodd yn anghysurus.

'Wyt ti'n oer?' gofynnodd Huw'n bryderus.

'Nadw. Dim ond meddwl o'n i mor ddiflas fyddai peidio â chael unrhyw her neu ddirgelwch i edrych ymlaen ato.'

Clywodd ef yn chwerthin wrtho'i hun.

'Am hogan gwbl annaturiol,' meddai gan afael yn ei llaw.

Hefyd yn y gyfres:

Gomer

GWYN EU BYD

Gwen Parrott

dwy farwolaeth a neb yn dweud dim . . .

Gomer

Cyw Melyn y Fall

Gwen Parrott

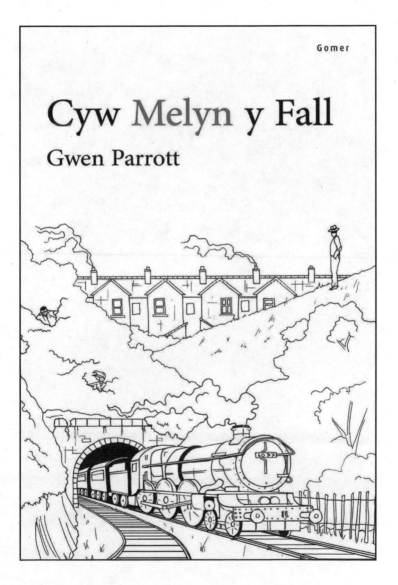